Di Marco Bianchi negli Oscar

50 minuti 2 volte alla settimana
Io mi muovo
Io mi voglio bene
La mia cucina italiana
Ricette della dieta del digiuno (con MariaGiovanna Luini)

Marco Bianchi

La mia cucina italiana

Dal Trentino alla Sicilia:
le ricette della nostra tradizione
reinterpretate in maniera sana e gustosa

© 2015 Mondadori Libri S.p.A., Milano

I edizione Saggistica ottobre 2015
I edizione Oscar Bestsellers ottobre 2016

ISBN 978-88-04-66949-4

Questo volume è stato stampato
presso ELCOGRAF S.p.A.
Stabilimento - Cles (TN)
Stampato in Italia. Printed in Italy

Progetto grafico e impaginazione di Manuela Mosseri

Illustrazioni delle regioni di ©werbeantrieb/Shutterstock

Anno 2018 - Ristampa   2 3 4 5 6 7

A | librimondadori.it | anobii.com

Indice

- 3 *Buono è sano*
- 19 Valle d'Aosta
- 31 Piemonte
- 45 Liguria
- 59 Lombardia
- 71 Trentino
- 87 Friuli Venezia Giulia
- 101 Veneto
- 113 Emilia Romagna
- 127 Toscana
- 141 Umbria
- 153 Marche
- 167 Lazio
- 181 Abruzzo
- 195 Molise
- 207 Campania
- 219 Puglia

233	Basilicata
245	Calabria
257	Sicilia
271	Sardegna
285	*Bibliografia*
287	*Ringraziamenti*
289	*Indice delle ricette*
295	*Indice alfabetico delle ricette*

La mia cucina italiana

Il cibo è una forma di amore - per me lo è, in Italia sicuramente lo è.
È per questo che voglio dedicare questo libro alle nonne e ai nonni, a chi lo è già e a chi lo sarà tra poco. E all'amore con il quale si prendono cura delle nostre famiglie. Sono loro i primi custodi della tradizione, anche quella culinaria: questo mio libro è per loro, perché possano tramandare una sapienza antica, resa salutare grazie a nuove conoscenze.

Buono è sano

Leggi "cucina italiana" e immediatamente pensi alla nonna, ai profumi che si alzano dalle sue pentole e invadono la cucina, ai suoi gesti antichi, misurati e sapienti, all'orgoglio provato quando per la prima volta ti ha concesso di darle una mano. Per me, almeno, è così.

Nel mio caso, più che di nonna, dovrei parlare di nonno. Era lui, infatti, il mitico Eurico, il vero virtuoso di famiglia. Milanese fino al midollo, la domenica mattina si alzava alle 6:30 per preparare l'arrosto e quella che era una specie di opera d'arte: il sugo di pomodoro. Lavava, puliva, sbollentava, pelava, passava, eliminava i semini a uno a uno e cuoceva per ore. Il basilico solo alla fine, rigorosamente odoroso e freschissimo. Io arrivavo verso le dieci, assistevo a metà della preparazione e intorno a mezzogiorno ripartivo per tornare a casa sorreggendo un contenitore con il prezioso intingolo. Una volta, confesso, l'ho assaggiato per strada, e me lo ricordo ancora!

Le ricette della nonna toscana di mia moglie, invece, erano esplosioni di sapore: supersalate e superaromatizzate, tant'è che Veru oggi evita volentieri l'alloro, all'epoca ritenuto indispensabile e piazzato praticamente ovunque! Il pezzo forte di sua nonna era un piatto dalla cottura lunghissima e sapiente: il coniglio alle olive. Il massimo per lei era riuscire a ottenere in superficie la crosticina perfetta - croccante al punto giusto, elastica al punto giusto.

Non erano scelte casuali: credo che sia una questione di identità. Un po' come il dialetto. Nell'arrosto e nel sugo dell'uno come nel coniglio dell'altra io vedo il tacito e quotidiano rinnovo dell'appartenenza prima di tutto a un determinato stile alimentare (quello italiano, mediterraneo) e in secondo luogo a uno specifico territorio. Il perché è presto detto.

Perché mangiamo quello che mangiamo?

Perché ci piace. Perché ci fa bene. Perché c'è solo quello nel frigo. Perché è già pronto e non abbiamo voglia di cucinare altro. Perché non vogliamo che qualcosa vada a male.

Ok, troppe opzioni. Forse mi conviene riformulare la domanda. Proviamo così: "Perché popoli diversi hanno elaborato stili alimentari diversi?". Be', a causa di una mescolanza di fattori.

Lo stile alimentare è innanzitutto, all'alba dei tempi, il frutto di uno spietato calcolo costi-benefici.

I costi sono di natura economica e ambientale. Al primo tipo appartengono ragionamenti di questo genere: se il mio campo di un ettaro può darmi 6,5 tonnellate di frumento duro oppure 5,5 di orzo,[1] che al mercato posso vendere a prezzi diversi, cosa mi conviene fare? Quale scelta mi mette nella condizione di far fruttare al massimo il mio campo e di garantire la sopravvivenza alla mia comunità?

I costi del secondo tipo tengono invece conto del fatto che la produzione di qualsiasi alimento richiede un intervento umano e, dunque, modifica l'ambiente, talvolta in modo irreversibile. Quanto siamo disposti a incidere sull'ecosistema per fruire di un determinato cibo? In altre parole, un conto è

---

[1] Stime di produzione dei principali cereali e delle superfici investite a mais e semi oleosi nel 2014 (www.ismeaservizi.it).

coltivare il proprio orticello dietro casa, un conto convertire aree di foresta pluviale alla coltivazione della palma da olio.

I benefici riguardano invece il mio ambito, vale a dire salute e benessere. Prima di tutto, mangiamo qualcosa se il nostro corpo lo digerisce: per esempio, il nostro intestino non è programmato per digerire la cellulosa e infatti non mangiamo erba e foglie d'albero. Tra le risorse a disposizione, quindi, scegliamo quelle che ci fanno stare bene, che ci danno energia e non ci appesantiscono troppo. Mangiamo, in definitiva, ciò che ci nutre adeguatamente.

Prendiamo i farinacei: riempiono la pancia, hanno un alto valore energetico, sono facili da reperire e hanno accettabili costi produttivi. Diffusi? Diffusissimi!

Il "buono", insomma, ha molto in comune con il "salutare".

Poi, certo, intervengono fattori climatici (semplificando: in montagna fonduta, al mare insalatina) e culturali: basti pensare a quanto, nella nostra vecchia Europa, ha influito e tuttora influisce sulla dieta il calendario liturgico, con periodi di Quaresima e giorni di magro. Non posso approfondire troppo questo argomento (non vorrei finire per dedicargli l'intero libro!), quindi mi limiterò a disseminare qua e là alcune pillole di storia dell'alimentazione e a rimandare quanti fossero curiosi alla Bibliografia, dove ho deciso di inserire alcuni dei titoli sul tema che più mi hanno colpito.

La dieta mediterranea

Tornando a noi. Appurato perché mangiamo quello che mangiamo, vediamo come si mangia in Italia - o meglio, quale stile alimentare abbiamo elaborato alle nostre latitudini.

Fortunatamente, il nostro è un Paese graziato da un clima generoso e un territorio fecondo. La varietà di sicuro non ci manca: abbiamo a disposizione frutta e verdura di ogni colore, forma e sapore, differenti in ogni stagione; tutti i principali cereali (e migliaia di ricette per impastare e sfornare ogni genere di fragrante derivato); erbe aromatiche talmente odorose da meritare sughi e piatti tutti dedicati a loro. E quanto alle proteine? Be', pesce in quantità, latticini in mille sapienti forme, fantasie di legumi.

Come abbiamo fatto fruttare cotante delizie? Creando uno stile alimentare unico al mondo, la cosiddetta "dieta mediterranea". Ho scritto "unico" non a caso: le sue particolarità sono tali da aver permesso all'UNESCO nel 2010 di inserirla nell'elenco dei patrimoni immateriali dell'umanità. Condividiamo con Spagna, Grecia e Marocco l'onore di essere annoverati fra i Paesi dove è nata.

Non occorre scomodare Pellegrino Artusi per affermare che la nostra cucina è letteralmente specializzata nel valorizzare ingredienti poveri: quando si tratta di servire ricercate prelibatezze alle mense di signori e signorotti non siamo secondi a nessuno, ma a rendere davvero strepitosa la dieta mediterranea è la creatività con la quale siamo riusciti a trarre il massimo piacere da ingredienti, diciamo così, semplici, di base. Insomma, sono bravi (quasi) tutti a fare i fenomeni con scampi e branzini, è con mais e polenta che il gioco si fa duro. E noi abbiamo giocato alla grande, riuscendo a portare in tavola mille e un piatto, tutti buoni e spesso - e qua sta un altro motivo dell'unicità della dieta mediterranea - equilibrati.

Primi come pasta e fagioli, risi e bisi, la zuppa di cavolo, secondi come polpo e patate, zucchine e pomodori ripieni, il baccalà alla fiorentina, per non parlare dell'infinità di torte (salate e non) che popolano i ricettari di tutta Italia sono piatti perfetti dal punto di vista nutrizionale.

Ma quali sono i pilastri della dieta mediterranea?

Le calorie devono provenire per il 55-60% dai carboidrati (di cui l'80% complessi, cioè pane integrale, pasta, riso, mais, e il 20% di zuccheri semplici), per il 25-30% da grassi e solo per il 10-15% da proteine.[1]

In particolare, essa prevede:
- un elevato consumo di verdura e frutta (da preferire al dolce), meglio se fresche, di stagione e di produzione locale, per le vitamine, i minerali, gli antiossidanti e le fibre che forniscono;
- tanti ma tanti legumi, frutta secca e cereali, prevalentemente integrali;
- l'impiego dell'olio d'oliva, a fronte di una modesta assunzione di grassi saturi;
- consumo di pesce (a seconda della distanza dal mare) e di uova, con moderazione;
- una contenuta assunzione di prodotti caseari (prevalentemente nella forma di yogurt e formaggi);
- poca carne (soprattutto di quella rossa) e pollame;
- un regolare (ma contenuto) consumo di vino durante i pasti.[2]

A tutte queste regole pratiche bisogna aggiungere elementi immateriali, anch'essi fondamentali. Non sono infatti i singoli cibi a essere "buoni" o "cattivi", ma l'insieme delle abitudini alimentari, le combinazioni degli ingredienti, la varietà della dieta e il modo in cui viviamo.[3] Ecco perché la dieta mediterranea non è solo una dieta equilibrata, ma uno stile alimentare (e di vita).

Tra questi "ingredienti" immateriali prima di tutto troviamo la socialità, il senso del convivio. Sulle coste del Mare Nostrum, infatti, il cibo non è solo nutrimento. Lo spiega bene Plutarco in *Vite parallele*: "Gli uomini non sono invitati a mangiare e bere, ma a mangiare e bere insieme".

---

[1] *Dieta Mediterranea: una piramide di salute*, 4 luglio 2011 (www.fondazioneveronesi.it).
[2] *Dalla Dieta Mediterranea alla Mediterraneità: quanto conta lo stile di vita*, in «Alimentazione, Prevenzione & Benessere», n. 7, novembre 2014.
[3] *I 150 anni dell'Italia unita e i 75 anni di vita dell'INRAN* (www.inran.it).

Per avvicinarci ai giorni nostri, osserva Giuseppe Fatati, presidente della Fondazione ADI (Associazione Dietetica e nutrizione clinica): "La mediterraneità non è solo ciò che si mangia, ma anche come lo si consuma e in quale contesto. È un modo di intendere la vita nel suo complesso".[1] Ecco perché la Fundación Dieta Mediterránea,[2] creata nel 1996 a Barcellona per tutelare e valorizzare questo nostro patrimonio, ha declinato la classica piramide alimentare in ben dieci versioni, tenendo conto delle tipicità dei vari Paesi dell'area.

Quella italiana racconta come siamo stati per secoli e come dovremmo cercare di essere oggi: conviviali, attenti alla stagionalità e alla territorialità dei prodotti, capaci di adattare la tradizione culinaria alle esigenze attuali di introito calorico moderato e di cotture poco elaborate, rispettosi delle esigenze del nostro corpo anche sotto i profili dell'attività fisica e del giusto riposo.

La piramide

Ecco la piramide che la Fundación Dieta Mediterránea ha elaborato per l'Italia, tenendo conto dello stile di vita odierno. Si riferisce a una popolazione adulta - per bambini e anziani sarebbero necessari diversi adattamenti.

Alla base troviamo gli aspetti sociali e culturali, quindi sì alla convivialità e a un giusto riposo, no alla sedentarietà. Secondo la dieta mediterranea dovremmo essere, in altre parole, socievoli e attivi senza dimenticare di fermarci quando è il caso. Il nostro corpo non è una macchina, ma un organismo che dobbiamo proteggere e tutelare, e il riposo è funzionale alla sua efficienza.

---

[1] *Dalla Dieta Mediterranea alla Mediterraneità...*, cit.
[2] www.dietamediterranea.com, il sito della Fundación Dieta Mediterránea.

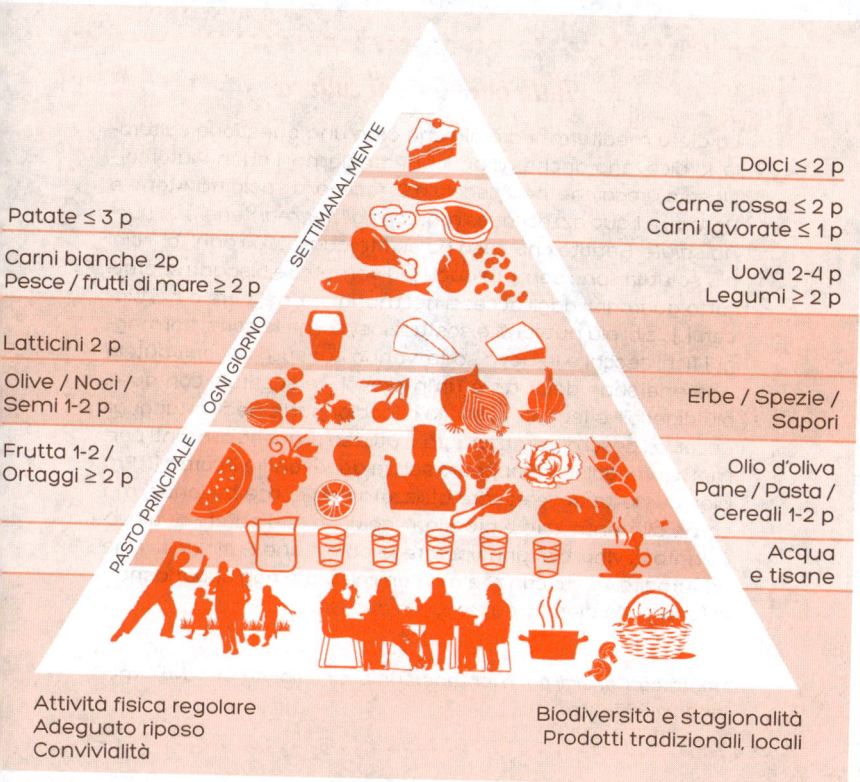

I consigli però non si fermano qua. Oltre, troviamo anche un paio di preziose indicazioni generali:
- la moderazione: le porzioni dovrebbero essere sobrie, coerenti con il nostro stile di vita. Va da sé che un atleta mangerà diversamente da un impiegato che trascorre 8 ore della sua giornata seduto davanti al computer e la serata sul divano e che dovrebbe fare come dicono in Veneto, "levarse da tola co fame" (ovvero, "alzarsi da tavola con la fame");
- la stagionalità e la territorialità: meglio preferire frutta e verdura fresche, della nostra zona - un modo per aiutare anche a preservare la biodiversità dell'ambiente mediterraneo.

Tutta questione di cultura

La dieta mediterranea è più che altro una questione culturale, lo dicevano anche gli antichi. Prendiamo il buon Plutarco - filosofo greco che, nel I secolo d.C., faceva la spola tra Atene e Roma - e il suo azzeccatissimo *Consigli per mantenersi in buona salute*. Sentite che cosa ha scritto quasi 2000 anni fa: "I cibi più salutari sono sempre quelli più semplici, e bisogna soprattutto guardarsi dagli eccessi nel mangiare, nel bere e nei piaceri. [...] I cibi più nutrienti e sostanziosi, come le carni, i formaggi, i fichi secchi e le uova sode, vanno consumati con cautela - astenersene del tutto è un'impresa! - e sostituiti con quelli più digeribili e leggeri, come la maggior parte degli ortaggi, gli uccelli e i pesci di carne magra. L'utilizzo di questi alimenti permette di soddisfare l'appetito senza appesantire il corpo. [...] Fra i liquidi, il latte deve essere utilizzato non come bevanda, ma come alimento vero e proprio, ricco di un alto potere nutritivo. Quanto al vino, bisogna ripetere le parole che Euripide rivolge ad Afrodite: Resta con me ma con misura, e non abbandonarmi mai".[1] Più dieta mediterranea di così!

[1] Plutarco, *Consigli per mantenersi in buona salute*, Genova, il melangolo, 2015.

Gli alimenti sono ordinati secondo la quantità che ne dovremmo assumere: in basso quindi, sul gradino più largo in assoluto, la bevanda principe, cioè l'acqua (anche nella variante tisane); salendo troviamo cereali integrali, frutta, verdura e olio d'oliva; quindi la frutta secca e le spezie; sopra ancora le proteine, vale a dire latticini, legumi, pesce, uova e carni bianche; mentre in cima stanno la carne rossa, quella lavorata e i dolci, che dovremmo mangiare più raramente.

Non è tutto: la piramide, infatti, ci offre anche una panoramica su quella che dovrebbe essere la nostra dieta su base quotidiana e settimanale.

Tutti i giorni ai pasti principali dovremmo consumare:
- cereali, preferibilmente integrali (1-2 porzioni);

- verdure, cercando di variare (2 porzioni, di cui una cruda);
- frutta, da scegliere come dessert (1-2 porzioni);
- acqua, assumendone almeno 1,5-2 litri;
- olio d'oliva, che dovrebbe essere la principale fonte di lipidi alimentari (1 cucchiaio a persona);
- spezie e aromi, che insaporiscono e ci permettono di ridurre il sale;
- semi e frutta secca, come spuntini.

La scoperta del tesoro[1]

Difficile rendersi conto del valore delle cose quando siamo abituati a trovarle in tavola tutti i giorni. Il primo a intuire gli effetti positivi della dieta mediterranea sulla salute, infatti, non è stato un italiano, ma Ancel Keys, biologo, fisiologo e nutrizionista statunitense. Il dottor Keys si è occupato durante la seconda guerra mondiale di un ampio programma sull'alimentazione e all'inizio degli anni Cinquanta è intervenuto al primo convegno sul tema, organizzato a Roma. Keys è rimasto colpito dalla bassa incidenza di patologie cardiovascolari e di disturbi gastrointestinali rilevata in Campania e nell'isola di Creta, e ha deciso di approfondire la questione. Si è trasferito a Pioppi, nel Cilento, e da lì ha indagato l'esistenza di una correlazione con lo stile alimentare. Dalla sua intuizione ha preso avvio uno studio, il Seven Countries Study, che ha messo a confronto i regimi alimentari e gli stili di vita di 12.000 persone, sparse in sette Paesi (Finlandia, Olanda, Grecia, Italia, Jugoslavia, Giappone e Stati Uniti). I risultati non lasciano dubbi: la responsabile dei benefici sulla salute della popolazione locale è la cosiddetta *mediterranean diet*, dicitura che dobbiamo allo stesso Keys. I risultati del suo studio sono contenuti in un libro, *Eat well and stay well* (più o meno "Mangiare bene e stare bene"), che ha riscosso un successo planetario e ha imposto la dieta mediterranea in tutto il mondo. Una curiosità: Keys è rimasto a Pioppi per oltre 20 anni ed è morto nel 2004, a 100 anni. Almeno nel suo caso, è indubbio che la dieta mediterranea abbia funzionato!

[1] Daniele Banfi, *Ancel Keys, L'inventore della dieta mediterranea*, 18 febbraio 2014 (www.fondazioneveronesi.it).

Le indicazioni settimanali ci incoraggiano per lo più a variare l'apporto proteico, privilegiando il pesce (mi raccomando, sempre meglio quello azzurro, vero e proprio concentrato di Omega-3), i legumi e introducendo solo raramente carne rossa e uova.

Per chi si fosse chiesto "Perché le patate sono al vertice della piramide?", la risposta è curiosa e semplice. Le porzioni consigliate di patate non sono così poche (3 a settimana), ma sono poche per un italiano. Tradizionalmente, ne facciamo un consumo smodato: le utilizziamo come base per tante ricette tradizionali e le serviamo volentieri in accompagnamento a secondi di pesce o carne. Il suggerimento, quindi, è di ridurre cotanta abbondanza a una quota più che sostenibile, e di sostituirle come contorno con verdure di stagione. Inoltre, dato il loro alto indice glicemico, le patate andrebbero considerate un primo piatto: mai abbinarle a pane, pasta, riso o altri cereali.

I benefici per la salute

. . . .

Che la dieta mediterranea ci fornisce tutti i nutrienti nelle giuste proporzioni l'abbiamo detto.

Non ho ancora accennato ai suoi benefici sulla salute. Chi mastica un po' di nutraceutica avrà subito notato una bella serie di vantaggi, come il basso apporto di acidi grassi saturi a fronte di uno notevole di acidi grassi monoinsaturi, la gran quantità di fibre e di antiossidanti. Tutto questo, tradotto, significa:
- riduzione del rischio cardiovascolare: in generale, un'elevata assunzione di polifenoli abbassa il rischio cardiovascolare di ben il 46%.[1] L'aderenza al modello mediterra-

---

[1] A. Tresserra-Rimbau, E.B. Rimm, A. Medina-Remón, M.A. Martínez-González, R. de la Torre, D. Corella, J. Salas-Salvadó, E. Gómez-Gracia e altri, *Anche in*

neo riduce anche quello di obesità del 65%, di ipertensione del 27% e di diabete per il 57%; inoltre, è correlata negativamente con l'aumento della circonferenza addominale, rilevato in caso di sindrome metabolica.[2] In particolare è l'olio extravergine d'oliva a proteggere le nostre arterie, regolando i livelli di colesterolo "cattivo" (LDL) nel sangue, e, grazie agli antiossidanti (tra i quali la vitamina E, il tocoferolo e diversi composti fenolici), a esercitare un effetto anti-invecchiamento;[3]

- protezione dal declino cognitivo: uno studio svolto negli Stati Uniti ha mostrato come i cibi privilegiati dalla dieta mediterranea esercitino un effetto neuroprotettivo, al punto che, in media, chi ha seguito con più rigore questo regime alimentare appare mentalmente più giovane di almeno 3 anni;[4]
- effetto antinfiammatorio: i dati raccolti nell'ambito dello studio Moli-sani, condotto dall'Istituto Neurologico Mediterraneo Neuromed, dimostrano che l'infiammazione cronica silente, alla base di numerose malattie cronico degenerative, può essere ridotta adottando un regime alimentare di tipo mediterraneo;[5]
- maggiore longevità: con "invecchiamento ideale" si in-

---

una popolazione a dieta mediterranea, livelli più alti di polifenoli comportano la riduzione significativa del rischio di eventi cardiovascolari e di mortalità, in «Nutrition, Metabolism and Cardiovascular Diseases», 18 febbraio 2014 (www.nutrition-foundation.it).

[2] G. Grosso, A. Pajak, A. Mistretta, S. Marventano, T. Raciti, S. Buscemi, F. Drago, L. Scalfi, F. Galvano, Un'elevata aderenza alla dieta mediterranea riduce il livello di numerosi fattori di rischio cardiovascolare, in «Nutrition, Metabolism and Cardiovascular Diseases», 26 dicembre 2013 (www.nutrition-foundation.it).

[3] Daniele Banfi, Olio d'oliva, elisir di lunga vita, 4 luglio 2011 (www.fondazioneveronesi.it).

[4] H. Wengreen, R.G. Munger, A. Cutler, A. Quach, A. Bowles, C. Corcoran, J.T. Tschanz, M.C. Norton, K.A. Welsh-Bohmer, L'adesione a corretti schemi nutrizionali protegge nel lungo periodo dal declino cognitivo correlato all'età, in «The American Journal of Clinical Nutrition», 18 settembre 2013 (www.nutrition-foundation.it).

[5] Valeria Rossi, La dieta mediterranea riduce l'infiammazione cronica silente: risultati dello studio Moli-sani (www.moli-sani.org).

tende la possibilità di ridurre i rischi cardiovascolari, metabolici, respiratori, funzionali, mentali e cognitivi - tutti aspetti che risultano tutelati dall'adesione a un regime alimentare di tipo mediterraneo, combinato con una giusta attività fisica. Gli ultimi studi confermano che gli effetti benefici della dieta mediterranea sono dovuti all'elevato contenuto di antiossidanti nei vegetali e di acidi grassi Omega-3 presenti nel pesce azzurro;[1]
- maggior benessere psicofisico: persino la percezione di sé e della propria vita migliora, se si sceglie di aderire a uno stile di vita mediterraneo! Ad affermarlo è uno studio spagnolo, condotto tra il 2000 e il 2005 dall'équipe del professor Miguel-Angel Muñoz.[2]

Come ci alimentiamo invece

Con tutta questa perfezione alimentare a portata di mano ci si aspetterebbe un popolo sano, atletico e snello, che pratica sport e sa godersi i piaceri della tavola con equilibrio e moderazione. Invece, che cosa è successo?

L'Istituto Nazionale di Ricerca per gli Alimenti e la Nutrizione (INRAN) ha indagato sui cambiamenti delle abitudini alimentari degli italiani negli ultimi 150 anni. Il risultato è lo schema che trovate nella pagina successiva.[3] Come potete osservare, siamo riusciti a "mangiare mediterraneo" fino agli anni Sessanta; dopo, abbiamo cominciato ad aumentare progressivamente il consumo di grassi, in particolare di origine animale, e a calare quello di proteine vegetali e di car-

---

[1] Fabio Di Todaro, *Dimmi come mangi e ti dirò quanto vivi*, 9 luglio 2013 (www.fondazioneveronesi.it).
[2] M.A. Muñoz, M. Fíto, J. Marrugat, M.I. Covas, H. Schröder, *Dieta mediterranea e benessere*, «British Journal of Nutrition», giugno 2009 (*www.nutrition-fundation.it*).
[3] *I 150 anni dell'Italia unita e i 75 anni di vita dell'INRAN* (www.inran.it).

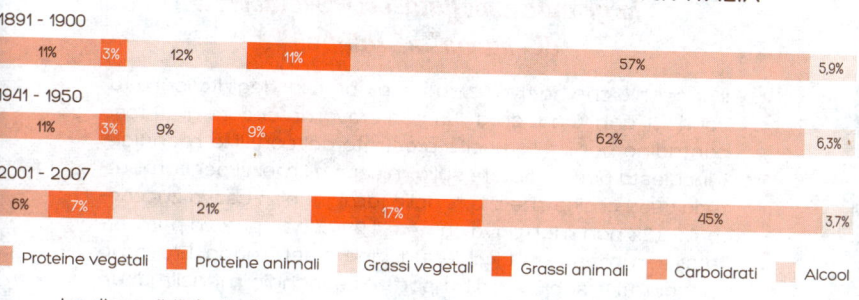

La disponibilità di alimenti in Italia: quanto ci si è allontanati dal modello della dieta mediterranea (elaborazione Inran su dati Istat e Faostat, 2011).

boidrati. I punti deboli della dieta attuale sono evidenti: troppe proteine animali, troppi grassi a scapito dei carboidrati.

È il momento di prendere in mano la situazione e di invertire la rotta, riscoprendo la tradizione.

Il piatto unico, questo delizioso (ma anche primi e secondi non sono da meno)

Ora, non vorrei sembrare un disco rotto parlando ancora di piatti unici, ma posso affermare con goduria che tante delle ricette che troverete nelle prossime pagine sono proprio piatti unici come piacciono a me, vale a dire combinazioni perfette di tutti i micro e macronutrienti (sali minerali e vitamine ma anche carboidrati, proteine e grassi), composte per metà da verdure (o frutta), per un quarto da cereali integrali e per un quarto da proteine salutari. Ciò nonostante, ho scelto di sposare le categorie classiche: antipasti, primi, secondi, contorni e dolci. È così, infatti, che le troverete in ordine nei vari capitoli e nell'indice finale. Il liberatorio "finalmente!" di alcuni di voi ce l'ho già nelle orecchie! Ho cedu-

La grande abbuffata, ovvero il divorzio di "buono" e "salutare"

Il decennio che ha rivoluzionato le abitudini degli italiani a tavola? Gli anni Cinquanta. All'inizio eravamo ancora un Paese contadino per il 42%, uscito prostrato dal conflitto mondiale. L'Inchiesta parlamentare sulla miseria e i mezzi per combatterla (1951) ci dice che il 15,1% delle famiglie non usava zucchero, il 28,2% non mangiava carne e il 28,7% non poteva permettersi nemmeno un bicchiere di vino a settimana. Eravamo morigerati e sobri, e d'altra parte lo stipendio mensile di un operaio era di 25-30.000 lire, la pasta ne costava 130. La tavola ospitava soprattutto legumi, verdure, polenta al Nord e pasta al Sud. Carne e pesce erano riservati alle domeniche di festa (sempre che non fosse di Quaresima) o alle occasioni speciali, come Natale o Capodanno.

In dieci anni, il Paese cambia volto: per la prima volta nella nostra storia gli occupati nell'industria e nei servizi superano i contadini (che calano al 30%). La meccanizzazione riduce lo sforzo necessario e aumenta il tempo a disposizione per il riposo.[1] Sono i favolosi anni Sessanta: la guerra è finita, la povertà un lontano ricordo, e noi, scacciato lo spettro della fame, cominciamo a mangiare tanto. Che cosa? Tutto quello che prima era fuori dalla nostra portata: calano drasticamente i consumi di polenta, farro, orzo e pane nero (che improvvisamente ci sembrano "da poveri"), portiamo in tavola la carne tutti i giorni, burro e margarina al posto dell'olio d'oliva, i primi cibi confezionati (crackers e formaggini, merendine, biscotti, bibite frizzanti). Lo stile alimentare della generazione precedente - per capirci, la dieta mediterranea - è improvvisamente fuori moda, superato. "Buono" non è più sinonimo di "sano", ma di "sostanzioso". In pratica, ci abbuffiamo come se non ci fosse un domani. Peccato che il domani invece c'è, ed è caratterizzato da un aumento dell'obesità e delle malattie cronico-degenerative, causate da un eccesso di alimenti, di calorie, di grassi e di zuccheri e da uno stile di vita meno attivo. Come ha scritto Stefania Barzini, "Iniziava allora quel processo di oblio volontario delle nostre origini povere e contadine", che forse stiamo cominciando a riscoprire oggi, almeno a tavola.[2]

---

[1] *I 150 anni dell'Italia unita e i 75 anni di vita dell'Inran* (www.inran.it).
[2] Stefania Barzini, *Così mangiavamo*, Roma, Gambero Rosso, 2006.

to alla tentazione di un ricettario più classico perché l'occasione lo meritava: la cucina regionale italiana è organizzata così, e non posso dimenticare che uno dei pilastri della dieta mediterranea è quello del rispetto delle abitudini locali.

Faccio mio l'invito di Plutarco alla moderazione, e ve lo rigiro pari pari, dato che non saprei dirlo meglio: "Non si dovrà fare come quei bravi comandanti di navi, i quali per la loro avidità imbarcano grandi quantità di mercanzie, e poi passano il tempo a togliere l'acqua di mare dal fondo della stiva; non dovremo riempire e appesantire il nostro corpo, per essere poi costretti a purificarlo, ma al contrario tenerlo sempre allenato, in modo che, se talvolta si sente oppresso dal cibo, possa tornare a galla come un sughero sfruttando la sua leggerezza".[1]

Per raccontare la nostra cucina mediterranea ho scelto dieci ricette per ogni regione. Non si tratta di un'operazione di "gastro-archeologia", ma di adattare i piatti della tradizione alle conoscenze nutraceutiche che abbiamo oggi. Non è una sorpresa che tanti siano già perfetti così come sono! Alcuni, invece, ve li proporrò in una versione rispettosa dell'originale ma leggermente modificata, per essere più funzionale al nostro benessere.

Bando dunque alla scienza, pronti? Via!

---

[1] Plutarco, *Consigli per mantenersi in buona salute*, Genova, il melangolo, 2015.

Legenda (e altre informazioni utili)

Le ricette sono tutte per 4 persone, a parte i dolci, le cui dosi corrispondono circa a 8-10 porzioni.

Quanto al forno: se non viene specificato diversamente, consideratelo sempre in modalità statica.

Poi, una premessa linguistica (ma non solo). Ho scelto di rimanere fedele alla tradizione anche nel linguaggio: ecco perché troverete la classica "presa" di sale, la "manciata" di erbe aromatiche e spesso il "cucchiaio" come unità di misura. È così che le nostre nonne cucinano, ed è così che ho voluto provare a fare anche io!

Lo stesso discorso vale anche per alcuni verbi che di solito scanso come la peste. Li ho utilizzati pensando che questa potesse essere l'occasione giusta per dar loro nuovi significati. Mi spiego meglio: quando scrivo "soffriggere" non intendo "annegare un'incolpevole cipolla in un dito d'olio bollente" ma saltarla rapidamente in due cucchiai d'acqua e uno d'olio extravergine. Ancora, "ripassare le verdure in padella" per me non vuol dire friggerle ma buttarcele in un tegame con poco olio (e magari qualche aroma) e lasciarcele per pochissimo tempo, mescolando bene. Idem per "rosolare", che potremmo tradurre con "scurirsi", non con "imbibirsi d'olio come se non ci fosse un domani". Insomma, volendo trovare una regola generale, potrebbe essere questa: poco olio evo, eventualmente mescolato con acqua, e cottura rapida.

E INFINE, ECCOCI ALLA LEGENDA VERA E PROPRIA!

ARANCIA E LIMONE: biologici e non trattati (soprattutto se ne utilizzate la scorza)
CACAO IN POLVERE: cacao amaro in polvere
FRUMINA: amido di frumento
LATTE DI SOIA: sempre bio, senza zuccheri aggiunti né addensanti
CONFETTURA E MARMELLATA: sempre senza zuccheri aggiunti
OLIO EVO: olio extravergine di oliva spremuto a freddo
OLI DI SEMI: spremuti a freddo
RICOTTA: magra, composta da solo siero, senza l'aggiunta di panna o latte
SOTTOLIO: sempre in olio extravergine d'oliva
UOVA: solo quelle di galline felici, ben nutrite e libere di razzolare
YOGURT: sempre magro
YOGURT GRECO: sempre magro, 0 per cento di grassi
ZUCCHERO INTEGRALE DI CANNA: o ancor meglio mascobado
ZUCCHERO A VELO: zucchero a velo integrale

Castagne, pane nero e risotti: la Valle d'Aosta

La sobrietà è la prima caratteristica della gastronomia valdostana: lo dice anche il detto "Sobre à la table, santé durable" ("Sobrio a tavola, salute durevole"). Sobrie sono infatti le materie prime, tutte rigorosamente di montagna: castagne, frutta secca, miele per i dolci; barbabietole e rape come verdure. Le patate sono onnipresenti; il pesce per eccellenza è, naturalmente, la trota. I profumi sono quelli delle più "calde" tra le erbe aromatiche (rosmarino e salvia su tutte), mentre le farine sono - sorpresa! - più che altro integrali: da queste parti esiste una chiara distinzione fra il pane nero della tradizione, preparato con farina di grano duro, di segale o di grano saraceno, e quello bianco, decisamente meno diffuso se non sotto forma di baguette, arrivata attraverso il tunnel del Monte Bianco insieme alle influenze francesi.

Nelle prossime pagine troverete soprattutto primi, ed è facile capire perché, se si considera la vocazione all'autonomia e alla sussistenza dei valdostani: decisi a vivere dei loro prodotti, hanno elaborato una cucina perfetta per far fronte al clima rigido e, al contempo, godere di tutte le piacevolezze della buona tavola. Le zuppe, le minestre, i risotti sono un'infinità e stupiscono per i sapori sempre vari e la creatività con cui valorizzano ingredienti altrove considerati, a torto, "poveri". Sono piatti che scaldano, e non solo il corpo, ma anche l'anima: io ci sento l'eco di una socialità antica, e non è un caso che spesso nelle baite ci si ritrovi a mangiare con persone appena conosciute, seduti fianco a fianco a lunghi tavoli di legno.

Gnocchi di barbabietola

VALLE D'AOSTA

- 800 g di patate rosse
- 2 barbabietole
- 150 g di farina di grano duro integrale
- 150 g di farina di grano saraceno

Lavate le patate e le barbabietole, e cuocetele a vapore per circa 20 minuti. Una volta pronte, spelate le patate e schiacciatele direttamente sulla spianatoia, che avrete precedentemente infarinato. Passate ora le barbabietole al passaverdura e fate sgocciolare bene la purea prima di unirla alle patate.

A questo punto, impastate, incorporando le dosi indicate di farina. Mi raccomando: gli gnocchi devono risultare omogenei, senza grumi, quindi fatevi sotto e non lesinate energie!

Con il composto ottenuto formate dei filoncini, che taglierete a pezzetti lunghi circa 2 centimetri. Man mano che saranno pronti, disponete gli gnocchi su un piano infarinato, distanziandoli uno dall'altro perché non si appiccichino. Lasciateli riposare per 30 minuti, quindi cuoceteli in abbondante acqua bollente leggermente salata, scolandoli non appena vengono a galla.

La tradizione li vuole serviti con fontina fusa e ben calda, io li amo con un semplice giro d'olio evo aromatizzato alla salvia.

Mi fa bene perché...

La barbabietola è un arcobaleno di vitamine: contiene la A, la C, la B e, in particolare, la B9, ossia l'acido folico, il che la rende amica delle future mamme. Inoltre, presenta un alto contenuto di antocianine: responsabili del suo colore rosso, questi antiossidanti combattono i radicali liberi ed esercitano un'azione lenitiva in caso di infiammazioni dell'apparato digerente.

VALLE D'AOSTA

Minestra di patate e fave

- 800 g di patate
- 400 g di fave fresche
- 200 ml di brodo vegetale (o acqua)
- 2 spicchi di aglio
- 1 cipolla
- 1 ciuffo di prezzemolo
- olio evo
- sale e pepe

Lavate le patate, sbucciatele e riducetele a cubetti.
Sbollentate le fave per 1 minuto in acqua bollente, quindi eliminate la pellicina che le ricopre. Ora che avete predisposto gli ingredienti principali, mettete a scaldare il brodo vegetale. Preparate un trito di aglio e cipolla, e fatelo stufare in una casseruola con poca acqua. Quando la cipolla sarà diventata trasparente, aggiungete un paio di cucchiai d'olio e le patate.
Trasferite ora il brodo nella casseruola, portate a bollore e proseguite la cottura per circa 10 minuti, a fuoco vivace. Abbassate quindi il fuoco e unite le fave. Chiudete con un coperchio e cuocete per altri 20 minuti.
Infine, regolate di sale e di pepe, spolverizzate in abbondanza con il prezzemolo tritato e buon appetito!

Mi fa bene perché...

Le fave sono alleate del buonumore: contengono un aminoacido, L-dopa, che contribuisce a regolare l'umore alzando i livelli di dopamina. Ma le loro virtù non sono certo tutte qua: altamente proteiche nella versione secca, ricchissime di vitamina C e di potassio in quella fresca, grazie ai fitoestrogeni, i cosiddetti "ormoni vegetali", contribuiscono alla prevenzione di tumori femminili e malattie cardiovascolari.

Minestra di riso alla valdostana

VALLE D'AOSTA

- 2-3 rape
- 1 cipolla
- 1 lt di acqua
- 2 foglie di alloro
- 320 g di riso integrale
- olio evo
- sale

Lavate le rape, mondatele e tagliatele a fettine sottili. Preparate un trito di cipolla e mettete sul fuoco una pentola con 1 litro d'acqua leggermente salata e le foglie d'alloro.
Stufate ora le rape per qualche minuto in una casseruola con pochissima acqua, continuando a mescolare. In un secondo momento, aggiungete qualche cucchiaio d'olio e la cipolla tritata. Quando si sarà imbiondita, unite il riso e fatelo insaporire mescolando ancora per 5 minuti, a fiamma bassa.
Versate quindi l'acqua bollente nella casseruola, poca per volta, fino a coprire le verdure e il riso. Dopo circa 30 minuti, la minestra sarà pronta per essere servita.

Mi fa bene perché...

Nello scegliere il riso, dovreste sempre privilegiare quello integrale. Non è solo una questione di sapore: il riso integrale contiene una quantità di fibre nettamente superiore al riso bianco, che è stato trattato con la brillatura, un processo che ne causa la perdita quasi totale. Il riso rosso, inoltre, grazie a zinco, magnesio e vitamine del gruppo B, esercita anche una forte azione disintossicante: che ne dite, vi ho convinto?

VALLE D'AOSTA

Pasta con la trota

- 1 ciuffo di prezzemolo
- 4 trote piccole (o 2 grandi)
- 1 cipolla
- 2 cucchiai di olio evo
- 4 foglie di salvia
- 600 g di passata di pomodoro
- 320 g di pasta integrale
- sale

Tritate finemente il prezzemolo e pulite le trote.
Tagliate la cipolla a fettine sottili e stufatela in una capace padella antiaderente con poca acqua. Dopo qualche minuto, unite l'olio e il prezzemolo. Aggiungete quindi la salvia e le trote. Lasciate insaporire per 5 minuti a fiamma bassa, poi versate in padella la passata di pomodoro e regolate di sale. A seconda delle dimensioni, le trote dovranno cuocere circa 15-20 minuti su ogni lato.
Quando saranno pronte, diliscatele, eliminate la pelle e tagliatele a pezzi, poi unitele alla salsa e cuocetele per altri 10 minuti.
Nel frattempo, lessate la pasta in acqua leggermente salata, scolatela, raffreddatela rapidamente sotto l'acqua corrente e fatela saltare per qualche istante nella padella con il sugo.

Mi fa bene perché...

La fibra si prende amorevolmente cura del nostro intestino: favorendo il transito, ci aiuta a ridurre la concentrazione di sostanze potenzialmente cancerogene, a regolare la glicemia postprandiale, a migliorare lo stato della flora batterica e ad aumentare il senso di sazietà. Il nostro fabbisogno è di 30 g al giorno, traducibile in 5 porzioni quotidiane di frutta e verdura e 2 di pasta o cereali integrali. State già facendo un pensierino su quella pasta integrale che avete visto in giro, vero?

Risotto alla valdostana

VALLE D'AOSTA

- 1 lt di brodo vegetale (o acqua)
- 1 cipolla
- 250 g di pelati in scatola
- 320 g di riso integrale
- 200 g di ricotta fresca
- noce moscata
- olio evo
- sale e pepe

Mettete sul fuoco una pentola con il brodo vegetale e portate a bollore.

Tritate finemente la cipolla e riducete i pomodori a cubetti. Stufate ora la cipolla in poca acqua, quindi aggiungete un filo d'olio evo e i pomodori. Fate insaporire, poi unite il riso. Mescolate bene con 1 cucchiaio di legno finché il riso non prende colore. A questo punto, versate in padella anche un mestolo di brodo e, sempre continuando a mescolare, lasciate che il riso lo assorba. Proseguite così fino a ultimare la cottura, aggiungendo il brodo poco per volta. Ci vorranno circa 45 minuti.

Quando il riso sarà quasi pronto, buttate in padella la ricotta fresca sbocconcellata e una grattugiata di noce moscata. Salate, pepate e mescolate ancora: otterrete un risotto davvero cremoso. Se lo volete ancora più "morbido", vi basterà frullarne mezzo bicchiere.

La versione originale

Quando leggete su un menu della Valle d'Aosta la dicitura "alla valdostana", quasi sicuramente si tratta di un piatto che contiene fontina. La fontina è il formaggio tipico della zona ma, ahimè, lo dobbiamo annoverare tra i formaggi semigrassi, non tra quelli magri. Contiene infatti più del 26% di grassi; i formaggi magri ne contengono meno del 20%. Ecco perché in questa ricetta l'ho sostituito con la ricotta: stessa morbidezza ma ben diversa "magrezza"! ☺

VALLE D'AOSTA

Risotto alle castagne

- 1 scalogno
- 1/2 bicchiere di latte di soia
- 120 g di castagne lessate
- 1 lt di brodo vegetale (o acqua)
- 320 g di riso integrale
- 150 g di ricotta magra
- olio evo
- sale e pepe

Affettate finemente lo scalogno e fatelo stufare in poca acqua. Aggiungete un filo d'olio evo, il latte e le castagne già lessate. Coprite con un coperchio e cuocete per 20 minuti a fuoco dolce.
Nel frattempo, fate scaldare il brodo vegetale (o l'acqua).
Trascorso il tempo indicato, unite 1 presa di sale e una macinata di pepe; estraete parte delle castagne, versate al loro posto il riso e fatelo tostare a fuoco vivace. Bagnate con un mestolo di brodo caldo, abbassate la fiamma e proseguite la cottura, aggiungendo il brodo un mestolo per volta e controllando ogni tanto. Il riso sarà pronto dopo circa 45 minuti.
A questo punto, non vi resterà che mantecare con la ricotta e servire, decorando con le castagne messe da parte in precedenza.

Il trucco

Il brodo vegetale non è esattamente una preparazione espresso. Per non dover cominciare a cucinare 1 ora e mezzo prima del tempo, potete fare il dado vegetale! Io uso cipolle bianche e carote (600 g di ognuna), sedano (400 g), sale integrale (200 g) e aromi vari (rosmarino, salvia, a volte anche aglio, altre erbe o spezie). Lavo, mondo e faccio asciugare tutto, quindi taglio grossolanamente, frullo senza pietà e metto a scolare in un colino a maglia fine. Quando smette di sgocciolare, il dado è pronto.

Zuppa di Valpelline

VALLE D'AOSTA

- 1,5 lt di brodo vegetale (o acqua)
- 1,5 kg di pane di segale integrale leggermente raffermo
- 400 g di feta (o caprino)
- cannella in polvere
- noce moscata
- olio evo

Scaldate il brodo vegetale.
Affettate il pane e tagliate il formaggio, quindi disponeteli in una teglia da forno alternando strati dell'uno e dell'altro. Fate in modo che l'ultimo sia di formaggio.
Bagnate con il brodo caldo e un paio di giri d'olio a filo, cospargete con la cannella in polvere e la noce moscata grattugiata, poi infornate a 180 gradi per circa 40 minuti, o comunque fino a che la zuppa sarà bella croccante in superficie (mi raccomando: "bella croccante" non significa carbonizzata!).

Il trucco

Io non amo particolarmente il pane inzuppato, quindi ho elaborato una versione "mangia e bevi" che vi offro come alternativa: tagliate il pane in un formato "finger food" (fettine più piccole), ricopritelo di formaggio, condite con la cannella, la noce moscata, un giro d'olio e infornate a 180 gradi per 10 minuti. Al momento di servire, portate in tavola il brodo a parte. Che ne dite?

VALLE D'AOSTA

Tortino di patate

- 800 g di patate
- 2 cipolle
- 1 ciuffo di prezzemolo
- qualche foglia di basilico
- qualche foglia di salvia
- 150 g di cannellini lessati
- 100 g di robiola
- 4 cucchiai di pane integrale grattugiato
- olio evo
- sale
- pepe

Lavate le patate e lessatele senza sbucciarle in acqua bollente leggermente salata per circa 45 minuti. Tagliate finemente le cipolle e stufatele a parte, in poca acqua: basteranno 20 minuti.
Nel frattempo, preparate un trito con le erbe aromatiche (prezzemolo, basilico e salvia) e frullate i cannellini con 1 cucchiaio di olio e un'abbondante macinata di pepe.
Terminato il tempo di cottura, scolate le patate e pelatele. Una volta intiepidite, schiacciatele. Unite alla purea ottenuta prima le cipolle, poi la robiola, la crema di cannellini, il trito di erbe, 1 presa di sale e una macinata di pepe. Se è necessario, fate addensare il composto aggiungendo il pangrattato integrale poco per volta.
Ungete una padella antiaderente con poco olio e mettetela sul fuoco. Quando sarà calda, versatevi il composto e dategli forma rotonda. Cuocetelo rigirandolo spesso, in modo che si formi una bella doratura su entrambi i lati.

La curiosità

Sfatiamo definitivamente un mito: le patate non sono una verdura, quindi non valgono come una delle 5 porzioni di frutta e verdura che le *Linee guida per una sana alimentazione italiana* stilate dall'INRAN ci consigliano di assumere quotidianamente. Come considerarle, quindi? Dato il loro alto indice glicemico, bisogna evitare di accompagnarle a pasta, pane o cereali. Che ne dite di pensarle come base per un piatto unico? Nel caso del tortino, per esempio, basterebbe aggiungere un po' di verdura, ed ecco un pranzetto perfetto!

VALLE D'AOSTA

Trote in carpione

- 4 trote
- farina di tipo 2
- 2 cipolle
- qualche foglia di salvia
- 1 spicchio di aglio
- 500 ml di aceto di mele
- 1 bicchiere di aceto balsamico
- olio evo
- sale e pepe

Lavate bene le trote e sfilettatele, quindi tagliatele a pezzi. Impanatele passandole nella farina e scottatele in una padella antiaderente leggermente unta con un filo d'olio, poi mettetele ad asciugare su della carta assorbente.

A parte, tritate insieme una cipolla con le foglie di salvia. Fate insaporire un po' d'olio in padella con uno spicchio d'aglio in camicia, quindi eliminate l'aglio e rosolate il trito.

Unite il pesce; regolate di sale e di pepe, e cuocete per 10 minuti a fuoco dolce.

Nel frattempo, affettate finemente l'altra cipolla.

A cottura terminata, lasciate che le trote si raffreddino prima di comporre la teglia nella quale le marinerete, alternandole a strati di sugo di cottura e di cipolle affettate. Miscelate bene l'aceto di mele con quello balsamico e utilizzate questo composto per irrorare le trote.

Lasciate riposare per una notte intera in frigorifero.

Mi fa bene perché...

Sia l'aceto di vino che quello di mele si ottengono per fermentazione. Nel primo caso, dobbiamo il processo a una squadra di batteri che ossida l'etanolo del vino e lo trasforma in acido acetico; nel secondo, i batteri vengono aggiunti solo dopo che il succo di mele è diventato sidro, e a quel punto lo mutano in aceto. Di solito l'aceto di mele biologico - rispetto al cugino a base di vino - non contiene anidride solforosa ed è più ricco di sali minerali e vitamine: ecco perché lo consiglio sempre.

VALLE D'AOSTA

Flantze

- 100 g di farina di segale
- 100 g di farina integrale
- 75 g di farina di tipo 1
- 12 g di lievito di birra
- 1/2 bicchiere di latte di soia
- 80 ml di olio di semi di girasole
- 80 g di uvetta
- 80 g di mandorle
- 80 g di noci
- 80 g di zucchero integrale di canna
- 10 g di scorze d'arancia candite
- 2 cucchiai di cacao amaro in polvere
- sale

Mescolate le farine e formate la fontana. Sciogliete il lievito nel latte intiepidito e versate il composto al centro, insieme all'olio di semi di girasole. Lavorate gli ingredienti fino a ottenere un impasto omogeneo e compatto. Dategli la forma di una palla e lasciatelo riposare in una ciotola, coperto con un canovaccio umido, per circa 30 minuti, in un luogo tiepido. Nel frattempo, fate ammollare l'uvetta in poca acqua tiepida, quindi strizzatela. Tritate le mandorle, sgusciate le noci e spezzettate i gherigli. Trascorso il tempo di riposo, incorporate nell'impasto lo zucchero, l'uvetta, le scorze d'arancia, le mandorle, le noci, il cacao e 1 presa di sale. Se dovesse risultare troppo asciutto, ammorbiditelo con qualche cucchiaio di latte di soia. Dategli nuovamente forma sferica e rimettetelo a lievitare, questa volta per 45 minuti. Infine, modellatelo creando una pagnotta rotonda, ponetelo su una teglia foderata di carta forno e infornatelo a 180 gradi per circa 1 ora.

La versione originale

La flantze è una sorta di pane dolce, di forma rotonda, insaporito con frutta secca, qualche candito e, all'occorrenza, cacao. Io mi sono limitato a renderla un po' più leggera e un po' più integrale, sostituendo il burro con l'olio di semi di girasole, la farina 00 con quella di tipo 1 e lo zucchero bianco con quello di canna.

Nocciole, salse e vino rosso:
il Piemonte

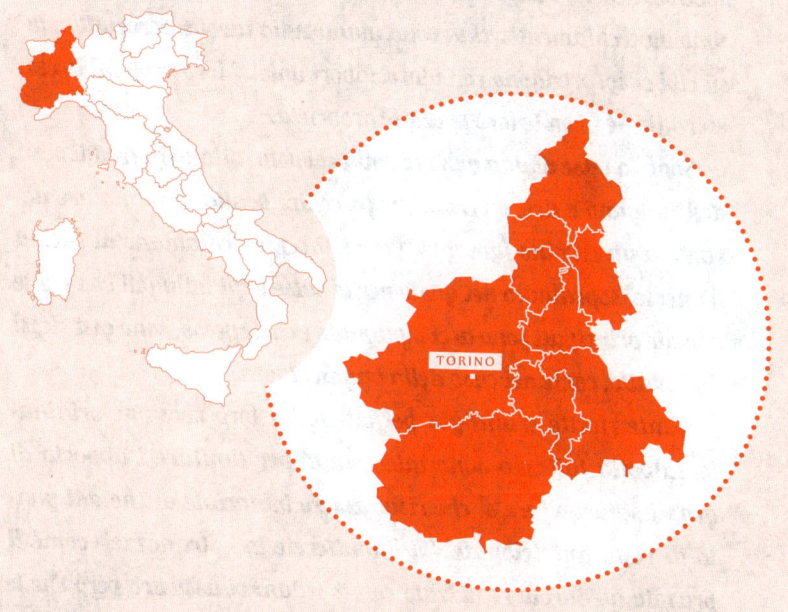

"*Chi veul vive san e lest, ch'a mangia poch e ch'a sina prest*" dicono in Piemonte ("Chi vuole vivere sano e lesto, mangi poco e ceni presto"). È un proverbio che ben rappresenta la popolazione di questa regione: apparentemente trattenuti, distaccati, sobri, i piemontesi sono in realtà persone di grande energia e grande cuore.

La cucina è lo specchio di queste caratteristiche, e di una geografia chiara ed essenziale: montagne a nord, pianure e colline a sud, dove si nascondono tanti degli ingredienti base delle ricette più significative. Ho scritto "si nascondono" non a caso, ma perché, a un'attenta osservazione, emerge che i cibi piemontesi per eccellenza richiedono uno sforzo: i cardi sono rari e irti di spine; il tartufo va localizzato ed estratto dal terreno; le trote devono essere pescate (meglio se nel fiume Sesia, incastonato fra le montagne); le nocciole devono essere sgusciate; il Barolo necessita di un lunghissimo invecchiamento. Una volta giunti sulla tavola, però, tutti questi cibi ci sorprendono con i loro sapori unici, i loro profumi accesi e - va da sé - con le loro preziose proprietà.

Sono la base di una gastronomia robusta, adatta ai freddi mesi dell'autunno e dell'inverno, che fa venire voglia di mangiare accanto a un camino fumante. Per certi versi richiamano la cucina francese, soprattutto nel gusto per le salse e gli intingoli con cui le portate principali sono accompagnate e che, spesso, sono essi stessi "il" piatto, come nel caso della bagna cauda.

Tante ricette erano già perfette nella loro versione originale, talvolta tuttavia sono intervenuto per limitare l'apporto di grassi saturi e fare sì che risultassero bilanciate anche dal punto di vista nutrizionale. Vi imbatterete in "stranezze" come il brasato al Barolo realizzato con il seitan: vi assicuro però che le mie modifiche sono tutte rispettose non solo della nutraceutica, ma anche della tradizione - il Barolo, infatti, chi si sognerebbe mai di toccarlo? ☺

PIEMONTE

Bagna cauda

- 150 g di acciughe sotto sale
- 6 spicchi di aglio
- 300 g di olio evo
- verdure a vostra scelta

Sciacquate con molta cura le acciughe sotto l'acqua corrente, per eliminare il sale. In alternativa, potete lasciarle in ammollo per 2-3 ore, cambiando spesso l'acqua fredda nella quale sono immerse. A questo punto asciugatele con un foglio di carta assorbente, apritele, estraete la lisca (cercando di non romperle). Risciacquatele sotto l'acqua corrente e tenetele da parte.

Ora, passate all'aglio: preparate gli spicchi pelandoli ed eliminando il germoglio verde che custodiscono al loro interno.

Scaldate l'olio (la tradizione suggerisce un tegame di terracotta, se non l'avete va bene anche una padella antiaderente) e fatelo insaporire con l'aglio, mescolando spesso per evitare che l'aglio si bruci o si colori. Dopo qualche minuto togliete l'aglio, unite le acciughe e proseguite la cottura (a fuoco basso, mi raccomando) fino a quando si saranno sciolte. La bagna cauda è pronta quando olio e acciughe si sono trasformati in una saporitissima salsina, nella quale intingere verdure cotte oppure crude.

Io di solito la servo con spicchi arrostiti in forno di peperoni, barbabietole e cipolle con la buccia, con cubotti di patate cotti in acqua bollente, oppure con i cardi. Quest'ultima versione è talmente speciale che le ho dedicato un'intera ricetta: la trovate a pagina 39.

Mi fa bene perché...

Le *Linee guida per una sana alimentazione italiana* prevedono 3 porzioni di grassi da condimento al giorno. Secondo me, meglio se sono 3 cucchiai di olio evo, che, contenendo ben l'80% di grassi insaturi buoni, è nostro alleato nella lotta contro radicali liberi e colesterolo LDL.

PIEMONTE

Bagnèt verd

- 1 panino integrale rafffermo
- aceto di mele
- 50 g di prezzemolo
- 1 spicchio di aglio
- 2 acciughe sotto sale
- 1/2 bicchiere di olio evo
- sale e pepe

Aprite il panino, estraete la mollica e mettetela in una ciotolina, dove la farete imbibire di aceto. Nel frattempo, sminuzzate il prezzemolo insieme all'aglio. Pulite poi le acciughe, eliminando le lische, e pestatele insieme al trito appena preparato.

Strizzate ora il pane e trasferitelo in una ciotola. Unite il trito e mescolate, aggiungendo l'olio a filo. Dovete ottenere una salsa dalla consistenza abbastanza morbida. Una bella macinata di pepe, poco sale e il vostro bagnèt verd è pronto.

So che la tradizione vuole che venga servito in accompagnamento al classico arrosto della domenica, ma io lo servo in altri modi, per esempio come antipasto, spalmato su crostini di pane integrale appena tostati in forno, oppure come condimento di un bel piatto di verdure cotte a vapore.

Mi fa bene perché...

Quando si tratta di proprietà, il prezzemolo non è secondo a nessuno! Diuretico, lassativo, depurativo, esercita un'azione tonificante sulla muscolatura uterina ed è ricchissimo di vitamine - in particolare della rarissima vitamina K, fondamentale per i processi di coagulazione, e della C. Pensate che 100 grammi di prezzemolo ne contengono ben 162 mg, più del limone che, con "soli" 50 mg rimane fermo al palo. Se consumato a crudo, poi, il prezzemolo mantiene viva la vitamina C fino all'ultimo microgrammo: un bel motivo in più per aggiungerlo ai nostri piatti!

PIEMONTE

Tajarin in bianco col tartufo

PER LA PASTA
- 400 g di farina di tipo 2 (semi-integrale)
- 2 uova
- 90 g di acqua fredda

PER IL CONDIMENTO
- 1 tartufo bianco d'Alba
- 80 g di ricotta
- noce moscata
- olio evo
- pepe

Per prima cosa, preparate la pasta. Disponete la farina a fontana e, al centro, ponete le uova e l'acqua. Cominciate a lavorare gli ingredienti con una forchetta e, quando l'acqua e le uova saranno state assorbite, passate a impastare con le mani. Quando avrete ottenuto una massa omogenea, datele la forma di una palla e lasciatela riposare al fresco (avvolta nella pellicola trasparente) per circa 1 ora. Trascorso questo tempo, stendete la pasta in una sfoglia sottile. Ripiegatela poi su se stessa, realizzando una specie di rotolino, che taglierete a fettine spesse circa 0,5 centimetri. Non vi resterà che srotolarle, ed ecco i tajarin! Dovrete cuocerli in abbondante acqua bollente leggermente salata per non più di 2 minuti. Dedicatevi ora al condimento. Spazzolate il tartufo. Stemperate la ricotta in un pentolino con un paio di cucchiai dell'acqua di cottura della pasta. Un'abbondante macinata di pepe, una bella grattugiata di noce moscata, olio evo e siete pronti per versare il tutto sulle tagliatelle (dopo averle ovviamente scolate). Mescolate bene e cospargete in abbondanza con il tartufo tagliato a fettine sottili.

La versione originale

Questa ricetta di solito viene preparata con burro al posto dell'olio, parmigiano al posto della ricotta e, soprattutto, con farina 00, ovvero la più raffinata in assoluto. La farina semi-integrale o integrale, però, è decisamente preferibile perché nessuna lavorazione l'ha privata dei suoi nutrienti (non solo fibre ma anche proteine, sali minerali, antiossidanti e vitamine). A voi la scelta!

PIEMONTE

Zuppa di rape e orzo

- 320 g di orzo
- 4 rape
- 2 porri
- 1 carota
- 1 rametto di prezzemolo
- 2 cucchiai di farina integrale
- 1 foglia di alloro
- 1,5 lt di acqua circa
- 1 bustina di zafferano
- olio evo
- sale

Prima di tutto, risciacquate bene l'orzo sotto l'acqua corrente e tenetelo da parte.

Occupatevi quindi delle verdure: spazzolate e lavate le rape, sbucciatele e riducetele a cubetti; mondate i porri e affettateli sottili; tagliate la carota a dadini e tritate finemente il prezzemolo.

Mettete ora i porri a stufare in una padella antiaderente con 1 cucchiaio d'olio evo e 2 di acqua. Dopo poco, unite le rape e mescolate. Aggiungete la farina un po' per volta, amalgamandola agli altri ingredienti con un cucchiaio di legno. Completata questa operazione, versate nella padella l'acqua con la foglia di alloro e portate a bollore. Ora, non resta che mettere in padella anche la carota e l'orzo. Coprite con un coperchio e lasciate cuocere a fuoco lento per circa 40 minuti.

A cottura ultimata, eliminate la foglia di alloro, aggiungete lo zafferano (che avrete precedentemente stemperato in mezzo bicchiere di acqua tiepida) e regolate di sale.

Un'infinità di prezzemolo tritato e la vostra zuppa è pronta per venire servita in tavola, fumante e profumata!

Mi fa bene perché...

L'orzo combatte a spada tratta la sindrome metabolica, e lo fa grazie all'apporto di carboidrati, che prolungano il senso di sazietà e contribuiscono a regolare il metabolismo glucidico. Ma non è tutto: le fibre che contiene lo rendono un valido alleato nella riduzione del rischio cardiovascolare.

PIEMONTE

Brasato al Barolo

- 800 g di seitan (sostituisce carne di manzo)
- 1 cipolla
- 2 coste di sedano
- 1 carota
- 2 foglie di alloro
- 2 cucchiai di farina semi-integrale
- 1 bicchiere di Barolo
- olio evo
- sale e pepe nero

PER LA MARINATA
- 3 foglie di salvia
- 1 rametto di rosmarino
- 1 foglia di alloro
- 3-4 grani di pepe
- 1/2 lt di Barolo
- 2 chiodi di garofano

Prima di tutto, la marinata: tritate le erbe aromatiche e pestate i grani di pepe. Mettete il tutto in una ciotola capiente, dove porrete anche il seitan dopo averlo tagliato a pezzi. Irrorate con il Barolo e lasciate a bagno per 4-5 ore. Sminuzzate ora le cipolle, il sedano e la carota e fateli insaporire in un tegame antiaderente con poco olio, l'alloro e i chiodi di garofano.

Terminato il tempo di marinatura, fate sgocciolare il seitan, asciugatelo e fatelo dorare rapidamente in una padella a parte, quindi trasferitelo nel tegame con le verdure e cospargete con la farina, mescolando bene. Scaldate il bicchiere di vino a bagnomaria e utilizzatelo per bagnare lo spezzatino. Fate evaporare, spegnete il fuoco e spolverizzate con un'abbondante macinata di pepe. Coprite con un coperchio e lasciate riposare il seitan per circa 10 minuti.

Il trucco

Il brasato di solito viene servito con il purè. Le patate però, se frullate, aumentano il loro indice glicemico (già alto). Come fare? Se proprio non volete sostituirlo con delle belle verdure, il mio consiglio è quello di preparare un purè che vuole bene alla salute, questo: lessate le patate, lasciatele raffreddare bene e schiacciatele con una forchetta, quindi conditele con olio evo e rosmarino tritato.

PIEMONTE

Spezzatino di trota

- 2 trote medie (1 kg circa)
- farina semi-integrale
- 10 acini di uvetta
- la scorza di 1 limone
- 3 foglie di salvia
- 1 rametto di rosmarino
- 1 cipolla
- 1 costa di sedano
- 3 cucchiai di olio evo
- 5 cucchiai di aceto di mele
- brodo vegetale
- sale

Come prima cosa, preparate le trote: lavatele, evisceratele, sfilettatele (eliminando le lische e la spina centrale), quindi tagliate i filetti in grandi pezzi. Infarinateli e teneteli da parte.

Fate rinvenire l'uvetta in poca acqua tiepida; grattugiate la scorza di limone.

Tritate finemente insieme salvia, rosmarino, cipolla e sedano. Fate insaporire il tutto per un paio di minuti in una padella antiaderente con 3 cucchiai di olio evo e altrettanti di acqua.

Aggiungete il pesce (in modo che a contatto con la padella ci sia la pelle), cospargete con l'uvetta e la scorza di limone. Mescolate con cura, unite un paio di mestoli d'acqua, l'aceto di mele e coprite con un coperchio, abbassando la fiamma.

Dopo circa 10 minuti la trota sarà cotta. Trasferitela su un piatto da portata e allungate il fondo di cottura con qualche cucchiaio di brodo. Fate restringere, regolate di sale e condite il pesce prima di servirlo.

Mi fa bene perché...

La trota è un pesce d'acqua dolce: ne esistono decine e decine di varietà ma le proprietà nutrizionali sono più o meno le stesse. Le trote sono ricche di ferro e di carotenoidi (se salmonate); inoltre, contengono pochissimi grassi, guarda caso di tipo polinsaturo, una manna per il nostro sistema cardiovascolare!

PIEMONTE

Cardi alla bagna cauda

- 1 kg di cardi
- il succo di 1 limone
- 2 cucchiai di pangrattato integrale
- sale

PER LA BAGNA CAUDA
- 10 filetti di acciughe sottolio
- 1 spicchio di aglio
- 3 cucchiai di olio evo (sostituisce burro)

Della bagna cauda abbiamo già parlato (a pagina 33), quindi per prepararla vi rimando a quel procedimento, da eseguire tuttavia con le dosi che trovate in questa pagina.

Qui vi parlerò di come trattare i cardi, un ortaggio "spinoso" di nome e di fatto, poiché seleziona con il suo sapore amaro i veri estimatori, cui si concede solo nella stagione invernale. Da loro, però, si fa amare a più non posso. Il mio consiglio è, ovviamente, provatelo!

Per pulirlo dovrete eliminare le foglie esterne. Una volta estratti i gambi più teneri, privateli della parte fibrosa e tagliateli a pezzetti di circa 10 centimetri. Per evitare che anneriscano, metteteli in una soluzione di acqua e succo di limone mentre fate bollire l'acqua leggermente salata nella quale li cuocerete.

Tuffate i cardi in pentola e lasciateli sobbollire per circa 30 minuti. Se non amate il loro retrogusto amaro, potete eliminarlo con il trucco della tripla bollitura: portate l'acqua nella quale sono immersi a bollore, quindi cambiatela, riportatela a bollore e così via per tre volte. Infine, scolate i cardi e disponeteli in una pirofila appena oliata, dove li condirete con la bagna cauda. Cospargete con un paio di cucchiai di pangrattato integrale e infornate a 180 gradi per 30 minuti. Poche cose sono gustose come la crosticina che vedrete formarsi!

Mi fa bene perché...

I cardi erano noti già nell'antichità come "medicina naturale" per il fegato. Se ne prendono cura grazie alla silibinina, un composto appartenente alla famiglia dei flavonolignani, che ne facilita la depurazione e ne stimola l'attività.

PIEMONTE

Cavolfiore alla Cavour

- 1 cavolfiore
- 2-3 cucchiai di olio evo
- 60 g di feta
- sale

PER LA SALSA
- 1 uovo sodo
- 2 acciughe sottolio
- 1 cucchiaio di prezzemolo tritato
- 80 ml di olio evo
- il succo di 1 limone

Mondate il cavolfiore e ricavate le cimette, che sbollenterete per 10 minuti in acqua leggermente salata. Trascorso questo tempo, fatele sgocciolare, quindi dorare in una padella antiaderente con 2-3 cucchiai d'olio e altrettanti d'acqua. A questo punto, trasferitele in una ciotola capiente, dove avrete sbriciolato la feta: mescolate bene, poi ponete il tutto in una pirofila leggermente oliata. Infornate a 170 gradi per circa 10 minuti.

Nel frattempo, cuocete l'uovo in un pentolino a parte. Sgocciolate le acciughe e sminuzzatele.

Sgusciate l'uovo sodo, tritatelo e ponetelo in una terrina con le acciughe e il prezzemolo.

Versate l'olio a filo, insaporite con qualche goccia di succo di limone e fate amalgamare bene.

Condite con questa salsa le cimette di cavolfiore appena estratte dal forno e servite al volo.

Mi fa bene perché...

Come tutte le Crucifere, il cavolfiore è una vera e propria barriera contro i tumori: dobbiamo questo benefico effetto ai composti solforati ma anche agli antiossidanti (che contiene in abbondanza), agli isotiocianati e al sulforafano, che aiutano a inibire la proliferazione delle cellule tumorali.

PIEMONTE

Dolcini antichi di Cortemilia

- 100 g di farina semi-integrale
- 100 g di nocciole tostate
- 3 datteri non glassati
- 3 cucchiai di zucchero integrale di canna
- 70 g di olio di semi di girasole
- cacao amaro in polvere

Foderate di carta forno una leccarda e versatevi la farina: dovrete tostarla leggermente in forno, a 150 gradi per circa 10 minuti.
Nel frattempo, con un mixer tritate finemente le nocciole e i datteri. Metteteli quindi in una casseruola con 1 cucchiaio di zucchero, la farina tostata e l'olio. Mischiate bene e ponete sul fuoco (basso) per circa 15 minuti, durante i quali continuerete a mescolare con un cucchiaio di legno.
Trascorso questo tempo, spegnete la fiamma e incorporate lo zucchero rimanente e qualche cucchiaio di acqua o latte (anche vegetale). Per impastare bene trasferitevi su un piano di lavoro, dove lascerete raffreddare il composto ottenuto.
Quando sarà a temperatura ambiente, formate delle palline poco più grandi di una noce, e fatele rotolare nel cacao amaro in polvere.

Mi fa bene perché...

Dire Piemonte è dire nocciole, ecco perché questi dolcini non potevano proprio mancare all'appello! Ne sono felice, perché così posso parlarvi ancora una volta del loro alto contenuto di vitamina A, che favorisce la lucentezza di pelle e occhi, e della loro azione preventiva nei confronti del rischio cardiovascolare. Davvero tanti i motivi per amarle, che ne pensate?

PIEMONTE

Torta di zucca e mele

- 300 g di mele rosse
- 75 g di zucchero integrale di canna
- 300 g di zucca gialla
- 1/2 bicchiere di latte di riso
- 20 g di uvetta
- 50 g di cioccolato fondente
- 40 g di fichi secchi
- 50 g di amaretti
- poca scorza di limone
- 1/2 cucchiaino di cacao amaro
- 50 g di ricotta morbida
- sale
- 1/2 bustina di vanillina
- farina gialla finissima

Lavate e sbucciate le mele, eliminate il torsolo e riducetele a fettine sottili. Mettetele in una piccola casseruola con 40 grammi di zucchero e 1/2 bicchiere d'acqua: mescolate e cuocete a fuoco basso per circa 15 minuti. Alla fine dovranno essere morbide ma non spappolate.

Passate ora alla zucca: pulitela eliminando la buccia, i semi e i filamenti, quindi affettatela e cuocetela per 15 minuti a fuoco bassissimo in un tegame a parte, coperta con lo zucchero rimanente e il latte di riso.

Nel frattempo, fate ammollare l'uvetta in poca acqua tiepida, quindi strizzatela e tenetela da parte. Frantumate il cioccolato fondente; spezzettate i fichi; sbriciolate gli amaretti, lavate e grattugiate la scorza di limone.

Quando la zucca sarà pronta, ponetela insieme alle mele in una ciotola capiente. Cominciate a mescolare e incorporate uno per volta i seguenti ingredienti: il cioccolato, l'uvetta, i fichi, gli amaret-

La versione originale

Per alleggerire questa torta e ridurre i grassi saturi, ho sostituito 1 uovo e il burro con la ricotta morbida (ricchissima di proteine e talmente povera di grassi da non sembrare nemmeno un formaggio!) e il latte vaccino con quello di riso.

PIEMONTE

ti, il cacao amaro in polvere, la ricotta, la scorza di limone, 1 pizzico di sale, la vanillina.
Trasferite il composto ottenuto in uno stampo di 20-22 centimetri di diametro, che avrete leggermente oliato e infarinato con la farina gialla. Infornate a 150 gradi per 1 ora circa.
Mi raccomando: non fatevi tentare dal profumo, lasciate che il dolce si raffreddi prima di addentarlo!

Torte salate, erbette e una pioggia di olio evo:
la Liguria

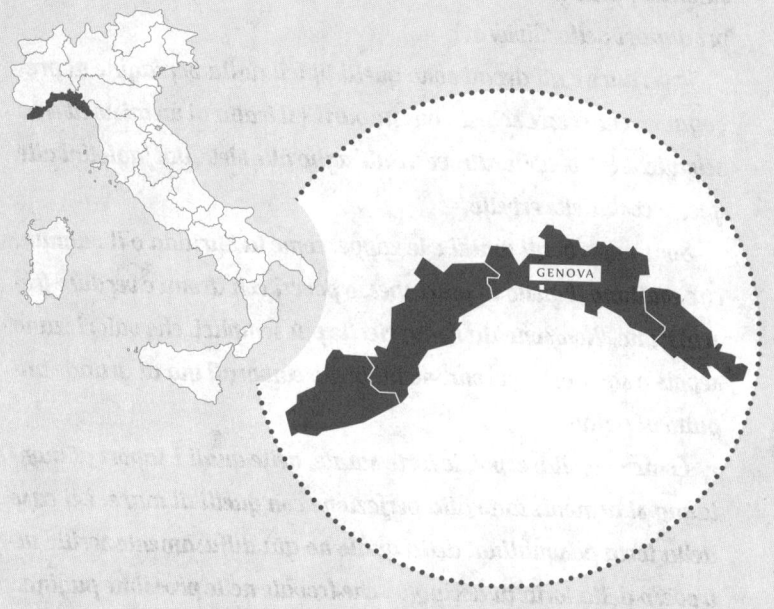

"*Non tûtta a grascia a l'è indizio de salûte*", ovvero "*non tutto il grasso è segnale di salute*". Possiamo facilmente immaginare che questo detto popolare si riferisca a persone sovrappeso, ma a me piace leggerlo anche da un punto di vista - diciamo così - più "nutrizionale", e cioè "non tutti i grassi sono salutari".

La Liguria, dove le colline a picco sul mare sono più adatte a ospitare filari di ulivi che mucche al pascolo, è infatti il regno del grasso migliore per eccellenza: l'olio extravergine d'oliva. I liguri lo utilizzano in ogni pietanza, in ogni salsa... persino nei dolci!

A pensarci bene, non mi viene in mente usanza più mediterranea di questa. Spinta, come dicevo, da fattori ambientali, la popolazione di questa regione ha fatto dei dettami della dieta mediterranea la propria regola in materia culinaria: i piatti sono tutti bilanciatissimi dal punto di vista nutrizionale e, al contempo, sono veri e propri quadri della Riviera.

Le verdure e gli aromi sono quelli tipici: dalla borragine al preboggion, che cresce solo da queste parti (si tratta di un misto di erbe selvatiche introvabile altrove), dall'aglio alle biete, dai fagiolini alle geè, le cosiddette erbette.

Sono superbi gli umidi e le zuppe, come la buridda o il bagnun, che esaltano il gusto di pesci spesso poveri con aromi e verdure freschissime. Non sono da meno ricette più semplici, che valorizzano seppie o sgombri con condimenti meno elaborati ma di grande impatto al palato.

Come non citare, poi, le torte salate, nelle quali i sapori di montagna si armonizzano alla perfezione con quelli di mare: è il caso della torta pasqualina, della quale ho già diffusamente scritto altrove, o della torta di acciughe, che trovate nelle prossime pagine.

Insomma, qua ho davvero avuto gioco facile! Che ne dite di passare all'assaggio?

LIGURIA

Condigiun

- 2 manciate di fagiolini
- 3-4 patate
- 2 carote
- 1 peperone
- 10 pomodorini
- 1 cipolla rossa
- 1 finocchio
- 2 mozzarelle
- 1 cucchiaio di olive
- 250 g di tonno all'olio evo
- aceto di mele
- olio evo e sale

Riempite d'acqua una casseruola, salate leggermente e portate a bollore. Nel frattempo, lavate i fagiolini, eliminate le estremità e divideteli a metà; lavate le patate e tagliatele a rondelle (senza eliminare la buccia). Tuffate tutto nell'acqua bollente e scolate quando i fagiolini e le patate sono ancora croccanti (ci vorranno circa 10 minuti).

Mentre cuociono, occupatevi degli altri ingredienti: lavate le carote e il peperone, mondateli e riduceteli a fiammifero; lavate e tagliate a spicchi i pomodorini; tagliate finemente la cipolla e mondate il finocchio affettandolo sottilmente; tagliate le mozzarelle in cubetti. Raccogliete tutto in un'insalatiera, unite i fagiolini, le patate, le olive e il tonno sbriciolato. Un giro d'olio evo a crudo, una spruzzata di aceto di mele e siete pronti per servire!

Mi fa bene perché...

Il condigiun è un piatto fresco, primaverile, e voglio approfittarne per sottolineare ancora una volta l'importanza della stagionalità. Madre Natura, infatti, ci fornisce lungo il corso dell'anno tutti i nutrienti di cui abbiamo bisogno: ci protegge in inverno, ci disseta in estate, ci depura in primavera e ci prepara al freddo in autunno. Di fronte a cotanta perfezione, perché agire diversamente?

LIGURIA

Torta di acciughe

PER LA PASTA
- 600 g di farina integrale
- 150 g di olio evo
- 1 pizzico di sale

PER IL RIPIENO
- 1 manciata di funghi secchi
- la mollica di 2 panini integrali
- poco latte di soia
- 6 acciughe fresche
- 1 kg di biete
- 2 cipolle
- 1 carota
- 1 costa di sedano
- qualche rametto di maggiorana
- 1 spicchio di aglio
- 1/2 mazzetto di prezzemolo
- 200 g di ricotta
- olio evo
- sale e pepe

Come prima cosa, la pasta: lavorate la farina con l'olio, il sale e un po' d'acqua, in modo da ottenere un impasto morbido, cui darete la forma di una palla e che farete riposare per 30 minuti coperto con un canovaccio pulito.

Nel frattempo, preparate gli altri ingredienti. Mettete i funghi in ammollo in acqua tiepida e la mollica di pane sbriciolata nel latte di soia. Pulite le acciughe diliscandole e lavatele bene sotto l'acqua corrente. Sciacquate le biete, eliminate la costa centrale e tagliatele a listarelle. Affettate finemente una cipolla, realizzate un trito di 4 acciughe, carota e sedano; tritate anche la maggiorana, l'aglio, il prezzemolo e la cipolla rimanente.

Ora, fate soffriggere in poca acqua e 1 cucchiaio d'olio la cipolla affettata insieme al trito di acciughe, carote e sedano. Aggiungete metà dei funghi e, in un secondo momento, le biete. Cuocete ra-

LIGURIA

pidamente finché le biete si saranno ammorbidite ma non spappolate, quindi insaporite con un po' di maggiorana, prezzemolo e aglio tritati. Incorporate la ricotta e spegnete la fiamma.

In una ciotola, mescolate la mollica di pane con i funghi residui. Unite le 2 acciughe rimaste tagliate a pezzetti e condite con un giro d'olio evo, 1 pizzico di sale e una macinata di pepe.

Riprendete la pasta e stendetela in modo da ricavare 4 dischi sottili, del diametro di circa 15 centimetri. Ungete leggermente una tortiera con un foglio di carta forno intinto nell'olio evo e collocatevi il primo disco di sfoglia. Spalmate il composto di biete e formate altri tre strati, ungendo ciascuno con poco olio.

Infornate a 180 gradi per circa 1 ora.

Mi fa bene perché...

Regine degli acidi grassi polinsaturi (con un contenuto di 1,7 grammi di Omega-3 ogni 100 di prodotto), le acciughe svolgono un'azione protettiva sul nostro sistema cardiovascolare, su quello nervoso e sulla salute delle ossa. Così piccole eppure così potenti!

LIGURIA

Bagnun di acciughe

- 5 pomodori secchi sottolio
- 2 spicchi di aglio
- 1 carota
- 1 manciata di prezzemolo
- 1 cipolla
- 1 kg di pomodori
- 300 g di acciughe fresche
- 1,5 lt di acqua
- 1 presa di origano
- olio evo
- sale

Sciacquate i pomodori secchi, quindi tritateli con l'aglio e la carota. Sminuzzate il prezzemolo; affettate finemente la cipolla; tritate i pomodori. Pulite quindi le acciughe, diliscatele e lavatele bene sotto l'acqua corrente.
Ora che tutti gli ingredienti sono pronti, potete "assemblarli".
Innanzitutto: il bagnun andrebbe preparato in un tegame di terracotta, se non l'avete, va benissimo una padella antiaderente. Nel vostro tegame, quindi, scaldate 2-3 cucchiai di olio evo con altrettanti d'acqua e fate stufare il trito di pomodori secchi, aglio e carota con il prezzemolo, la cipolla e i pomodori. Coprite con un coperchio e cuocete a fuoco basso per circa 20 minuti. A questo punto, versate nel tegame 1,5 litri d'acqua e proseguite la cottura per altri 15 minuti.
Unite infine le acciughe e fate in modo che si sciolgano. Allora spegnete la fiamma, spolverizzate con l'origano, regolate di sale e servite.
La morte sua, come si dice, è con crostini di pane all'aglio leggermente tostati: una meraviglia!

Il trucco

Se avete in casa acciughe fresche, non leggete oltre. ☺
Se invece volete preparare il bagnun con acciughe sottolio o sotto sale, sappiate che in ogni caso andranno sciacquate abbondantemente e che, comunque, è meglio non aggiungere altro sale oltre a quello già presente nelle scatolette.

LIGURIA

Pansooti au preboggion

PER LA PASTA
- 400 g di farina integrale
- 120 g di acqua
- sale

PER IL RIPIENO
- 500 g di preboggion (misto di erbe selvatiche liguri)
- 70 g di erbette e borragini
- 1/2 spicchio di aglio
- 150 g di ricotta
- sale

Prima di tutto, la pasta: disponete sulla spianatoia la farina a fontana, mettete al centro il sale e l'acqua, quindi cominciate a impastare. Dovrete ottenere un impasto liscio ed elastico, con il quale formerete una palla. Lasciate che riposi in un luogo fresco, coperta con un canovaccio pulito per circa 45 minuti.

Nel frattempo, lavate il preboggion, le erbette e le borragini, quindi stufateli in pochissima acqua, strizzateli e sminuzzateli a coltello o con il mixer.

Tritate finemente l'aglio e sbattetelo con la ricotta e 1 presa di sale. Unite i due composti.

Riprendete ora la pasta e stendetela, un pezzetto per volta, ricavandone tante sfoglie sottili di forma triangolare. Dovrete farcirne metà con una cucchiaiata di ripieno; per chiudere, utilizzate i triangoli di pasta rimanenti, facendo ben aderire i bordi.

Cuocete infine i pansooti lessandoli in abbondante acqua leggermente salata.

Il trucco

Il colpo di genio (anche nutrizionale)? Servire i pansooti con la salsa alle noci. Si prepara così: 250 ml di latte di soia senza zucchero, 2 manciate di noci, 1/2 spicchio d'aglio, 2 cucchiai di pane integrale grattugiato, 4 cucchiai di olio evo, sale e pepe. Frullate tutto insieme e il gioco è fatto! Se necessario, diluite con acqua tiepida fino a ottenere la consistenza desiderata.

LIGURIA

Trofie al pesto e verdure

- 2 patate medie
- 300 g di fagiolini
- 350 g di trofie integrali
- 200 g di pesto ligure
- 50 g di formaggio grana
- sale

Pelate le patate e tagliatele a cubetti; lavate i fagiolini, mondateli e divideteli a metà.
Portate a bollore dell'acqua leggermente salata, quindi tuffatevi le verdure. Quando saranno ormai cotte (dopo circa 15 minuti), aggiungete le trofie.
Scolate tutto insieme, con la pasta un po' al dente, tenendo da parte un po' di liquido di cottura. Lo utilizzerete per stemperare alcune cucchiaiate di pesto, con le quali condirete il tutto.
Servite subito, con un po' di grana grattugiato all'ultimo.

Il trucco

Vi sentite alternativi e volete realizzare in casa un pesto fenomenale? Vi serviranno: 1 mazzo di basilico, 2 manciate di anacardi, 150 g di tofu al naturale e 1 bicchiere di olio evo. Frullate tutto insieme e preparatevi a stupirvi!

LIGURIA

Buridda

- 1 kg di pesce assortito (triglie, scorfano, calamari, seppie, gamberi, molluschi assortiti)
- 1 acciuga sotto sale
- 15-20 g di funghi secchi
- 5 noci
- 1 grossa cipolla
- prezzemolo
- 1 pomodoro maturo
- 2 spicchi di aglio
- pane integrale
- olio evo

Prima di tutto il pesce: eliminate le parti di scarto e sciacquatelo sotto l'acqua corrente, poi tagliatelo a pezzetti o a listarelle (nel caso di calamari e seppie). Diliscate e risciacquate bene l'acciuga. Ora, gli altri ingredienti: fate ammollare i funghi in acqua tiepida; rompete le noci e private i gherigli della pellicina; affettate la cipolla a rondelle; tritate il prezzemolo; riducete il pomodoro a pezzetti. Pestate poi i funghi insieme all'acciuga e ai gherigli, fino a ottenere un composto omogeneo (se non avete il mortaio, utilizzate un mixer). Preparate quindi una padella antiaderente dai bordi alti (o un tegame di terracotta). Fate dorare gli spicchi d'aglio in poco olio, unite quindi la cipolla e il prezzemolo, un paio di cucchiai d'acqua e fate soffriggere. Aggiungete il pomodoro e la salsa di funghi. Mescolate bene e ponete in padella anche il pesce. Proseguite la cottura per 10 minuti. Nel frattempo, affettate il pane e fatelo tostare leggermente in forno. Servite la buridda ben calda, insieme alle fette di pane dorate.

La curiosità

Vi sto sciorinando talmente tante ricette da preparare in tegami di terracotta che vale la pena vi spieghi perché! Non solo perché li abbiamo sempre utilizzati, ma anche perché - scaldandosi e raffreddandosi poco alla volta - garantiscono una cottura deliziosamente uniforme. Un paio di trucchi affinché diventino immortali: non dimenticarsi mai lo spargifiamma, preferire cucchiai di legno (che non graffiano) e lasciarli per qualche ora pieni d'acqua calda prima di lavarli.

LIGURIA

Seppie in zimino

- 600 g di seppie
- prezzemolo
- 1 costa di sedano
- 1 carota
- 3 mazzi di biete
- 200 g di pomodori
- olio evo
- sale e pepe

Dopo aver ripulito le seppie, lavatele bene sotto l'acqua corrente e lasciatele a bagno in acqua tiepida mentre preparate un trito di prezzemolo, sedano e carota, e lavate e mondate le biete, gettando la costa centrale. Riducete ora le seppie a listarelle e fatele saltare in padella con il trito e un paio di cucchiai d'olio.

Dopo qualche minuto unite alle seppie i pomodori che avrete ridotto a cubetti. Regolate di sale e di pepe, e cuocete per circa 30 minuti, mescolando di tanto in tanto.

Il trucco

Dato che sono ricche di aminoacidi solforati, le seppie sono facilmente deperibili. Acquistatele sempre freschissime e conservatele in frigo e per poco tempo. Fate sì che questo sia un piatto che, dal mare, arriva direttamente alla vostra tavola!

LIGURIA

Sgombri con i piselli

- 1 mazzetto di prezzemolo
- 1 cipolla
- 600 g di sgombri
- 50 g di olio evo
- 300 g di piselli freschi sgusciati
- 400 g di passata di pomodoro
- sale

Preparate un trito di prezzemolo e cipolla.

Pulite gli sgombri e poneteli in una casseruola con un filo d'olio e 1 pizzico di sale. Unite il trito e i piselli. Cuocete a fuoco dolce per circa 20 minuti.

A questo punto, irrorate il tutto con la salsa di pomodoro, dopo averla allungata con un paio di cucchiai di acqua calda. Proseguite la cottura per altri 20 minuti.

Se preparate questo piatto in inverno, sappiate che i liguri lo servono con la polenta taragna: da provare!

Mi fa bene perché...

Lo sgombro è talmente energetico che l'ho soprannominato "pesce barretta": apporta potassio e Omega-3 come nessuno, contrasta il colesterolo e l'accumulo di tossine nel sangue. In più, ha un sapore inconfondibile! Decisamente, è uno dei miei pesci preferiti.

LIGURIA

Stoccafisso alla genovese

- 350 g di stoccafisso
- 1 manciata di uvetta
- 2 patate
- 3 pomodori
- 1 spicchio di aglio
- 3 cucchiai di concentrato di pomodoro
- 1 manciata di pinoli
- olio evo
- pepe

Fate ammollare lo stoccafisso in acqua fredda per un paio di giorni: raddoppierà il suo peso. Quando è pronto, eliminate la pelle e le spine, poi tagliatelo a pezzi.

Fate rinvenire l'uvetta in poca acqua tiepida; quando sarà morbida, strizzatela. Pelate le patate e tagliatele a pezzi; riducete i pomodori in grossi cubi.

Se avete un tegame di terracotta, è il momento di usarlo! In alternativa, va benissimo una padella antiaderente per far insaporire un paio di cucchiai d'olio con l'aglio schiacciato. Unite lo stoccafisso, pepate abbondantemente, quindi aggiungete i pomodori e il concentrato.

Cuocete a fiamma bassissima per almeno 2 ore, aggiungendo all'occorrenza un bicchiere d'acqua. A metà cottura ponete nel tegame anche le patate, l'uvetta e i pinoli. Mescolate bene e cuocete per un'altra ora, facendo insaporire e rassodare il sugo.

Un giro d'olio a crudo e lo stoccafisso è pronto!

Mi fa bene perché...

Aiutano a migliorare la circolazione, favoriscono la regolarità intestinale e contribuiscono a ridurre il rischio cardiovascolare: sono i pinoli, piccoli ma potentissimi aiutanti che, oltre a questi prodigiosi effetti, svolgono anche un'energica azione antiossidante e sono ricchi di fosforo addirittura più del merluzzo. Stupefacente, no?

LIGURIA

Canestrelli alle mandorle

- 600 g di mandorle
- 120 g di zucchero a velo integrale
- 1 cucchiaio di farina di riso
- acqua di fiori d'arancio

Fate sobbollire le mandorle per alcuni minuti in un pentolino, quindi scolatele e asciugatele con un canovaccio pulito o un foglio di carta assorbente. Quando saranno ben asciutte, pestatele nel mortaio con lo zucchero fino a ridurle in polvere. Se non avete il mortaio, potete passarle in un mixer.

Trasferite infine la polvere ottenuta in una ciotola, aggiungete la farina di riso e bagnate con l'acqua di fiori d'arancio. Impastate fino a ottenere un composto solido (non deve appiccicare) con il quale realizzerete delle ciambelline. Come? Prelevate dei pezzettini di pasta, passateli fra le mani fino a ottenere dei filoncini e chiudeteli a ciambella.

Ponete i biscotti su una teglia foderata di carta forno e infornateli a 180 gradi per 15 minuti. Mi raccomando: il calore del forno dovrà provenire più dall'alto che dal basso.

Quando i canestrelli saranno dorati, sfornateli e lasciateli raffreddare prima di addentarli!

Mi fa bene perché...

Con 240 mg di calcio per ogni 100 g di prodotto, le mandorle sono uno dei semi oleosi che preferisco. E non è tutto: favoriscono il transito intestinale, ci aiutano a migliorare il tono dell'umore e a combattere ansia e insonnia. Come se non bastasse, contribuiscono a innalzare il colesterolo "buono" e contengono vitamina E in quantità, un antiossidante di rara potenza.

Risotti, polenta e pizzoccheri: la Lombardia

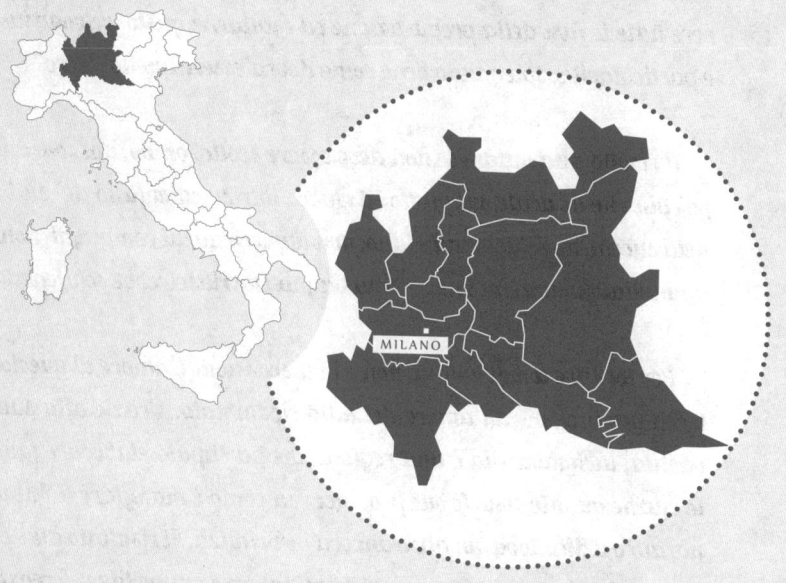

Una diceria sostiene che la cucina lombarda sia piena di piatti unici perché la gente di questa regione - sempre di fretta, tutta presa da impegni e affari - non ha tempo da perdere in pranzi composti da tante portate. Secondo me non è così. Sono convinto che i lombardi preferiscano concentrarsi su un solo piatto, ma fatto a regola d'arte: ne sono testimonianza le lunghe cotture di ricette imperiali come il minestrone, la polenta o il risotto, che richiedono cura e attenzione per i dettagli.

Che i lombardi amino il cibo, d'altra parte, non è una novità: ba-

sti pensare a come i più illustri scrittori si siano dedicati a immortalare le più varie pietanze... Manzoni cita nei Promessi sposi la "polenta bigia", a base di grano saraceno (che si usa ancora oggi, mescolato con la farina di mais); Gadda dedica un intero racconto al risotto alla milanese (Risotto patrio. Rècipe, 1955), per descrivere tutte le fasi della preparazione ed esaltarne gusto, retrogusto e particolarità, spiegando bene come dovrà essere quello "vero":

Il risotto alla milanese non deve essere scotto, ohibò, no! solo un po' più che al dente sul piatto: il chicco intriso ed enfiato de' suddetti succhi, ma chicco individuo, non appiccicato ai compagni, non ammollato in una melma, in una bagna che riuscirebbe schifenza.

Per tornare a noi, quindi, non è in discussione l'amore di questa terra per il cibo - un amore del tutto ricambiato. Grazie alla sua vastità, la Lombardia è una regione che ha saputo elaborare tante cucine quante sono le sue province: un conto è mangiare a Milano, altro a Mantova, un altro ancora in Brianza. Il risultato è un'enorme ricchezza, che ha come denominatore comune la preferenza accordata al riso invece che alla pasta, l'uso a tutto campo dei formaggi (al punto che "la buca l'è minga stracca se la sa no de vacca", ovvero "la bocca non è stanca se non sa di formaggio") e la scelta del burro come condimento principe. Ecco, questi ultimi due aspetti ho dovuto rivederli... Non a caso, però! Tutte le ricette sono state testate da una coppia di assaggiatori d'eccezione, vale a dire i miei milanesissimi nonni. Se ho convinto loro che "gh'è mia erba ch'an gh'abia la so virtù" e che l'olio extravergine d'oliva in fin dei conti non è poi così male, sono sicuro di poter convincere anche voi!

LOMBARDIA

Bigoli con le sarde

- 200 g di sarde
- 400 g di bigoli integrali
- 1 spicchio di aglio
- olio evo
- sale

Sciacquate abbondantemente le sarde sotto l'acqua corrente per togliere il sale, poi mettetele a sgocciolare.
Mentre si asciugano, portate a bollore abbondante acqua salata e cuocetevi i bigoli.
Preparate quindi il sugo: schiacciate lo spicchio d'aglio e fatelo colorire a fuoco molto basso in qualche cucchiaio d'acqua e d'olio, poi eliminatelo e mettete in padella il pesce. Mantenendo la fiamma dolce, spezzettate le sarde con una forchetta. Cuocete finché si saranno sciolte.
Scolate ora i bigoli al dente e trasferiteli in un piatto da portata, dove li condirete con il sugo ben caldo. Servite immediatamente!

Mi fa bene perché...

Le sarde sono le sorelle "giganti" delle acciughe: stesso aspetto, sapore simile, ma più grandi. In quanto a contenuto di Omega-3 non sono seconde a nessuno: ben 1,5 g ogni 100 di prodotto! Dal momento che siamo abituati a consumarle sottolio o sotto sale, ricordatevi sempre di sciacquarle bene prima di utilizzarle.

LOMBARDIA

Malfatti

- 600 g di spinaci
- 1 cipolla piccola
- 250 g di ricotta freschissima
- 50 g di parmigiano grattugiato
- noce moscata
- 2 albumi d'uovo
- 200 g di farina di tipo 2
- 150 g di crescenza
- sale e pepe

Lavate gli spinaci e cuoceteli a vapore fino a che risulteranno morbidi. Quando si saranno intiepiditi e dunque saranno maneggiabili, tritateli a coltello.

Tagliate poi la cipolla in quattro parti e fatela stufare con un po' d'acqua. Dopo qualche minuto, eliminate la cipolla e buttate in padella gli spinaci: fate saltare, poi spegnete la fiamma e lasciate raffreddare.

Trasferite ora gli spinaci in una ciotola capiente e lavorateli con la ricotta, il parmigiano, 1 pizzico di noce moscata, i due albumi e la farina. Dovrete ottenere un impasto omogeneo e morbido. Regolate di sale e di pepe e suddividete l'impasto in tanti gnocchi, grandi circa come una noce. Infarinateli leggermente e tuffateli in acqua bollente appena salata. Quando salgono in superficie scolateli e sistemateli su una teglia, dove li condirete con la crescenza. Un ultimo passaggio in forno (5 minuti sotto il grill) e i malfatti sono pronti per essere serviti!

Il trucco

Le uova sono un alimento ricchissimo: di aminoacidi essenziali, vitamine, minerali e grassi dalle benefiche proprietà, ma anche di colesterolo (il 5%, circa 200 mg/uovo). Ne bastano due per superare il nostro fabbisogno giornaliero. Il che non significa "Non mangiate le uova": un paio di volte la settimana vanno benissimo. L'importante è sceglierle di qualità! Io tendo a utilizzarle con parsimonia, dal momento che sono presenti in forma nascosta in moltissimi preparati, e, come in questa ricetta, a prediligere l'albume: in questo modo, assumiamo solo proteine, niente grassi, e la digeribilità ne guadagna!

LOMBARDIA

Minestrone alla milanese

- 500 g di pomodori
- 2 zucchine
- 3 patate
- 2 carote
- 2 coste di sedano
- 1/2 verza
- 500 g di piselli freschi sgranati
- 250 g di fagioli borlotti freschi sgranati
- 1 spicchio di aglio
- 1 cipolla
- 1 ciuffo di prezzemolo
- 2 foglie di salvia
- 2 lt di acqua
- 200 g di orzo
- 8 foglie di basilico
- olio evo
- sale

Lavate e riducete a cubetti i pomodori; affettate le zucchine; pelate le patate; pelate le carote e tagliatele a rondelle, come il sedano; private le foglie di verza della costa centrale. Sgranate e sciacquate i legumi e preparate un trito di aglio, cipolla e prezzemolo. Ponete il trito in una pentola dai bordi alti con la salvia e fate rosolare in poco olio e qualche cucchiaio d'acqua. Quando la cipolla sarà imbiondita, unite tutti gli altri ingredienti tranne l'orzo, la verza e i piselli. Coprite con 2 litri di acqua fredda, aggiungete poco sale e portate a bollore. Cuocete per circa 1 ora a fiamma bassa. Se le patate saranno ancora intere, schiacciatele con una forchetta. Unite poi i piselli, le foglie di verza e cuocete per altri 15 minuti. Risciacquate quindi l'orzo e versatelo in pentola. Per portarlo a cottura serviranno altri 20 minuti. Regolate di sale, guarnite con le foglie di basilico, e servite con un giro d'olio a crudo.

Mi fa bene perché...

Il minestrone alla milanese richiede una preparazione elaborata, ma contiene tutti i nutrienti di cui il nostro corpo ha bisogno. Lo ammetto, l'ho un po' "sgrassato", eliminando cotiche, lardo e pancetta, ma ora, nutrizionalmente parlando, è perfetto! Per metà verdura, per un quarto cereali integrali, e per il restante quarto proteine salutari. Non sembra anche a voi il re dei piatti unici?

LOMBARDIA

Pizzoccheri della Valtellina

PER I PIZZOCCHERI
- 400 g di farina di grano saraceno
- 100 g di farina di tipo 1
- 3 pizzichi di sale
- 250 ml di acqua circa

PER IL CONDIMENTO
- 300 g di coste
- 350 g di verza
- 1 spicchio di aglio
- 10 foglie di salvia
- 4 cucchiai di olio evo
- 250 g di crescenza
- pepe

Mescolate le farine con il sale e lavorate il tutto aggiungendo poca acqua tiepida per volta fino a ottenere un impasto omogeneo e bello sodo. Dategli quindi la forma di una palla e ponetelo a riposare per 20 minuti in una ciotola leggermente infarinata, coperta con un canovaccio pulito. Nel frattempo, lavate e mondate le coste e la verza e riducete tutto a listarelle. Preparate un trito di aglio e salvia, e fatelo stufare in acqua insieme alle verdure in una padella. Quando saranno morbide, conditele con 4 cucchiai di olio evo. Riprendete l'impasto e stendetelo in una sfoglia spessa circa 3 millimetri. Con una rotella tagliapasta o un coltello, ricavate delle losanghe larghe 1 centimetro e lunghe 5. Cuocete i pizzoccheri in acqua leggermente salata per 10 minuti: quindi scolateli e saltateli qualche istante nella padella con le verdure. Aggiungete la crescenza, mescolate per farla sciogliere e terminate con un giro d'olio a crudo. Una macinata di pepe e non resta che servire!

Il trucco

Il grano saraceno non contiene glutine ed è dunque adatto anche ai celiaci. Per rimanere più aderente alla tradizione, in questo caso ho consigliato di utilizzare in abbinamento una farina di tipo 1 ma, per rendere questa ricetta completamente gluten free, vi basterà sostituirla con quella di riso.

LOMBARDIA

Risòtt coi borlòtt

- 500 g di fagioli borlotti freschi
- 200 g di pomodori
- 1/2 cipolla
- 50 g di tofu affumicato
- 320 g di riso integrale
- 1,2 lt di brodo vegetale (o acqua)
- 30 g di caprino fresco
- olio evo
- sale

Mettete i fagioli in una pentola e copriteli con acqua fredda. Portate a ebollizione, quindi abbassate la fiamma e chiudete con un coperchio. Lasciate cuocere finché i fagioli saranno morbidi ma non stracotti (basteranno 30-35 minuti). Regolate di sale, lasciate riposare per 5 minuti e scolate.

Lavate i pomodori e tagliateli a dadini. Affettate finemente la cipolla, riducete il tofu a listarelle e fate rosolare entrambi in un ampio tegame antiaderente con qualche cucchiaio d'olio e di acqua. Dopo poco, unite i pomodori e cuocete per 10 minuti. Aggiungete i fagioli e fate insaporire a fiamma bassissima.

A questo punto, rovesciate nel tegame anche il riso e fatelo tostare, mescolando piano con un cucchiaio di legno. Bagnate con il brodo vegetale e cuocete senza smettere di rimestare, finché il riso sarà al dente. All'occorrenza, aggiungete altro brodo. Il riso sarà pronto dopo circa 45 minuti.

Regolate quindi di sale, incorporate il caprino e mantecate, mescolando con cura.

Infine, attendete: il vero risòtt riposa 5 minuti in pentola, coperto, prima di venire servito!

La versione originale

Mi è bastato sostituire il brodo di carne con quello vegetale (o con l'acqua), il lardo o la pancetta con il tofu, il parmigiano reggiano con il caprino fresco e il burro con l'olio evo per trasformare questo classico della cucina lombarda in una vera ricetta della salute. Così facendo, diciamo addio ai grassi saturi, mantenendo tutto il gusto!

LOMBARDIA

Risotto alla milanese

- 1 cipolla
- 320 g di riso integrale (o semi-integrale)
- 2 cucchiai di olio evo
- 1 bustina di zafferano
- 120 g di ricotta
- sale

Affettate sottilmente la cipolla e fatela tostare in una padella ben calda con il riso, 2 cucchiai d'olio e 2 di acqua.

Dopo 3 minuti, aggiungete lo zafferano e acqua leggermente salata a sufficienza per coprire completamente il riso. Chiudete con un coperchio e lasciate cuocere per circa 30-40 minuti, mescolando di tanto in tanto e controllando che il risotto non si asciughi troppo: in questo caso, aggiungete altra acqua calda.

Quando il riso sarà quasi pronto, prelevatene un bicchiere e frullatelo con un frullatore a immersione, quindi rimettetelo in padella. Non resta che mantecarlo con la ricotta, mescolare e gustare!

Mi fa bene perché...

Preziosissimo e prelibato, lo zafferano è un aiutante davvero potente del sistema cardiovascolare. Deve i suoi superpoteri alla crocina, il carotenoide responsabile del suo colore. Inoltre, contiene betacarotene e vitamine del gruppo B, entrambi molto utili nella protezione dei tessuti e attivissimi contro i radicali liberi.

LOMBARDIA

Scaloppine cont l'erborinn

- 1 manciata di prezzemolo
- il succo di 1 limone
- 600 g di seitan
- farina di tipo 1
- 6 cucchiai di olio evo
- 150 ml circa di salsa di soia
- 1/2 bicchiere di brodo vegetale (o acqua)

Tritate il prezzemolo e spremete il limone.

Tagliate il seitan a fettine sottili, a mo' di scaloppine, che infarinerete uniformemente.

Scaldate ora in una larga padella antiaderente 4 cucchiai d'olio e 3 di acqua, e passatevi le fettine una alla volta, rigirandole più volte, in modo che si rosolino su entrambi i lati. Quando saranno cotte, mettetele su un piatto da portata e tenetele in caldo.

Versate nella stessa padella un po' di salsa di soia (la meno salata che trovate in commercio) e fate sfumare con la farina rimasta sul fondo. Unite 2 cucchiai d'olio, 1/2 bicchiere di brodo vegetale (o acqua) e il succo di limone. Cospargete di prezzemolo e mescolate sul fuoco per amalgamare tutti gli ingredienti.

Dopo poco, rimettete in padella le fettine di seitan e lasciate insaporire per 4 minuti, quindi servite le scaloppine bagnandole con il sughetto.

La versione originale

Sapore e antiossidanti vanno a braccetto con la salsa di soia: ecco perché ho scelto di sostituirla al vino bianco in questa ricetta. Le altre modifiche sono evidenti: seitan al posto della fesa di vitello, olio al posto del burro e farina di tipo 1 al posto della 00. Buone? Buonissime!

LOMBARDIA

Verze in tegame

- 1 verza bianca
- 1 spicchio di aglio
- 200 ml di passata di pomodoro
- la scorza di 1 limone
- olio evo
- sale
- pepe

Lavate la verza, mondatela e tagliatela a listarelle.

Dovrete farla insaporire sul fuoco, in una padella antiaderente, con poco olio evo e qualche cucchiaio d'acqua insieme allo spicchio d'aglio in camicia. Dopo poco, abbassate la fiamma, coprite con un coperchio e lasciate cuocere per circa 10 minuti, aggiungendo all'occorrenza un po' d'acqua calda.

A questo punto, unite due mestoli d'acqua calda e la passata di pomodoro. Ricavate dalla scorza di limone una strisciolina e mettetela in padella. Condite con 1 pizzico di pepe, 1 presa di sale e portate a cottura. Ci vorranno circa 30 minuti. Se necessario, aggiungete altra acqua calda.

Mi fa bene perché...

La verza ha un'arma segreta: i composti solforati, molecole prodigiose capaci di proteggere il nostro corpo dal cancro allo stomaco. Le contiene, però, in stato inattivo: per attivarle, dovrete tritarla o sminuzzarla, ed ecco perché questo piatto è un ottimo metodo per prendersi cura di sé (oltre che del proprio palato).

LOMBARDIA

Busecchina

- 500 g di castagne secche
- 1 cucchiaio di miele
- 2 cucchiai di zucchero integrale di canna

Mettete le castagne secche ad ammollare per almeno dodici ore. Trascorso questo tempo, scolatele e sciacquatele bene. Spazzolatele una per una per rimuovere la pellicina, che, ahimè, è molto amara.

Ponetele quindi in una casseruola e copritele con abbondante acqua fredda (il livello dell'acqua dovrà superarle di almeno due dita). Aggiungete il miele, lo zucchero e cominciate a cuocere a fiamma bassissima.

Proseguite la cottura per circa 30 minuti. Le castagne dovranno diventare morbide e assorbire completamente l'acqua. Se dopo averla assorbita dovessero risultare ancora troppo sode, aggiungetene altra, bollente, un mestolino per volta.

La busecchina si serve in coppette, accompagnando le castagne con il sughino dolce rimasto in pentola.

Mi fa bene perché...

Prive di colesterolo e di glutine, con un alto contenuto di sali minerali, le castagne sono un alimento supernutriente: le calorie, inutile girarci intorno, sono parecchie (165 ogni 100 grammi), ma parecchi sono anche i benefici! Grazie alle fibre aiutano l'attività intestinale, grazie al fosforo si prendono cura del nostro sistema nervoso e, contenendo acido folico, sono indicate per le future mamme.

LOMBARDIA

Sbrisulona

- 200 g di mandorle
- la scorza di 1 limone
- 200 g di farina di tipo 1
- 200 g di farina di mais
- 120 g di zucchero integrale di canna
- 1/2 bustina di vanillina
- 1 presa di sale
- 60 g di olio di mais
- 40 g di acqua fredda
- 40 g di tahin
- zucchero a velo integrale

Tritate finemente le mandorle. Lavate il limone e grattugiate la scorza, facendo attenzione a evitare la parte bianca.
Mischiate ora le due farine in una ciotola capiente: aggiungete lo zucchero, le mandorle, la vanillina, il sale e la scorza di limone. Amalgamate il tutto e disponetelo a fontana sul piano di lavoro. Miscelate l'olio con l'acqua e scioglietevi il tahin: ponete il composto al centro della fontana e cominciate a lavorare gli ingredienti. L'impasto non dovrà essere omogeneo: dovrete ottenere dei grumi da far cadere a pioggia su una teglia foderata di carta forno e spolverizzata di farina di mais. Premete leggermente per compattare il tutto e infornate a 180 gradi per circa 40 minuti.
Una volta sfornata la sbrisulona, cospargetela di zucchero a velo prima di servirla.

La versione originale

Con farina e zucchero raffinati, burro e strutto al posto dell'olio di mais e del tahin, 2 tuorli al posto dell'acqua, la sbrisulona tradizionale è decisamente più grassa. La mia ricetta privilegia i nutrienti del benessere e, vi giuro, si sbriciola esattamente nello stesso modo! Chi ha voglia di provare?

Polenta, formaggi e frutta secca:
il Trentino Alto Adige

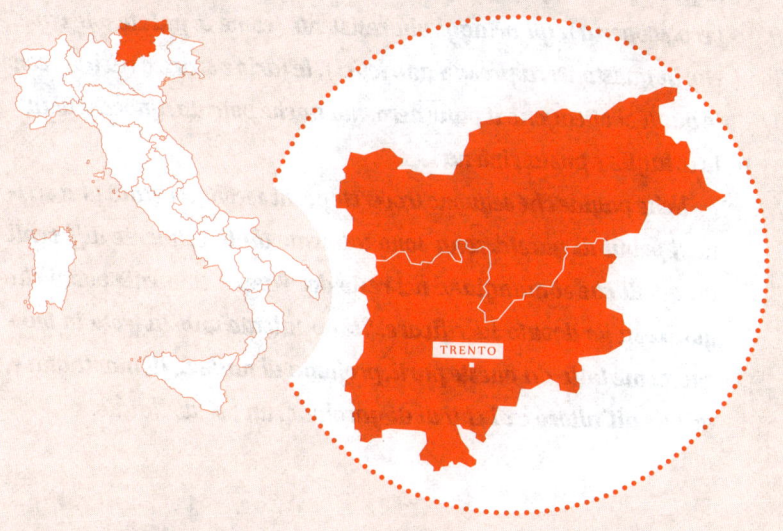

Mi sono innamorato della cucina del Trentino Alto Adige grazie ai suoi dolci, vere e proprie bombe di energia tutte da sgranocchiare: la morbida consistenza della pasta si accompagna alla croccantezza della frutta secca, mentre il cioccolato e il miele insaporiscono una miscela di sapori unica - che sa di montagna, d'inverno, di lunghe serate passate in compagnia.

Un boccone di strudel o un morso di zelten bastano a evocare la convivialità, caratteristica principe della gastronomia trentina e altoatesina. Lo dice anche il proverbio: "Chi magna da sulu se strozza". La solitudine è bandita da tavola: si mangia in gruppo, sempre, accompagnando il cibo con un bicchiere di buon vino locale. Questo tipo di socialità, che più mediterranea non si può, non ha bisogno di tante portate: i piatti sono pochi, tutti super saporiti, tutti super nutrienti.

I grandi classici sono quelli che ci aspettiamo da un posto di montagna: i formaggi (tra i quali uno, il graukäse, è stato per me una vera scoperta), gli ortaggi più resistenti (come le patate o le rape, che in questa terra prosperano felici), le farine scure e ruvide (con le quali si ottengono il pane nero, ma anche polenta, gnocchi di tutte le taglie e pasta ripiena).

Nelle pagine che seguono troverete pochi secondi: è stata una scelta. I primi di questa zona sono talmente tanti, talmente differenti da quelli che si mangiano nel resto del Paese e talmente buoni che qualcosa ho dovuto sacrificare. Ne ho salvato uno, la trota in blu - che, come tutto da queste parti, profuma di natura, di montagna e, grazie all'alloro e ai chiodi di garofano, un po' di Natale.

TRENTINO ALTO ADIGE

Formaggio grigio e cipolle

- 1 cipolla bianca
- 400 g di formaggio grigio (graukäse)
- aceto di mele
- olio evo
- sale
- pepe

Affettate finemente la cipolla.
Tagliate il formaggio grigio a bastoncini e disponetelo su un piatto da portata.
Sopra sistemate le fettine di cipolla, salate lievemente, pepate e condite con un giro d'olio e una spruzzata di aceto. Lasciate insaporire una ventina di minuti, quindi servite.

La curiosità

Il graukäse è una sorpresa. Innanzitutto, è forse il più magro dei formaggi: non arriva al 2% di grassi! Poi, si realizza a partire da uno scarto, il latte avanzato dalla produzione del burro: è, insomma, un "riciclo" di straordinario valore - gastronomico, storico e nutrizionale. Chi si aspettava che proprio dal burro potesse nascere qualcosa di così magro?

TRENTINO ALTO ADIGE

Canederli neri

- 300 g di pane di segale
- 250 g di tofu affumicato
- 1 cipolla
- 1 spicchio di aglio
- 1 porro
- 1/2 bicchiere di latte di soia non zuccherato
- farina di grano saraceno
- sale

Riducete il pane a cubetti.

Tagliate il tofu a dadini e tritate la cipolla, l'aglio e il porro.

Ponete tutti questi ingredienti insieme in una ciotola capiente, salate e irrorate con il latte di soia e un po' d'acqua: il pane dovrà ammorbidirsi senza risultare inzuppato. Mescolate bene, coprite con la pellicola trasparente e lasciate insaporire per almeno 1 ora. Trascorso il tempo di riposo, mettete sul fuoco una pentola piena d'acqua e portate a bollore.

Riprendete ora l'impasto dei canederli e spolverizzatelo con la farina di grano saraceno (valutate voi la quantità: dovrete asciugare l'impasto tanto da renderlo lavorabile ma non duro).

Prelevatene quindi un pezzo per volta e dategli la forma di una sfera del diametro di circa 6-7 centimetri, che tufferete nell'acqua bollente. Cuocete per circa 20 minuti, poi tirate fuori i canederli con una schiumarola o un mestolo forato e serviteli.

Il trucco

Lo so, i canederli andrebbero serviti in brodo (indovinate? Quello vegetale è perfetto!), ma io li preferisco asciutti, conditi con un giro d'olio e accompagnati da crauti o ravanelli bianchi affettati sottili e stufati in poca acqua.

Orzetto

TRENTINO ALTO ADIGE

- 2 patate
- 1 carota
- 1 zucchina
- 1 scalogno
- 1 mazzetto di prezzemolo
- 1 costa di sedano
- rosmarino in abbondanza
- 2 cucchiai di olio evo
- 400 g di orzo
- formaggio grattugiato tipo ricotta salata di pecora
- sale e pepe

Lavate, spelate e riducete a dadini le patate, la carota e la zucchina. Preparate quindi un trito di scalogno, prezzemolo, sedano e rosmarino e fatelo insaporire in padella con le verdure, 2 cucchiai di olio e 4 d'acqua.

Sciacquate ora l'orzo sotto l'acqua corrente, poi cuocetelo in una quantità d'acqua leggermente salata pari al doppio del suo volume. Quando l'acqua sfiorerà il bollore, unite le verdure. Proseguite la cottura per circa 20 minuti.

Prima di servire, regolate di sale e di pepe e grattugiate un poco di ricotta di pecora.

Mi fa bene perché...

Dell'orzo parliamo anche a pagina 36, dove però non si accenna alla sua azione emolliente, espettorante e calmante, che lo rende un valido alleato contro le patologie invernali. Che ne dite, si tratta o no di un alimento davvero prezioso?

TRENTINO ALTO ADIGE

Polenta della Val Pusteria

- 4 acciughe sotto sale
- 200 g di montasio fresco
- 1 lt di acqua
- 400 g di farina di grano saraceno
- 8 cucchiai di olio evo
- sale

Sciacquate bene le acciughe sotto l'acqua corrente per eliminare il sale, quindi tritatele a coltello; riducete il montasio a cubetti e ponete entrambi in una ciotola capiente.

Procedete ora con la preparazione della polenta. Portate a bollore l'acqua leggermente salata, versate a pioggia la farina e cominciate a mescolare con un cucchiaio di legno. Proseguite la cottura per circa 40 minuti, finché la polenta sarà bella soda e consistente. A questo punto, spegnete la fiamma e trasferite la polenta nella ciotola con il condimento. Mescolate bene, condite con un bel giro di olio evo e servite.

Mi fa bene perché...

Questa polenta è molto nutriente grazie al grano saraceno, che ha un valore proteico notevole, simile a quello della carne o della soia (contiene tutti e 8 gli aminoacidi essenziali), irrobustisce le ossa e, grazie alla vitamina P, esercita una forte azione tonificante.

TRENTINO ALTO ADIGE

Strangolapreti

- 400 g di pane integrale raffermo
- 250 ml di latte di soia
- 100 ml di olio evo
- 10 foglie di salvia
- 500 g di coste
- 100 g di ricotta
- pangrattato integrale
- 100 g circa di farina di tipo 1
- 100 g di feta
- sale

Per preparare gli strangolapreti dovrete cominciare la sera prima, riducendo il pane a pezzetti, mettendolo in una terrina e bagnandolo con il latte bollente. Coprite con un coperchio di diametro inferiore a quello della terrina e, sopra, posizionate un peso, così che il pane resti schiacciato. L'indomani, aromatizzate l'olio con le foglie di salvia, mettendoli insieme nello stesso recipiente. Lavate e mondate le coste, mantenendo solo la parte verde. Stufatele per alcuni minuti in poca acqua leggermente salata, quindi strizzatele e lasciatele raffreddare. Riprendete ora il pane: con un passaverdura (o a coltello), tritatelo con le coste, la ricotta e 1 presa di sale, poi incorporate il pangrattato fino a ottenere un composto lavorabile. Non dovesse bastarvi il pangrattato, aggiungete farina di tipo 1 poca per volta. Formate dei filoncini del diametro di circa 3 centimetri, tagliateli a pezzi, ed ecco gli strangolapreti. Non rimane che cuocerli in abbondante acqua leggermente salata: tuffatene pochi per volta e raccoglieteli con una schiumarola o un mestolo forato quando vengono a galla. Conditeli con l'olio aromatizzato e la feta sbriciolata con le mani e servite: sentirete che bontà!

La versione originale

La mia lotta contro i grassi saturi si è abbattuta anche sugli strangolapreti: via le uova, avanti la ricotta; cassato il latte vaccino, ho preferito quello di soia; eliminato il grana padano, l'ho sostituito con la feta; addio al burro, benvenuto olio extravergine d'oliva!

TRENTINO
ALTO ADIGE

Türteln di patate e ricotta

PER LA PASTA
- 125 g di farina tipo 1
- 125 g di farina di segale
- 1 pizzico di sale
- 100 g di acqua tiepida
- 1 cucchiaio di olio evo
- 2 cucchiai di tahin

PER IL RIPIENO
- 150 g di patate
- 1 scalogno
- 20 g di olio evo
- 10 rametti di erba cipollina
- 150 g di ricotta
- sale

PER LA PANATURA
- farina di mais fioretto
- pangrattato integrale
- olio evo

Mescolate le due farine e disponetele sul piano di lavoro a fontana: al centro ponete gli altri ingredienti e impastate fino a ottenere un composto liscio e uniforme. Dategli la forma di una palla e mettetelo a riposare in una ciotola, coperto da un canovaccio pulito, per 30 minuti.

Nel frattempo, dedicatevi al ripieno.

Spazzolate le patate, lavatele e lessatele in abbondante acqua leggermente salata.

Tritate lo scalogno e fatelo appassire in padella con un paio di cucchiai d'acqua e un filo d'olio (fate attenzione a non farlo colorire). Sminuzzate l'erba cipollina.

Quando le patate saranno morbide, pelatele e schiacciatele.

Raccogliete la purea ottenuta in una ciotola, unite la ricotta, 1 pizzico di sale, lo scalogno e l'erba cipollina.

Lavorate bene il composto.

Trascorso il tempo di riposo della pasta, stendetela in una sfoglia sottile e, con un coppapasta, ritagliate dei dischi del diametro di 6-7 centimetri.

Ponete al centro di ognuno 1 cucchiaio di ripieno, inumidite i bordi e richiudete i türteln con un altro disco di pasta, premendo delicatamente lungo tutta la circonferenza.

Non resta che la fase della cottura: impanate i tortelli con un misto di farina di mais e pangrattato integrale, disponeteli su una teglia foderata di carta forno, condite con un giro d'olio e infornate a 180 gradi per circa 5 minuti (o fino a quando non si formerà sulla superficie una bella crosticina dorata).

La versione originale

Questa volta, più che modificare gli ingredienti, ho proposto una variazione che riguarda una delle fasi della preparazione: la cottura. La tradizione prevede che i türteln vengano fritti in padella nello strutto bollente: con la cottura in forno la croccantezza è salva e il cuore ringrazia!

TRENTINO
ALTO ADIGE

Trota in blu

- 1 lt di aceto di mele
- 1 trota salmonata
- 2 carote
- la scorza di 1 limone
- 1 ciuffo di prezzemolo
- 4-5 foglie di alloro
- 2 chiodi di garofano
- 1 cucchiaio di pepe in grani
- sale

Come prima cosa, scaldate l'aceto: dovrà essere bollente.
Nel frattempo, pulite la trota, lavatela e mettetela in una pirofila. Versatevi sopra l'aceto caldo, coprendola completamente, e lasciatela riposare per circa 15 minuti.
Ora, dedicatevi al condimento: tagliate le carote a metà, lavate il limone e grattugiatene la scorza, tritate il prezzemolo grossolanamente. Fate stufare il tutto in una capiente casseruola con poca acqua, aggiungendo anche le foglie di alloro, i chiodi di garofano, il pepe e 1 presa di sale. Chiudete con un coperchio e lasciate sobbollire per 10 minuti a fuoco dolce.
Trascorso questo tempo, sgocciolate la trota e trasferitela nella casseruola. Coprite nuovamente con il coperchio e lasciate cuocere per 15 minuti.

La curiosità

Vi starete chiedendo cosa abbiano a che fare le rosee trote con il colore blu. Ebbene, se proverete la ricetta, le vedrete colorarsi di blu non appena vengono a contatto con l'aceto bollente: si tratta di una reazione della sostanza vischiosa che ricopre la pelle della trota. La carne, invece, diventerà lilla, se avete scelto una trota salmonata!

TRENTINO
ALTO ADIGE

Rape alla trentina

- 1 kg di rape
- 100 g di seitan alla piastra
- 1 pizzico di zucchero integrale di canna
- olio evo
- sale
- pepe

Pulite le rape, lavatele, spelatele e riducetele a dadini.
Tagliate il seitan a listarelle. Saltatelo in padella con un paio di cucchiai d'olio e altrettanti d'acqua, quindi unite le rape, 1 presa di sale, una macinata di pepe e 1 pizzico di zucchero. Coprite il tutto con acqua e cuocete a fuoco dolce per circa 30 minuti, chiudendo la padella con un coperchio e mescolando di tanto in tanto.

Mi fa bene perché...

Saporito proprio come il lardo o la pancetta della ricetta originale, il seitan è un alimento completamente vegetale (si ottiene a partire dalla farina di grano tenero). Ricco di proteine, povero di carboidrati, è del tutto privo di colesterolo: che ne dite, regge il confronto?

TRENTINO
ALTO ADIGE

Zelten

- 500 g di uvetta
- 100 g di gherigli di noce
- 250 g di mandorle
- 500 g di fichi secchi
- 200 g di datteri
- 200 g di pere secche
- la scorza e il succo di 1 limone
- la scorza e il succo di 1 arancia
- 100 g di pinoli
- 100 g di scorze di cedro candito
- 100 g di scorze d'arancia candita
- 1 pizzico di cannella
- 250 g di pasta da pane di segale*

*PER LA PASTA DA PANE
- 12 g di lievito di birra
- 300 ml di acqua
- 300 g di farina di tipo 1
- 100 g di farina di farro
- 100 g di farina di segale
- 4 cucchiai di olio evo
- 1 cucchiaino di zucchero integrale di canna
- 1/2 cucchiaino di sale

PER DECORARE
- mandorle sgusciate
- frutta candita mista
- miele

Come prima cosa, dedicatevi al ripieno.

Mettete in ammollo l'uvetta in poca acqua tiepida per una ventina di minuti. Nel frattempo, tritate i gherigli di noce e le mandorle; tagliate a listarelle i fichi secchi; spezzettate i datteri e le pere secche; grattugiate la scorza del limone e dell'arancia, e spremeteli. Raccogliete tutti questi ingredienti insieme all'uvetta strizzata in una ciotola capiente.

Aggiungete i pinoli, le scorze candite e la cannella. Mescolate bene e lasciate riposare per una notte intera. Il giorno dopo, scolate l'amalgama e mettetelo a sgocciolare in uno scolapasta.

Avete tutto il tempo per preparare la pasta da pane.

Sciogliete il lievito di birra in poca acqua tiepida presa dalla dose indicata. Con le farine formate una fontana sul vostro piano di lavoro, mettete al centro il lievito disciolto, l'olio e lo zucchero, e cominciate a impastare. Aggiungete l'acqua poca alla volta e, in ultimo, il sale. Quando l'impasto sarà pronto, lasciatelo riposare per 2 ore in una ciotola, coperto con un canovaccio pulito.

Trascorso il tempo di riposo, prelevate 250 grammi di pasta (il resto potete utilizzarlo per preparare dei panini con noci e uvetta oppure con olive e pezzetti di pomodoro secco), ponetela in una ciotolina con un po' d'acqua tiepida e fatela ammorbidire.
Incorporatevi quindi il misto di frutta.
Una volta pronto l'impasto, suddividetelo in due o tre parti, che stenderete a forma di mandorla, con uno spessore di circa 2 centimetri. Disponete i dolci su una teglia foderata di carta forno, cospargetene la superficie con altre mandorle sgusciate e frutta candita, e infornate a 175 gradi per circa 45 minuti controllandone la cottura: la superficie dovrà dorarsi.
Quando gli zelten saranno quasi cotti, sciogliete poco miele in un pentolino a fiamma bassissima e utilizzatelo per spennellarne la sommità. Lasciateli infine raffreddare su una gratella.

Il trucco

Gli zelten danno il meglio di sé dopo una settimana di riposo (in una scatola di latta, avvolti in fogli di carta forno o di alluminio), ma se, come me, non resistete tanto, potete cominciare a gustarli anche dopo un solo giorno!

Strudel di mele

PER LA PASTA
- 350 g di farina di tipo 2
- 1 pizzico di sale
- 1/2 cucchiaio di zucchero integrale di canna
- 3 cucchiai di olio di semi di girasole
- 130 ml di acqua tiepida circa

PER IL RIPIENO
- 50 g di uvetta
- 1 kg di mele renette
- 50 g di zucchero integrale di canna
- 1 cucchiaino di cannella in polvere
- qualche chiodo di garofano in polvere
- la scorza di 1 limone
- la scorza di 1 arancia
- 25 g di pinoli
- 30 g di mollica di pane semi-integrale

PER SPENNELLARE E DECORARE
- 1 cucchiaino di malto di riso
- 3 cucchiaini di latte vegetale
- zucchero a velo integrale

Mescolate la farina con il sale e lo zucchero, e disponete tutto sul piano di lavoro nella classica forma a fontana. Al centro mettete l'olio e cominciate a impastare con una forchetta.

Aggiungete l'acqua tiepida poca per volta, passando quindi a lavorare a mano: dovrete ottenere un impasto liscio e morbido.

A questo punto, dategli la forma di una palla e fatelo riposare per circa 45 minuti in una ciotola, coperto con un canovaccio pulito, in un luogo tiepido (come per esempio il forno con la luce accesa). Nel frattempo, mettete l'uvetta in ammollo in poca acqua.

Lavate, mondate e affettate sottilmente le mele, quindi ponetele in una ciotola e cospargetele con lo zucchero, la cannella e la polvere di garofano. Grattugiate direttamente nella ciotola le scorze degli agrumi, unite l'uvetta (dopo averla strizzata) e i pinoli. Mescolate e lasciate macerare per almeno 30 minuti.

Grattugiate la mollica di pane, spargetela su una teglia foderata di carta forno e fatela tostare rapidamente in forno.

Riprendete ora la pasta e stendetela in un rettangolo spesso circa 1 centimetro, che porrete su un canovaccio pulito, o su della car-

TRENTINO ALTO ADIGE

ta forno. Cospargete prima con la mollica, quindi con il ripieno, lasciando circa 1 centimetro libero lungo tutti i bordi.

Arrotolate quindi lo strudel e premete alle due estremità per sigillarlo. Aiutandovi con il canovaccio, fatelo rotolare su una teglia foderata di carta forno.

Sciogliete ora il malto di riso nel latte vegetale tiepido e, con questa miscela, spennellate la superficie del dolce.

Infornate a 180 gradi per circa 1 ora. Sfornate, spennellate nuovamente con il malto e lasciate che lo strudel si raffreddi prima di spolverizzarlo con lo zucchero a velo.

La versione originale

La farina di tipo 2 e lo zucchero integrale di canna (anche a velo) al posto della 00 e dello zucchero bianco ormai sono certo che da me ve li aspettate. La sostituzione che forse vi stupirà è l'acqua tiepida al posto dell'uovo nella pasta dello strudel. Giuro, si lega davvero: provare per credere!

Brodetti, sughini e tanto pesce:
il Friuli Venezia Giulia

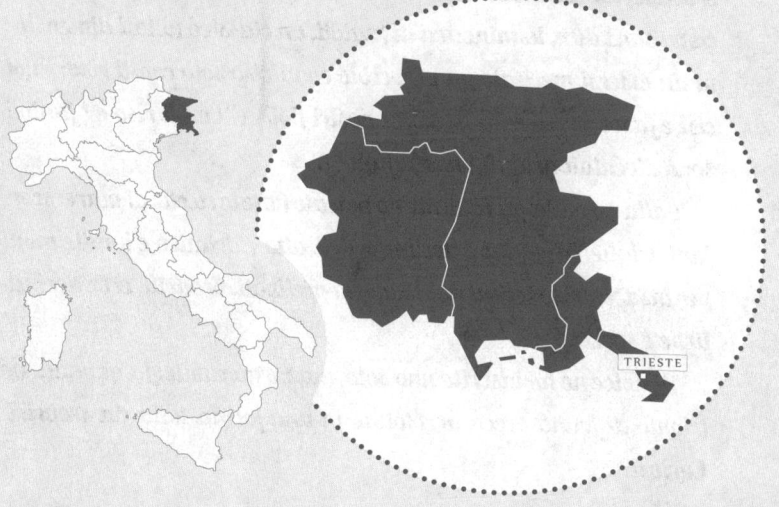

Il Friuli Venezia Giulia è una regione con due anime. Territorialmente, per metà è costituita dalle Alpi, per metà da una vasta pianura che digrada verso il mare. I friulani sono per metà gente di montagna, amanti delle bellezze naturali e della solitudine, per metà cosmopoliti di città di confine, abituati a respirare le influenze mitteleuropee provenienti dai Paesi vicini.

In cucina è lo stesso: da un lato il Friuli ha elaborato una cucina genuina, basata su ingredienti semplici e nutrienti; dall'altro una cucina di mare, più leggera, che ha fatto sue alcune tipicità dell'Est europeo.

Nel selezionare le ricette per questo libro, ho attinto a entrambe queste tradizioni.

Dalla prima ho preso il frico, un modo originalissimo di proporre i formaggi (con tutti i crismi di un vero secondo), ma anche la brovade, un'autentica raffinatezza per portare in tavola le rape. E, ça va sans dire, la minestra di fagioli, un classico di tali dimensioni da essersi meritato un proverbio condiviso solo con il riso: "Coi risi e fasoi xe deventà grandi i nostri fioi" ("Con il riso e i fagioli sono diventati grandi i nostri figli").

Dalla seconda ovviamente ho pescato tutte le ricette di mare: scorfani, triglie, merluzzi e acciughe dell'alto Adriatico e i mille modi per insaporirli, con salsine, sughini prelibati, brodetti, erbe aromatiche e spezie.

Di dolce ne ho inserito uno solo, ma memorabile: la gubana, un trionfo di frutta secca arrotolato in una forma tutta da scoprire. Curiosi?

FRIULI VENEZIA GIULIA

Brodeto

- 400 g di scorfani
- 1 kg di triglie
- 300 g di pomodori freschi
- 1 lt di acqua
- 2 spicchi di aglio
- 1/2 bicchiere di aceto di mele
- olio evo
- sale

Pulite tutto il pesce e lavatelo bene sotto l'acqua corrente. Sciacquate i pomodori e riduceteli a dadini. Dovrete porli in una casseruola insieme agli scorfani: coprite con 1 litro d'acqua, regolate di sale e cuocete a fuoco basso per circa 45 minuti.

Quando gli scorfani saranno cotti, estraeteli, puliteli bene in modo da ottenere solo la polpa, che rimetterete nella casseruola con il brodo. A parte, fate stufare l'aglio in camicia in acqua e poco olio, quindi unite le triglie, bagnatele con un bicchiere d'acqua e l'aceto, e cuocetele per 10-15 minuti per lato. Infine, copritele con il brodo precedentemente preparato, servite e fate la scarpetta!

Il trucco

"Fare la scarpetta" in questo caso fa parte della ricetta. ☺ Per centrare l'obiettivo ci sono diversi modi: la tradizione ci suggerisce un po' di polenta integrale, io di solito ricorro ai classici crostini di pane integrale leggermente tostato: a voi la scelta!

FRIULI
VENEZIA
GIULIA

Minestra di fagioli

- 200 g di fagioli secchi
- 2 lt di acqua
- 1 costa di sedano
- 1 carota
- 1 patata
- 1 foglia di alloro
- 2 foglie di salvia
- prezzemolo
- aglio
- 1 cipolla
- olio evo
- sale e pepe

Fate ammollare i fagioli per un giorno intero. L'indomani, poneteli in una casseruola con poca acqua fredda, portate a bollore e scolateli subito. Rimetteteli in pentola, questa volta con 2 litri di acqua calda, 1 pizzico di sale e di pepe, il sedano pulito, la carota mondata, la patata spelata e la foglia di alloro.

Nel frattempo, tritate finemente salvia, prezzemolo e aglio con la cipolla. Quando la patata e la carota saranno cotte (dopo circa 30-35 minuti), estraetele e schiacciatele con una forchetta fino a ridurle in purea, quindi rimettetele nella casseruola. Togliete la foglia di alloro.

Unite il trito precedentemente preparato e fate insaporire per qualche minuto mescolando. Lasciate riposare la minestra, conditela con un giro d'olio a crudo, e servitela quando è ancora calda, magari con dei crostini di pane integrale leggermente tostati.

Il trucco

Vorreste provare questa ricetta ma appena vi siete accorti che la cipolla viene aggiunta all'ultimo (ed è quindi praticamente cruda) avete pensato "non fa per me"? Un rimedio c'è: potete "neutralizzarla" aggiungendola all'inizio, con il sedano e la carota. Volendo, poi, potete sostituirla con lo scalogno: il piatto sarà ancora più digeribile!

Filetti di merluzzo all'istriana

FRIULI VENEZIA GIULIA

- 1 spicchio di aglio
- 1 cipolla
- 1 mazzetto di prezzemolo
- 500 g di filetti di merluzzo
- 1 patata
- 1 cucchiaio di capperi sottolio
- 2 sardelle
- 1/2 bicchiere di brodo vegetale (o acqua)
- 1 peperoncino piccante
- il succo di 1 limone
- olio evo
- sale

Schiacciate l'aglio e tritate finemente cipolla e prezzemolo; mescolate tutto in una ciotola con un filo d'olio e 1 presa di sale. Ecco il condimento che utilizzerete come base per cuocere in una padella antiaderente i filetti di merluzzo, a fiamma bassissima per circa 20 minuti. Terminata la cottura, trasferite i filetti su un piatto e tenete da parte il sugo, eliminando l'aglio schiacciato. Spelate e grattugiate la patata cruda.

Sciacquate bene i capperi, pulite le sardelle e sminuzzateli insieme. Incorporate ora tutto al condimento di pesce, allungando con il brodo (o l'acqua) e insaporendo con il peperoncino piccante. Scaldate l'intingolo per 5 minuti a fuoco basso nella padella già utilizzata, quindi unite il pesce e riscaldatelo rapidamente.

Prima di servire, irrorate con il succo di limone ed eliminate il peperoncino.

Il trucco

Tutto si può migliorare, anche l'equilibrio nutrizionale di questo piatto quasi perfetto! Io, per esempio, lo servo con un trionfo di verdure grigliate o del riso venere lessato!

FRIULI VENEZIA GIULIA

Frico con patate

- 500 g di patate
- 1 cipolla
- 120 g di ricotta fresca
- 200 g di montasio fresco
- olio evo
- sale
- pepe

Spelate e grattugiate le patate crude.

Affettate sottilmente la cipolla e fatela appassire in padella con un filo d'olio e un paio di cucchiai d'acqua. Quando sarà trasparente, unite le patate grattugiate, 1 presa di sale, 1 pizzico di pepe e cuocete per circa 10 minuti.

Incorporate la ricotta e il montasio poco per volta, mescolando con un cucchiaio di legno affinché si sciolgano.

A questo punto, cercate di eliminare il grasso in eccesso, poi proseguite la cottura come se si trattasse di una frittata, prima su un lato e, una volta dorato, sull'altro. Quando sul frico si sarà formata una crosticina croccante, tagliatelo in porzioni e servitelo.

Il trucco

Il montasio fresco (meno salato di quello stagionato) al posto dello stravecchio è il segreto per alleggerire questa ricetta rispettandola. Ho voluto inserirla perché è un bel secondo e ci ricorda che i formaggi sono appunto un secondo piatto e non un antipasto o un fine pasto!

Frittata alle erbe

FRIULI VENEZIA GIULIA

- 400 g di farina di ceci
- 800 ml d'acqua
- 1 porro
- 1 cipolla bianca
- 800 g di erbe assortite (basilico, salvia, biete, spinaci)
- olio evo
- sale e pepe

In una ciotola, impastate con una frusta la farina di ceci con l'acqua e 3 cucchiai di olio evo. Aggiungete l'acqua poco per volta: dovrete ottenere una pastella semiliquida, che coprirete con un canovaccio pulito e lascerete riposare per almeno 1 ora.

Nel frattempo, lavate e mondate il porro, la cipolla, le biete e gli spinaci e sbollentate il tutto in abbondante acqua leggermente salata. Quando si saranno ammorbiditi, fateli scolare bene, quindi tritate tutto finemente insieme alle erbe aromatiche.

Scaldate una padella antiaderente e ripassatevi il misto di verdure insieme alle erbe aromatiche, 2 cucchiai d'olio e 2 di acqua. Fate insaporire a fuoco basso per alcuni minuti.

Riprendete la pastella, regolate di sale e di pepe, quindi incorporatevi il verde. Travasate il tutto in una pirofila leggermente unta d'olio, livellate la superficie e infornate a 180 gradi per circa 15-20 minuti. I più esperti possono cuocere la frittata anche in una padella antiaderente (non graffiata, mi raccomando!), ungendo la superficie con olio evo. Sfornate quando in superficie si sarà formata una bella crosta dorata!

Mi fa bene perché...

La versione originale di questo piatto ovviamente comprende le uova (ben 6): la frittata di farina di ceci però contiene quasi il doppio delle proteine, la metà dei grassi (solo quelli buoni!) e ha zero colesterolo. Scommetto che sono riuscito a tentarvi...

FRIULI VENEZIA GIULIA

Goulash

- 800 g di seitan
- 500 g di cipolle bianche
- 1 cucchiaio di paprika dolce
- 1/2 cucchiaino di maggiorana
- 1 rametto di rosmarino
- 1 foglia di alloro
- brodo vegetale (o acqua)
- olio evo
- sale

Per fare il goulash occorre un ingrediente fondamentale che non ho inserito nell'elenco: la pazienza. Una volta pronto, dovrà riposare alcune ore per insaporirsi per bene. Naturalmente, prima di servirlo, riscaldatelo: la cucina si riempirà del suo profumo!

Passiamo alla ricetta. Frullate velocemente il seitan con un tritatutto fino a ottenere un "macinato" grosso. Affettate finemente le cipolle e fatele stufare in padella con 1 cucchiaio d'olio e 2 di acqua per qualche minuto. Quando si saranno ammorbidite, unite il seitan. Aggiungete la paprika e le erbe aromatiche (il rametto di rosmarino, la foglia d'alloro e la maggiorana), allungate con un po' di brodo (o di acqua), coprite con un coperchio e fate addensare, mescolando di tanto in tanto. Proseguite la cottura per 10 minuti, finché parte della cipolla si sarà disfatta.

A questo punto, spegnete il fuoco, eliminate gli aromi e lasciate che il goulash riposi. Buon appe!

La versione originale

A Trieste il goulash si prepara con carne di manzo, burro e brodo di carne: io ho alleggerito la ricetta sostituendo questi ingredienti con il seitan, l'olio evo e il brodo vegetale (che può addirittura essere rimpiazzato dall'acqua). La mia versione è buona due volte: per il gusto e per la salute!

Tonno ai ferri

FRIULI VENEZIA GIULIA

- semi di finocchio
- 4 fette di tonno da 150-170 g l'una
- olio evo
- sale
- pepe

Con un mortaio (o un mixer) riducete in polvere i semi di finocchio. Li utilizzerete per cospargere i tranci di tonno.
Salate leggermente, pepate e cuocete alla brace. In totale i tranci dovranno cuocere per 10 minuti: a metà cottura, girateli, spolverizzateli di nuovo con la polvere di semi di finocchio e unite un filo d'olio evo a crudo.

Mi fa bene perché...

Il tonno, essendo un pesce di grossa taglia, in mare potrebbe aver assorbito mercurio. L'OMS raccomanda di non assumerne più di 0,1 mg per chilo di peso alla settimana. Tradotto: godersi 2 porzioni di tonno (o pescespada) la settimana è sicurissimo, quindi ottima alternativa al pesce azzurro di piccola taglia, come acciughe, sardine e sgombri.

FRIULI VENEZIA GIULIA

Brovade

- 1 kg di rape fresche
- fondo di vino rosso
- 1 spicchio di aglio
- brodo vegetale (o acqua)
- 1 cucchiaio di farina di tipo 1
- olio evo
- pepe

Pulite le rape e mettetele a macerare per almeno 30 giorni nei fondi di vino.
Trascorso questo tempo, scolatele e tagliatele a listarelle.
Prendete ora una padella antiaderente e mettetevi 1 cucchiaio d'olio e un paio d'acqua: fate insaporire l'aglio per alcuni minuti, quindi eliminatelo e cominciate a cuocervi le rape. Spolverizzate abbondantemente di pepe e proseguite la cottura per circa 20 minuti, finché saranno morbide. All'occorrenza, bagnate con un po' di brodo caldo vegetale (o acqua).
Verso la fine della cottura, incorporate la farina: vi aiuterà a far addensare la salsina!

Il trucco

La brovade è ottima anche nella versione "no alcol": in questo caso, le rape macerano in aceto di vino o di mele e vengono poi cotte in padella con acqua, aglio e un paio di cucchiai di zucchero mascobado.

Carciofi alle acciughe

FRIULI VENEZIA GIULIA

- il succo di 1 limone
- 8 carciofi
- 4 acciughe
- 1 spicchio di aglio
- 1 ciuffo di prezzemolo
- 3 cucchiai di pangrattato integrale
- olio evo
- sale
- pepe

Innanzitutto, l'acqua acidulata: riempite d'acqua una teglia e versatevi il succo di limone. Passate ora a preparare i carciofi: tagliate i gambi a filo, spuntateli e privateli delle foglie più esterne. Svuotate il cuore con l'aiuto di uno scavino (o di un coltellino). Poneteli nella teglia e lasciate che l'acqua li copra.

Ora, sciacquate abbondantemente le acciughe, diliscatele, quindi tagliatele a pezzetti e mettetele in una ciotola capiente. Tritate aglio e prezzemolo, e uniteli nella ciotola insieme al pangrattato. Un giro d'olio vi aiuterà ad amalgamare gli ingredienti. Se il composto non dovesse risultare abbastanza morbido, aumentate la dose di olio ma poco per volta, mi raccomando.

Quando il ripieno sarà pronto, riprendete i carciofi: scolateli e allargate bene le foglie, poi farciteli con la salsa alle acciughe.

Ponateli quindi in una casseruola e aggiungete acqua per coprirli fino a metà, regolate di sale e di pepe, e condite con un filo d'olio. Chiudete con un coperchio e cuocete a fuoco bassissimo per circa 1 ora. Questa cottura vi stupirà: i carciofi assorbiranno quasi tutta l'acqua e, alla fine, saranno tenerissimi!

La curiosità

Ricette più o meno simili esistono in tutte le regioni d'Italia (segno che carciofi e acciughe sono davvero molto amati!), ma pare - autorevoli ricettari dicono - che i primissimi carciofi ripieni siano quelli della cucina triestina.

FRIULI
VENEZIA
GIULIA

Gubana

PER IL RIPIENO
- 70 g di uvetta
- 1 bicchiere di vino di Malaga (o succo di mela limpido)
- la scorza di 1 limone
- 35 g di cedro candito
- 60 g di pinoli
- 30 g di mandorle
- 125 g di gherigli di noce
- 50 g di zucchero di canna integrale
- aceto di mele
- 60 ml di olio di semi di girasole
- 30 g di arancia candita
- 1 cucchiaio di pangrattato integrale
- sale

PER LA PASTA
- 40 g di latte di mandorla
- 10 g di lievito di birra
- 200 g di farina di tipo 1
- 30 g di amido di frumento
- 40 g di acqua fredda
- 70 ml di olio di semi di mais
- 20 g di miele
- 50 g di zucchero di canna integrale
- 2 cucchiai di tahin
- 2 g di sale

PER SPENNELLARE
- 1 cucchiaino di malto di riso
- 1 tazzina di latte di riso
- zucchero integrale di canna

Prima di tutto, il ripieno.
Fate ammollare l'uvetta nel vino (o nel succo di mela), poi strizzatela; grattugiate la scorza di limone; tritate finemente il cedro candito; tostate i pinoli a fiamma bassissima; spelate mandorle e noci dopo averle sbollentate.

Fate quindi caramellare in un pentolino 30 grammi di zucchero con 1 cucchiaio d'acqua e una goccia di aceto di mele; unite 50 grammi di noci e mescolate per qualche secondo. Ungete leggermente d'olio una teglia, versatevi il composto e lasciate che si raffreddi. Allora, sminuzzatelo. Tritate anche le noci rimaste.

Raccogliete tutti questi ingredienti in una ciotola capiente, aggiungete l'arancia candita, il vino (o il succo di mela), il pangrattato, il resto dello zucchero e 1 presa di sale. Amalgamate il tutto: dovrete ottenere un composto umido, se non lo è a sufficienza aggiungete altro vino.

FRIULI VENEZIA GIULIA

Il ripieno dovrà riposare in un luogo fresco per un giorno intero. L'indomani, dedicatevi alla pasta.

Fate intiepidire il latte di mandorla e scioglietevi il lievito.

Setacciate insieme 170 grammi di farina con l'amido di frumento, quindi con questo composto formate una fontana sulla spianatoia (recuperando ovviamente la parte di crusca trattenuta dal setaccio, che unirete di nuovo alla farina). Mettete al centro il latte con il lievito e cominciate a impastare con una forchetta. Quando il latte sarà stato assorbito, passate a lavorare con le mani e incorporate l'acqua fredda, l'olio di mais, il miele, lo zucchero, il tahin e, in ultimo, il sale. Quando avrete ottenuto una massa morbida, datele la forma di una palla e ponetela a lievitare in un luogo tiepido per circa 1 ora, coperta con un canovaccio pulito.

A questo punto, riprendete l'impasto, incorporatevi la farina rimanente e rimettetelo a lievitare per circa 30-45 minuti.

Trascorso questo tempo, stendete la pasta in un rettangolo di circa 20x30 centimetri e spalmatela con il ripieno, lasciando libero circa 1 centimetro su tutti i bordi. Avvolgetela ora sul lato lungo: otterrete un filoncino. Sigillatene bene i bordi (quello laterale e le due estremità), provate ad allungarla un po' (con delicatezza, rischia di rompersi!), quindi infilatela in una tortiera foderata di carta forno creando una forma a chiocciola. Lasciate che l'impasto lieviti per altre 2 ore, poi spennellatelo con una miscela di malto e latte di riso, cospargetelo di zucchero integrale e infornatelo a 160 gradi per circa 1 ora.

Attendete che si raffreddi prima di servire!

La versione originale

In questa ricetta ho sostituito il burro (con diversi oli di semi), le uova (con il tahin), il latte vaccino (con quello di mandorla) e lo zucchero bianco (con quello integrale). Per quanto riguarda quest'ultimo, la ragione è presto detta: meno raffinato è, meglio è, come per i cereali!

Baccalà, risi e fasoi:
il Veneto

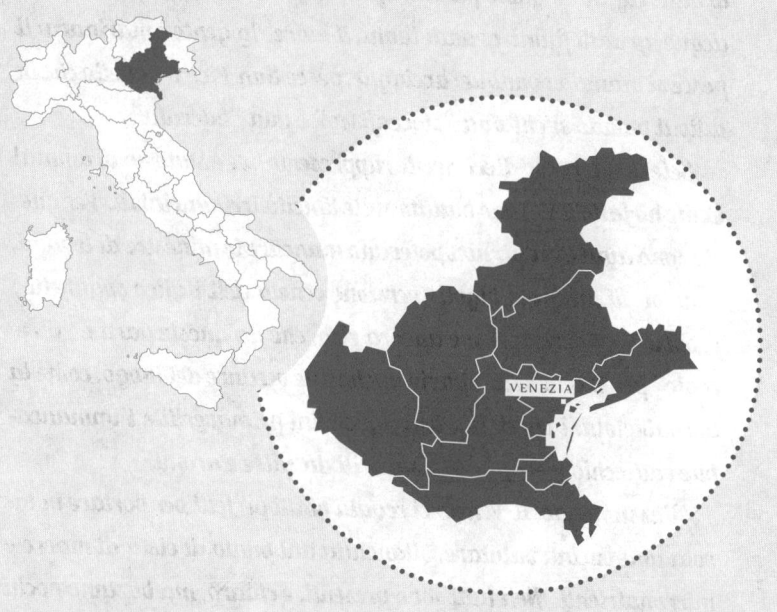

"*Un piato abondante de pasta e fasoi e te poi 'nar par el mondo*" recita un detto veneto. Vero? Verissimo! Pasta e fasoi (pasta e fagioli) è un piatto unico con i fiocchi - e non solo per la consistenza perfetta che acquisiscono i legumi, per il sapore delicato e quella goccia d'olio a crudo alla fine che buca la crosticina elastica in superficie, ma soprattutto perché apporta tutti, ma proprio tutti gli aminoacidi essenziali. Una cucchiaiata e saremo davvero pronti ad andare per il mondo!

Idem per i celeberrimi risi e bisi, o per tante delle minestre e dei risotti che hanno reso celebre la cucina di questa regione, benedetta da una varietà climatica e territoriale straordinaria.

Il Veneto è una terra di vaste pianure e montagne altissime (che ci regalano verdure a non finire, deliziose paste ripiene e un certo qual raffinato gusto per intingoli, sughi e salsine), ma anche di acque: grandi fiumi, grandi laghi, il mare. La gente è marinara: il pesce si mangia ovunque: acciughe, pesce San Pietro e quello che in tutto il mondo si chiama "stoccafisso" e qua "baccalà".

Selezionare solo dieci ricette rappresentative è stato un dramma! Come ho fatto? Mi sono buttato sulle tipicità irrinunciabili. Per questo sono tanti i primi: non potevano mancare le minestre di legumi, i ravioli di magro, i bigoli (versione veneta dell'italico spaghetto) e, ovviamente, riso, riso e ancora riso, che da queste parti è "il cereale" per eccellenza. Spazio anche alle verdure del luogo, come la barbabietola, i carciofi, i teneri pisellini primaverili e l'immancabile radicchio trevigiano, insaporiti da salse e aromi.

Riassumendo, il Veneto ci regala piatti perfetti per portare in tavola una cucina salutare, bilanciata dal punto di vista di macro e micronutrienti. Non tutti sono presenti, è chiaro, ma bastano pochi aggiustamenti per trasformare le ricette della tradizione in cinture nere di benessere. Pronti a scoprire cotanta varietà?

VENETO

Bigoli in salsa

- 100 g di acciughe salate
- 2 cipolle di Venezia o di Chioggia (bianche) medie
- 400 g di bigoli scuri (spaghetti di grano duro integrale)
- 4 cucchiai di olio evo
- sale e pepe

Come prima cosa, mettete sul fuoco una pentola piena d'acqua leggermente salata.

Mentre l'acqua arriva a bollore, sciacquate bene le acciughe sotto l'acqua corrente per eliminare il sale. Togliete la lisca centrale e tritatele finemente.

Affettate sottilmente anche le cipolle. In una padella, scaldate 1 cucchiaio d'olio con un paio d'acqua e fatevi rosolare le cipolle. Bagnatele con altra acqua, coprite la padella e proseguite la cottura fino a che saranno morbide.

A questo punto aggiungete le acciughe e mescolatele alla cipolla schiacciando il tutto con una forchetta: in tal modo, si scioglieranno e otterrete una salsina. Spegnete la fiamma e condite con i 3 cucchiai rimanenti di olio a crudo.

Buttate ora i bigoli nell'acqua bollente, mescolandoli di tanto in tanto. A cottura ultimata, scolateli e conditeli con la salsa d'acciughe e una spolverata di pepe.

La curiosità

Un tempo i bigoli venivano realizzati in casa con il "bigolaro", una sorta di torchio fissato al tavolo o a uno sgabello, dal quale i bigoli fuoriuscivano della giusta lunghezza (25-30 cm) e del giusto diametro. Se volete provare a "bigolare" in casa, potete utilizzare al suo posto uno schiacciapatate: occhio perché ci vuole una bella forza!

VENETO

Casunziéi ampezzani

- 800 g di barbabietole rosse
- 200 g di ricotta fresca
- pangrattato integrale
- 400 g di farina integrale
- 1 bicchiere di latte di soia circa
- 2 uova
- 4 cucchiaini di semi di papavero
- 50 g di formaggio fresco locale
- sale

Pulite e mondate le barbabietole, quindi affettatele e ponetele in una ciotola. Aiutandovi con una forchetta, schiacciatele fino a ridurle in purea. Unite prima la ricotta, quindi 1 presa di sale e un po' di pangrattato: lavorate il composto fino a ottenere una consistenza abbastanza soda. A parte, preparate la pasta: disponete sul vostro piano di lavoro la farina a fontana; al centro versate il latte (poco per volta) e le uova. Cominciate a impastare con una forchetta. Salate, quindi passate a impastare a mano, incorporando bene tutti gli ingredienti. Quando avrete ottenuto un impasto omogeneo ed elastico, stendetelo con il mattarello in una sfoglia sottile. Con l'aiuto di un bicchiere dai bordi bagnati (o di un tagliapasta) ricavate dei dischi del diametro di circa 10 centimetri. Farcite ogni disco con 1 cucchiaio di ripieno, quindi ripiegatelo a metà, premendo bene lungo i bordi per chiuderlo. Mentre preparate i ravioli, portate a bollore abbondante acqua salata. Vi tufferete i casunziéi e, dopo 10 minuti, li raccoglierete con un ragno o una schiumarola.
Cospargete con semi di papavero e una grattugiata abbondante di formaggio. Servite bollenti!

La versione originale

Con il burro al posto della ricotta fresca, un formaggio stagionato al posto di quello fresco e latte intero al posto di quello di soia (stesse dosi), la versione originale dei casunziéi è decisamente ricca di grassi saturi e, dunque, meno leggera e salutare di questa. A voi la scelta!

VENETO

Pasta e fasoi

- 200 g di fagioli borlotti
- 1 spicchio di aglio
- 1 manciata di prezzemolo
- 1 rametto di rosmarino
- farina integrale
- 3 cucchiai di salsa di pomodoro
- 200 g di ditalini integrali
- olio evo
- sale e pepe

Fate ammollare i fagioli per una notte in abbondante acqua fresca. Il giorno seguente scolateli, trasferiteli in pentola, copriteli con acqua fredda e portate a bollore. Chiudete la pentola con il coperchio e lasciate cuocere lentamente per circa 45 minuti. Quando i fagioli saranno pronti, salateli e lasciateli al caldo nella loro acqua di cottura. Preparate un trito di aglio e prezzemolo.
In una casseruola, fate insaporire un po' d'olio con il rosmarino a fiamma dolcissima (non deve soffriggere). Eliminate il rametto, unite il trito di aromi e 1 cucchiaiata di farina integrale: mescolate bene con un cucchiaio di legno, finché la farina non sarà cotta. A questo punto, versate nella casseruola la salsa di pomodoro e 2 bicchieri dell'acqua di cottura dei fagioli. Portate a bollore, quindi trasferite questa salsa nella pentola con i legumi.
Cuocete i ditalini e incorporateli al resto degli ingredienti. Accendete il fuoco e scaldate il tutto. Regolate di sale e di pepe, e servite con un giro d'olio a crudo. Meglio ancora se dopo aver fatto riposare la pasta e fagioli per una mezzora: i sapori si saranno amalgamati e sarà molto più buona!

Mi fa bene perché...

Perché scegliere proteine vegetali? I fagioli contengono almeno 4 aminoacidi essenziali (lisina, treonina, valina e triptofano), ma non grassi saturi e colesterolo! Basta combinarli con i cereali, come proposto nella mia ricetta, per soddisfare il nostro fabbisogno giornaliero di queste sostanze. Mia suocera Mirca, malgrado non abbia origini venete, prepara una pasta e fasoi da leccarsi i baffi! Cucina povera ma ricca di gusto!

VENETO

Risi e bisi

- 1 kg di piselli freschi (in baccello)
- 40 g di prezzemolo
- 2 cipollotti
- 1,2 lt di brodo vegetale
- 200 g di riso integrale
- pecorino fresco
- olio evo
- sale
- pepe

Sgranate i piselli e lavateli accuratamente.

Preparate un trito fine di prezzemolo e cipollotti, e ponetelo in una casseruola con 2 cucchiai d'acqua e 1 di olio evo. Fate insaporire per alcuni minuti.

Nel frattempo, scaldate il brodo.

Mettete ora i piselli a stufare con gli aromi, bagnandoli con alcune cucchiaiate di brodo perché non si asciughino troppo.

Dopo qualche minuto versate nella casseruola il resto del brodo. Portate a bollore, unite il riso e cuocete il tutto per circa 1 ora, mescolando spesso.

Quando il riso sarà pronto, regolate di sale e pepe. Prima di servire, completate il piatto spolverizzandolo con pecorino fresco grattugiato.

Mi fa bene perché...

Risi e bisi è un piatto unico perfetto, perché rispetta alla lettera il principio della complementarietà. Funziona così: cereali e legumi singolarmente mancano di alcuni elementi ma assunti insieme si "completano", costituendo un pasto bilanciato anche dal punto di vista nutraceutico.

VENETO

Risotto al radicchio di Treviso

- 1,5 lt di brodo vegetale (o acqua)
- 1 cipolla
- 250 g di radicchio lungo di Treviso
- 320 g di riso integrale
- 40 g di feta
- 80 g di ricotta fresca
- sale
- pepe bianco

Come prima cosa, scaldate il brodo (o l'acqua).
Nel frattempo, affettate sottilmente la cipolla e fatela stufare in un tegame con poca acqua.
Lavate e mondate il radicchio, quindi riducetelo a listarelle e unitelo alla cipolla, mescolando con cura. Quando si sarà insaporito, versate anche il riso. Mescolate e proseguite la cottura aggiungendo all'occorrenza il brodo, un mestolo bollente per volta, finché il riso sarà pronto. Ci vorranno circa 40 minuti.
A questo punto, regolate di sale e mantecate con il formaggio: unite la feta sbriciolata (o a cubetti) e la ricotta, e mescolate bene. Terminate con una macinata abbondante di pepe bianco.

Il trucco

I veneti sono gente marinara e il risotto lo vogliono con l'onda. Come ottenere una consistenza più morbida? Semplice, frullando un bicchiere circa di risotto con un frullatore a immersione: rilascerà l'amido e renderà la vostra preparazione molto più cremosa.

VENETO

Baccalà mantecato

- 500 g di stoccafisso qualità "ragno"
- 2 spicchi di aglio
- 1 mazzetto di prezzemolo
- olio evo
- sale
- pepe

Tagliate lo stoccafisso a pezzetti e fatelo ammollare in acqua fredda per un paio di giorni. Ponetelo quindi in una pentola, ricopritelo di acqua fredda, mettete sul fuoco e portate a ebollizione: da quel momento, dovrà cuocere per circa 20 minuti.
Trascorso questo tempo (o quando sarà morbido), pulitelo, eliminando la pelle e le spine.
Sbriciolate ora la polpa in una ciotola, quindi mantecatela mescolandola energicamente con un cucchiaio di legno, aggiungendo a filo l'olio evo. Quanto? Ce ne vuole davvero un bel po': lasciate che sia l'occhio a decidere. Io comincerei con 1/2 bicchiere, per poi vedere che cosa succede. Continuate a mescolare finché lo stoccafisso risulterà bianco e morbido e avrà assunto una consistenza cremosa. A questo punto smettete di lavorarlo.
Regolate di sale e di pepe. Preparate un trito fine di aglio e prezzemolo, e unitelo al baccalà mantecato prima di servirlo.
La tradizione lo vorrebbe in accompagnamento alla polenta, ma io lo adoro anche spalmato su crostini croccanti di pane di segale!

La curiosità

In tutto il mondo con stoccafisso si intende il merluzzo essiccato, mentre con baccalà il merluzzo conservato grazie a un processo di salatura. In Veneto, però, i vocaboli vengono utilizzati al contrario: ecco perché per fare il baccalà mantecato (o meglio il "bacalà") si usa lo stoccafisso. ☺

VENETO

San Pietro al vino

- 2 spicchi di aglio
- 8 cucchiai di prezzemolo tritato
- 200 ml di aceto di mele
- 12 filetti di San Pietro
- olio evo
- sale

Come prima cosa, gli aromi: preparate un trito di aglio e prezzemolo, e ponetelo a insaporire in una ciotola insieme all'aceto di mele. Lavate il San Pietro e sfilettatelo, quindi adagiate i filetti in una pirofila appena oliata, avendo cura di non sovrapporli. Cospargeteli con l'aceto profumato e salate leggermente.
Chiudete la pirofila con la carta stagnola e infornate a 200 gradi per circa 15 minuti. Verso la fine della cottura togliete il foglio di carta e lasciate che sul pesce si formi una deliziosa crosticina croccante.

La versione originale

Il San Pietro al vino nella versione originale prevede, ovviamente, quel concentrato di antiossidanti che è il vino. Le linee guida della dieta mediterranea, però, ce lo consigliano in abbinamento ai pasti (sempre con moderazione, sia chiaro: un bicchiere, non un fiasco!). La mia proposta è: vino rosso nel bicchiere e aceto in cucina, che ne dite?

VENETO

Fondi di carciofo alla veneta

- il succo di 1 limone
- 12 fondi di carciofo
- 1 spicchio di aglio
- 2 cucchiai di prezzemolo
- 1/2 bicchiere di olio evo
- 1/2 bicchiere di brodo
- sale
- pepe

Innanzitutto, l'acqua acidulata: riempite una teglia d'acqua e versatevi il succo di limone. Vi disporrete i fondi di carciofo man mano che saranno pronti.

Passate ora a preparare i carciofi: tagliate i gambi a filo, spuntateli e privateli delle foglie più esterne. Con uno scavino (o un coltellino) eliminate la parte interna. Poneteli nella teglia e lasciate che l'acqua li sommerga.

Tritate finemente l'aglio e il prezzemolo, quindi, in una padella dai bordi alti, fateli rosolare nell'olio (attenzione: non dovranno bruciarsi!). Unite i fondi sgocciolati e irrorate con il brodo.

Salate, pepate, chiudete la padella con il coperchio e cuocete a fuoco medio per circa 15 minuti.

Un giro d'olio a crudo e i vostri fondi di carciofo sono pronti per essere serviti!

Mi fa bene perché...

Associati a un effetto protettivo contro i tumori femminili, i carciofi sono campioni in fatto di depurazione: è la cinarina, un polifenolo che contengono, a renderli validissimi alleati quando si tratta di liberarsi di scorie e grassi in eccesso.

VENETO

Pinza veneta

- 100 g di uvetta
- 1 mela renetta
- 10 fichi secchi
- 250 g di farina integrale
- 250 g di farina di mais integrale
- 1 bustina di lievito in polvere
- 250 g di zucchero integrale di canna
- 1/2 lt di acqua
- 1 cucchiaino di semi di anice
- 100 g di pinoli

Fate rinvenire l'uvetta in una ciotola con un po' di acqua tiepida. Nel frattempo, preparate gli altri ingredienti: lavate, pulite e riducete la mela a cubetti; tritate i fichi secchi a coltello.
Mescolate le farine in una casseruola con lievito e zucchero. Aggiungete mezzo litro d'acqua fredda e amalgamate il tutto. Mettete quindi la casseruola sul fuoco e fate cuocere per circa 20 minuti, rimestando continuamente con un cucchiaio di legno. Trascorso questo tempo, incorporate l'uvetta ben strizzata, la mela, i fichi, i semi di anice e i pinoli. Proseguite la cottura per altri 20 minuti, continuando a mescolare.
Infine, trasferite il tutto in uno stampo del diametro di circa 20 centimetri foderato di carta forno e infornate a 170 gradi per circa 40 minuti, o fino a quando la superficie della pinza si sarà dorata. A questo punto, sfornate e servite. Tiepida è buonissima, ma l'avete mai provata fredda? Una delizia!

Mi fa bene perché...

Frutta secca, a me! Contribuisce ad abbassare i livelli di colesterolo nel sangue, favorisce il transito intestinale, ci aiuta a ridurre il rischio di sindrome metabolica e, in alcuni casi, a diminuire significativamente lo stress.

VENETO

Torta di carote

- 1 tazza di carote grattugiate
- 1/5 di tazza di zucchero integrale di canna
- 1/5 di tazza di olio di mais
- 1,5 cucchiaini di lievito per dolci
- 1 tazza di farina di tipo 1
- 1/5 di tazza di farina integrale
- 1 tazza di latte di soia

Preparare questa torta è davvero semplicissimo: lavorate tutti gli ingredienti in una ciotola o, meglio ancora, in una planetaria. L'impasto sarà pronto quando vi accorgerete che cola lentamente sollevando il cucchiaio di legno. A questo punto trasferitelo in una tortiera foderata con carta forno per circa 50 minuti a 180-190 gradi. Prima di sfornare, verificate la cottura con il metodo dello stuzzicadenti!

Mi fa bene perché...

Le carote sono un segreto di bellezza: grazie al betacarotene ci aiutano a mantenere la pelle morbida e liscia, e a proteggere denti e ossa. E non finisce qui: si prendono cura delle nostre mucose, combattono le infezioni e facilitano la digestione!

Pasta ripiena, all'uovo e una dolce sorpresa: l'Emilia Romagna

Sul limitare sta Bologna: a ovest siamo in Emilia, con la vasta pianura che strizza l'occhio alla Lombardia, delimitata a sud dai primi colli; a est siamo in Romagna, terra di mare e d'Appennino.

Se dovessimo guardare solo alla cucina, Emilia e Romagna potrebbero quasi sembrare due regioni differenti.

L'Emilia è il regno dei primi e della pasta all'uovo, preparata con pazienza e cura da donne nelle cui mani scorre il sapere millenario delle "sfogline": con la sfoglia si fa di tutto, non solo le tagliatelle, anzi, preferibilmente se ne ricavano forme quadrate, più o meno ampie, che, impilate o ripiegate su se stesse, possano custodire un ripieno - di magro nel quotidiano, più ricco nei giorni di festa.

La Romagna sfrutta il pesce dell'Adriatico, le erbe aromatiche, preferisce le cotture leggere e, infatti, è su una speciale piastra che nasce il piatto romagnolo per eccellenza, ovvero la piadina.

Che cos'hanno in comune Emilia e Romagna? Sicuramente il grande fiume Po, l'incrollabile orgoglio della popolazione per la propria terra, il gusto dello stare a tavola. "Culinariamente" parlando, una capacità unica di valorizzare ingredienti "poveri", l'amore per i sapori forti, per i piatti semplici ma ricchi, per i vini "beverini", meglio se rossi. Tutto si accompagna a una grande concretezza: emiliani e romagnoli sanno che "s't bev de ven d'la forza 't n ciaparé, ma se trop 't n biré la forza 't pardaré" ("se bevi vino la forza acquisterai, ma se ne bevi troppo la forza perderai"). Si mangia per vivere, in altre parole, non il contrario.

Le pagine che seguono sono il mio omaggio a questo modo di pensare: i carnivori forse sentiranno la mancanza del maiale, ma vi assicuro che le alternative non vi deluderanno!

EMILIA ROMAGNA

Lasagne con ragù di seitan

PER LA PASTA
- 400 g di farina di tipo 2 (semi-integrale)
- 2 uova
- 90 g di acqua fredda

PER IL RAGÙ
- 700 ml di salsa di pomodoro
- 3 cucchiai di concentrato di pomodoro
- 500 g di seitan al naturale
- 2 cipollotti
- 4 cucchiai di olio evo
- 1/2 cucchiaino di paprika affumicata
- pepe

PER LA BESCIAMELLA DI SOIA
- 10 ml di olio evo
- 40 g di farina di tipo 1
- 500 ml di latte di soia
- noce moscata
- sale e pepe

Come prima cosa, impastate la farina con le uova e l'acqua. Quando avrete ottenuto un composto omogeneo, dategli la forma di una palla, avvolgetelo nella pellicola e lasciate che riposi per circa 1 ora.

Nel frattempo, preparate il ragù. In una casseruola versate la salsa di pomodoro con 2 cucchiai di acqua e il concentrato.

Accendete il fuoco e lasciate sobbollire dolcemente per circa 10 minuti, aggiungendo all'occorrenza mezzo bicchiere d'acqua.

Tritate il seitan e i cipollotti, e uniteli alla salsa in cottura. Pepate e aggiungete l'olio e la paprika. Proseguite la cottura per altri 10 minuti.

Preparate ora la besciamella: in un pentolino scaldate l'olio, unite la farina e cominciate a mescolare con una frusta.

Aggiungete il latte freddo a filo, salate, pepate, spolverizzate di noce moscata e proseguite la cottura per altri 5 minuti, senza smettere di mescolare.

EMILIA ROMAGNA

Stendete la pasta in una sfoglia sottile e tagliatela in tanti rettangoli di circa 15x10 centimetri. Cuocetela al dente.

Componete infine le lasagne in una pirofila leggermente unta alternando uno strato di pasta, uno di besciamella e uno di ragù, terminando con la besciamella. Infornate a 200 gradi per 25 minuti.

Il trucco

Quando si parla di uova, privilegiate la qualità: meglio quelle biologiche, prodotte da galline felici, che non hanno mai sentito parlare di allevamenti intensivi in vita loro. Ok assumerle una volta la settimana; per gli altri giorni, vi consiglio di sostituire la pasta all'uovo con delle belle lasagne di grano duro senza uova o integrali.

EMILIA ROMAGNA

Malmaritati

- 800 g di fagioli borlotti (meglio se sono freschi)
- 2,5 lt di acqua
- 1 ciuffo di prezzemolo
- 3-4 spicchi di aglio
- 300 g di passata di pomodoro
- 300 g di maltagliati integrali
- olio evo
- sale e pepe

Come prima cosa, i fagioli: se li avete freschi, splendido! Non dovrete farli ammollare e potete passare subito a cuocerli, in 2,5 litri d'acqua, per 40-45 minuti. Quando saranno teneri ma non disfatti, scolateli e conservate l'acqua di cottura. Se li avete secchi, dovrete farli ammollare per una notte, quindi procedere come appena spiegato. Tritate il prezzemolo.

Scaldate 3-4 cucchiai d'olio e 4 d'acqua in una casseruola e fatevi dorare gli spicchi d'aglio in camicia. Aggiungete il prezzemolo, la passata di pomodoro e i fagioli. Lasciate insaporire sul fuoco per circa 15 minuti, quindi eliminate l'aglio e unite il liquido di cottura dei fagioli. Se desiderate una consistenza più brodosa, potete frullare una parte dei fagioli, lasciando interi gli altri. Mescolate bene, regolate di sale e portate a bollore.

Quando il composto bollirà, cuocetevi i maltagliati.

Una macinata di pepe, e i malmaritati sono pronti per essere serviti!

Mi fa bene perché...

Nelle sue *Linee guida*, l'INRAN ci consiglia di variare spesso alimentazione: un trucco per riuscirci è aumentare il consumo di legumi che, oltre a rilevanti quantità di amido e di fibra, forniscono nutrienti essenziali come proteine di buona qualità biologica, ferro e altri oligoelementi.

EMILIA ROMAGNA

Tagliatelle con farina di castagne

- 300 g di farina di castagne
- 200 g di farina di tipo 1
- 250 ml circa di acqua
- poca farina gialla
- 500 g di ricotta
- latte di soia
- sale

Mescolate la farina di castagne e quella di tipo 1, poi disponetele a fontana sul piano di lavoro. Unite 1 presa di sale e l'acqua, quindi cominciate a impastare, fino a formare un composto liscio e compatto.
Stendete ora una sfoglia sottile, che spolverizzerete con la farina gialla. Lasciatela asciugare, poi avvolgetela su se stessa, formando una sorta di rotolino che taglierete a "fettine" spesse circa 0,5 centimetri.
Una volta ottenute le tagliatelle, disponetele su un canovaccio pulito mentre preparate il condimento.
In un pentolino, stemperate la ricotta con il latte a fuoco basso, mescolando finché non avrete ottenuto una crema densa.
Lessate le tagliatelle in abbondante acqua leggermente salata, quindi fatele saltare qualche istante con il condimento prima di servirle.

Mi fa bene perché...

Con la farina di tipo 1 (semi-integrale) al posto della 00 e il latte di soia al posto di quello vaccino, questa ricetta mantiene invariato il sapore dell'originale ma apporta una maggiore quantità di fibra e di calcio, riducendo la quantità di grassi saturi.

Tortelli ripieni con le biete

EMILIA ROMAGNA

- 500 g di farina di tipo 1 o 2
- 220 ml circa di acqua
- 800 g di biete
- noce moscata
- 200 g di ricotta di pecora
- 100 g di caprino fresco
- olio evo
- sale

Come prima cosa, preparate la pasta: disponete la farina a fontana sul piano di lavoro, mettete al centro l'acqua e 1 presa di sale, quindi lavorate gli ingredienti fino a ottenere un impasto sodo e liscio. Dategli la forma di una palla e fatelo riposare per circa 30 minuti in una ciotola, coperto con un canovaccio pulito.

Nel frattempo, lavate le biete e mondatele, eliminando la costa centrale, quindi stufatele in poca acqua leggermente salata. Strizzatele bene, poi tritatele e ripassatele velocemente in padella con un paio di cucchiai di olio evo: occhio a non farle soffriggere! Infine, spolverizzate con un po' di noce moscata e amalgamate la ricotta setacciata e il caprino: il vostro ripieno è pronto! Trascorso il tempo di riposo, stendete una sfoglia sottile, dalla quale ritaglierete tanti quadrati di circa 8 centimetri di lato. Disponete al centro di ogni quadrato 1 cucchiaio di ripieno, poi ripiegate la pasta su se stessa facendo aderire bene i bordi.

Infine, cuocete i tortelli in abbondante acqua bollente leggermente salata: appena vengono a galla sono pronti, quindi estraeteli con una schiumarola e disponeteli man mano in una zuppiera, condendo ogni strato con un giro d'olio evo e qualche ricciolo di caprino fresco.

Mi fa bene perché...

Pochissime calorie, tanta ma tanta vitamina C, vitamina B, folati, carotenoidi e sali minerali in abbondanza: le bietole (o biete) necessitano di una cottura rapida per preservare intatte tutte le loro proprietà nutrizionali: ecco perché le stufiamo velocissimamente, in poca acqua, ripassandole nell'olio alla velocità della luce, giusto per farle insaporire.

EMILIA
ROMAGNA

Pesce in forno alla bolognese

- 1 kg di branzino (o orata)
- 2-3 cucchiai di olio evo
- il succo di 2 limoni
- pangrattato integrale

PER LA BESCIAMELLA DI SOIA
- 10 ml di olio evo
- 50 g di farina di tipo 2
- 1/2 lt di latte di soia
- noce moscata
- sale
- pepe

Dopo aver ripulito il branzino (oppure l'orata), lavatelo sotto l'acqua corrente e ponetelo in una padella antiaderente con 2-3 cucchiai di olio evo. Salate e irrorate con il succo dei limoni. Cuocete per circa 20 minuti per ogni lato a fuoco basso. Quando il pesce sarà cotto, apritelo, estraete la lisca centrale, richiudete ed eliminate la pelle. Mentre vi dedicate alla salsa, tenetelo in caldo.

Per preparare la besciamella di soia, scaldate 10 millilitri di olio evo in un pentolino antiaderente, quindi unite la farina e mescolate energicamente con una frusta per evitare la formazione di grumi. Quando l'impasto sarà denso e omogeneo, unite a filo il latte di soia freddo, continuando a mescolare. Salate, pepate, spolverizzate di noce moscata e proseguite la cottura per altri 5 minuti circa, senza smettere di mescolare.

Quando la besciamella è pronta, versatene metà sul fondo di una pirofila, disponetevi sopra il pesce e copritelo con la salsa rimanente. Cospargete con pangrattato in abbondanza e fate gratinare in forno a 190 gradi per qualche minuto, fino a che si sarà formata una croccante crosticina.

La curiosità

Pochi grassi e digeribilità garantita, la besciamella di soia non ci costringe certo a trattenerci nel suo utilizzo! Provatela con le verdure, in accompagnamento alla pasta integrale o al riso (da far magari gratinare in forno), sentirete che meraviglia!

EMILIA ROMAGNA

Piadina romagnola

- 400 g di farina di tipo 2 (semi-integrale)
- 1 bustina di lievito
- 2-3 cucchiai di olio evo
- sale

Setacciate insieme la farina e il lievito, e disponeteli a fontana sul piano di lavoro. Ponete al centro l'olio e il sale, e cominciate a impastare, aggiungendo acqua tiepida a sufficienza per ottenere un composto morbido ed elastico.

A questo punto, suddividetelo in 4 palline, che lascerete riposare per circa 30 minuti, coperte da un canovaccio pulito.

Quando sarà trascorso il tempo di riposo, scaldate bene la piastra per piadine (se non l'avete, potete utilizzare anche una larga padella antiaderente).

Allargate le palline con le mani, ricavandone dei dischi, che spianerete con il mattarello fino a ottenere uno spessore di circa 2-3 millimetri.

Cuocete le piadine sulla piastra circa 2 minuti per lato, cercando di evitare che si bruciacchino.

Il trucco

Farina semi-integrale al posto della 00 e olio evo al posto dello strutto: buonissima e super sana, la mia piadina si presta a venire servita con della crescenza light, oppure con una salsa di cannellini e caprino, oppure semplicemente con verdure grigliate e fiocchetti di ricotta. Altrimenti, una versione golosissima è quella con tofu affumicato e cipolle arrostite: una bomba!

EMILIA ROMAGNA

Tinche all'emiliana

- 4 tinche
- 1 carota
- 1 cipolla
- 1 costa di sedano
- 1 spicchio di aglio
- 4 pomodori
- 1 cucchiaio di olio evo
- sale
- pepe

Pulite le tinche, eliminando visceri e teste. Squamatele e sciacquatele bene sotto l'acqua corrente.

Preparate ora un trito di carota, cipolla, sedano e aglio. Tagliate i pomodori e riduceteli a dadini.

Fate soffriggere il tutto in una casseruola con 2 cucchiai d'acqua e 1 di olio evo. Dopo circa 10 minuti, unite le tinche, regolate di sale, pepate e proseguite la cottura a fuoco dolce per 15-20 minuti per lato, coprendo con un coperchio. Ogni tanto verificate che la base non si sia asciugata e, all'occorrenza, irrorate con un mestolino d'acqua.

Il trucco

Se la tradizione ci dice di "soffriggere" qualcosa, possiamo farlo a patto di utilizzare una miscela di olio e acqua (2 parti di acqua per 1 di olio). In questo modo i sapori saranno salvi, le proprietà dell'olio evo intatte e quelle nutrizionali degli alimenti pure: che cosa volere di più?

Fave in stufato alla bolognese

- 2 cipolle
- 30 g di tofu affumicato
- 1 kg di fave fresche sgranate
- 30 g di seitan alla piastra
- odori misti (prezzemolo, mentuccia, basilico...)
- brodo vegetale (o acqua)
- pane integrale raffermo
- olio evo
- sale e pepe

Affettate finemente le cipolle e mettetele in una casseruola con il tofu sbriciolato, 2-3 cucchiai d'olio e 5-6 di acqua. Accendete la fiamma, fate insaporire qualche istante, quindi aggiungete le fave sgranate e il seitan tritato. Regolate di sale e di pepe, unite gli odori, bagnate con un paio di mestoli di brodo (o acqua) e mescolate. Chiudete con un coperchio e proseguite la cottura per 15 minuti, versando all'occorrenza altro brodo (o acqua). Le fave dovranno essere asciutte e non brodose, quindi attenzione a non aggiungere troppo liquido! Nel frattempo, tagliate il pane a fette e fatelo tostare leggermente in forno.
Quando le fave saranno cotte, riversatele sui crostini e servitele con un goccio di olio evo a crudo.

La versione originale

Bologna, terra di salumi: chiaro che la versione originale del piatto in questo caso sia assai diversa. Il tofu sostituisce il prosciutto crudo, il seitan la mortadella, l'olio il burro e il sugo di carne. La mia versione mantiene intatta l'essenza del piatto (fave con componenti proteiche e grasse), ma bandisce i grassi saturi e li rimpiazza con nutrienti protettivi del sistema cardiovascolare.

EMILIA ROMAGNA

Spinaci di magro

- 70 g di uvetta
- 1 kg di spinaci
- 1 mazzetto di prezzemolo
- 1 cucchiaio di olio evo
- 1/2 spicchio di aglio
- 1 pizzico di zucchero integrale di canna
- sale e pepe

Mettete l'uvetta in ammollo in poca acqua tiepida.

Mondate gli spinaci e lavateli, quindi stufateli in poca acqua bollente leggermente salata. Scolateli quando sono ancora croccanti e trasferiteli in uno scolapasta a sgocciolare.

Ora, preparate la salsa. Tritate finemente il prezzemolo e fatelo soffriggere in una padella antiaderente per qualche minuto in 2 cucchiai d'acqua e 1 d'olio evo con l'aglio, poco sale e una bella macinata di pepe. Eliminate l'aglio e unite l'uvetta (dopo averla strizzata) e 1 pizzico di zucchero. Fate insaporire anche gli spinaci nel condimento, mescolando a fiamma dolce per 10 minuti. Regolate di sale e di pepe e, prima di servire, lasciate riposare per breve tempo a pentola coperta.

Mi fa bene perché...

Gli spinaci vogliono bene alle donne: aiutano a prevenire il tumore al seno e a controllare il peso (l'obesità è correlata con il maggior rischio di tumori femminili in menopausa), oltre a essere ricchissimi di acido folico, e dunque indicati per le future mamme!

Sugol

EMILIA ROMAGNA

- uva nera dolce
- farina di tipo 1
- zucchero integrale di canna

Lavate l'uva e mettete gli acini in una casseruola con un po' d'acqua: dovranno cuocere per circa 30 minuti a fuoco medio. Trascorso questo tempo, trasferiteli in una ciotola e lasciateli riposare (coperti con un canovaccio pulito) per circa 24 ore.

Il giorno dopo, dovrete passare l'uva con un passaverdura, tenendo il succo da parte: per ogni litro ottenuto, vi serviranno 50 grammi di farina.

Versate il succo in una pentola, unite la farina e, se volete, lo zucchero a piacere (è facoltativo: valutate voi di quanta dolcezza sentite il bisogno!). Accendete la fiamma e lasciate cuocere per circa 1 ora, senza smettere di mescolare.

Suddividete infine il composto in tanti stampini da budino e fatelo rassodare in frigo per almeno 1 ora prima di servire.

Mi fa bene perché...

L'uva color antocianine (cioè scura) è campionessa di lotta ai radicali liberi, ci protegge dall'invecchiamento precoce e dall'infiammazione, esercita un'azione antitumorale ed è super amica del nostro sistema cardiovascolare. Scommetto che vi state chiedendo: quando arriva l'autunno? ☺

Cereali, fagioli e olio extravergine: la Toscana

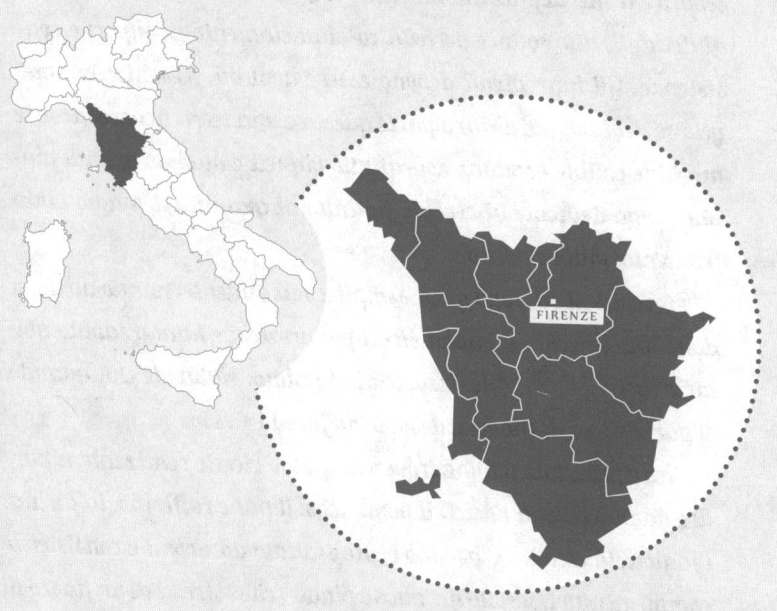

"*Sette cose fa la zuppa: cava fame e sete attuta, empie il ventre e netta il dente, fa dormire e fa smaltire, e la guancia fa arrossire*". Voglio cominciare questo capitolo con uno dei detti che preferisco, proprio perché è dedicato alle mille e una proprietà delle zuppe, super piatti di cui i toscani sono ghiotti. E a ragione: minestroni di verdure, a volte con cereali e legumi, la stessa ribollita di cui ho già parlato innumerevoli volte altrove, la pappa al pomodoro, la farinata toscana e la garmugia cosa sono se non zuppe perfettamente equilibrate dal punto di vista nutrizionale, che sprigionano tutti gli aromi di questa regione?

Conosco la Toscana abbastanza bene perché è il luogo d'origine della famiglia di mia moglie Veru: grazie a loro, ho potuto scoprire le meraviglie di una cucina rustica ma raffinata, attenta ai dettagli, alle cotture perfette, al bilanciamento di sapori e consistenze. Gli ingredienti devono essere genuini, freschissimi, meglio se del luogo. E d'altra parte questa è una terra generosa: se le morbide colline ospitano soprattutto vigneti e ulivi, le grandi pianure sono dedicate ai cereali (in fatto di quantità, l'hanno vinta frumento, mais e avena).

I toscani, si sa, sono gente semplice ma esigente: hanno avuto in dono uno spicchio di mondo tra i più preziosi e hanno saputo abitarlo con rispetto e valorizzarlo al massimo. Naturale che, quando si parla di gastronomia, desiderino fare lo stesso.

Nelle prossime pagine troverete spesso ricette realizzate a partire da ingredienti basici: il pomodoro, il pane raffermo, la farina, i fagioli, la ricotta. Ciascuno viene esaltato da aromi e consistenze complementari, servito nel giusto piatto (che si tratti di un fiasco di vetro o di un tegamino di terracotta) e - dolci a parte - sempre condito con una goccia di quel nettare che ha incantato l'Occidente grazie alla sua capacità di ammorbidire i cibi mantenendoli asciutti, ovvero l'olio extravergine di oliva.

Che altro dire, se non "spero di essere stato all'altezza"?

Crostini rossi alla chiantigiana

- 1 cucchiaio di capperi
- 3 cucchiai di prezzemolo
- 2 cucchiai di timo
- 1 spicchio di aglio
- 2 pomodori maturi
- 200 g di pane integrale
- 1 bicchiere di aceto di mele
- 3 cucchiai di olio evo
- 1 pizzico di sale grosso
- pepe in grani
- 8 fette di filoncino di pane toscano

Come prima cosa, gli aromi: preparate un trito con i capperi, il prezzemolo e il timo. A parte, tritate l'aglio. Tagliate quindi a dadini i pomodori.

In una ciotola, spezzettate il pane integrale, bagnatelo con l'aceto e strizzatelo bene. Trasferite il composto in un mortaio e pestatelo insieme all'aglio, alla dose indicata di olio evo, a 1 pizzico di sale grosso e a un'abbondante macinata di pepe. Lavorate la farcia fino a ottenere un impasto grossolano.

Infine, affettate il filoncino e tostate le fettine in forno sino a doratura, quindi spalmatele con il pesto al pomodoro.

Il trucco

Per un bagno di benessere in più, potete strofinare uno spicchio d'aglio sulle fette di pane tostato, prima di condirle con la salsa di pomodori: così facendo, questo potentissimo antibiotico naturale non si limiterà a proteggere il nostro cuore e le nostre arterie, ma sfodererà la sua arma più micidiale, ovvero l'allina, molecola che sembra capace di prevenire l'insorgenza del tumore al colon.

TOSCANA

Farinata toscana

- 250 g di fagioli borlotti
- 2 spicchi di aglio
- 2 foglie di salvia
- 100 g di cavolo nero
- 2 grandi pomodori maturi
- 1/2 costa di sedano
- 1 carota
- 1/2 cipolla
- 150 g di farina di mais integrale
- caprino fresco
- olio evo
- sale
- pepe

Mettete i fagioli in ammollo in acqua fredda per una notte. Sciacquateli, poneteli in una casseruola con 1 spicchio d'aglio e la salvia, coprite d'acqua fredda e cuocete a fuoco basso per circa 2 ore. Infine salate, eliminate salvia e aglio, e scolate i fagioli, frullandone metà e conservando l'acqua di cottura.

Mondate ora il cavolo e sbollentate le cimette per alcuni minuti, quindi sgocciolatele bene e sminuzzatele. Lavate i pomodori e tagliateli a pezzetti. Tritate finemente il sedano con la carota, 1 spicchio d'aglio e la cipolla. Fate dorare il tutto in un tegame capiente con un po' d'acqua, unite i pomodori a dadini e cuocete per 10 minuti. Aggiungete i fagioli, 2 bicchieri della loro acqua e il cavolo: proseguite la cottura per 20 minuti. Ora, versate in pentola 1 litro dell'acqua di cottura dei fagioli. Salate, pepate e mescolate mentre aggiungete la farina a pioggia. Cuocete per altri 40 minuti mescolando. Prima di servire ricordatevi di insaporire con il caprino fresco (che sostituisce il pecorino grattugiato della versione originale).

Mi fa bene perché...

Come tutti i cereali integrali, anche il mais è fonte di fibre (sempre utili, e non solo per favorire la digestione, ma anche per ridurre i livelli di colesterolo LDL). Inoltre, apporta composti antiossidanti, che combattono i radicali liberi, proteggendoci dall'invecchiamento precoce e dal rischio cardiovascolare.

TOSCANA

Pappa al pomodoro

- 1 kg di pomodori maturi
- pane integrale raffermo
- 1,5 lt di acqua
- 6 spicchi di aglio
- basilico in abbondanza
- olio evo
- sale
- pepe

Lavate i pomodori, tagliateli a pezzetti e privateli dei semi e della loro acqua. Attenzione: non eliminate la buccia, la mia versione della pappa al pomodoro dice sì al licopene e alle fibre! Mettete quindi i pomodori in una padella antiaderente, aggiungete un paio di cucchiai d'acqua e cuoceteli a fuoco moderato per 15 minuti. Quando saranno morbidi, passateli con il passaverdura e tenete la salsa da parte.
Affettate il pane integrale raffermo e tostatelo.
Versate ora l'acqua in una casseruola e portatela a bollore. Aggiungete gli spicchi d'aglio in camicia, alcuni rametti di basilico interi, 1/2 bicchiere di olio evo versato a filo, 1 pizzico di sale e 1 di pepe. Unite il passato di pomodori e il pane. Lasciate sul fuoco (moderato) fino a che il liquido si sarà addensato e il pane sarà ridotto a una pappa. Spegnete la fiamma, fate riposare alcuni minuti, così che i sapori si amalgamino perfettamente, quindi estraete i rametti di basilico e l'aglio.
La pappa al pomodoro è deliziosa calda, fredda o tiepida. Mi raccomando: non può mancare una goccia d'olio a crudo!

Mi fa bene perché...

Correlato con un minor rischio cardiovascolare, a una riduzione dell'insorgenza di certi tipi di cancro e a un'abbronzatura da copertina, il licopene (il carotenoide responsabile del rosso acceso dei pomodori) viene assorbito meglio dopo una bella cottura ad alte temperature e se accompagnato da olio extravergine d'oliva: motivo in più per prepararlo in questa versione!

TOSCANA

Pici all'etrusca

- 200 g di farina di tipo 1
- 200 g di farina di grano duro
- sale
- 1-2 bicchieri di acqua

PER LA SALSA
- 5-6 spicchi di aglio
- 1 ciuffo di prezzemolo
- foglie di menta e di basilico
- 1 uovo sodo
- caprino fresco (o feta)
- olio evo
- sale e pepe

Setacciate le farine sulla spianatoia e mescolatele bene, aggiungendo 1 presa di sale. Incorporate quindi l'acqua poco per volta, fino a che l'impasto avrà raggiunto una consistenza elastica. A questo punto, dategli la forma di una palla, avvolgetelo in un canovaccio pulito e lasciate che riposi per 30 minuti. Nel frattempo, dedicatevi al condimento: tritate molto finemente l'aglio, il prezzemolo, le foglie di menta e di basilico con l'uovo sodo. Regolate di sale e di pepe e raccogliete il tutto in una ciotola. Mescolate versando l'olio a filo, finché avrete ottenuto una crema liscia e omogenea. A questo punto riprendete l'impasto, staccatene un pezzetto alla volta e passatelo fra le mani, ottenendo degli spaghetti lunghi e piuttosto grossi, di diametro non inferiore ai 3 millimetri.

Cuocete infine i pici in abbondante acqua bollente salata per pochi minuti. Scolateli e conditeli con la salsa, prima di servirli cosparsi di caprino sbocconcellato.

La versione originale

I formaggi sono un delizioso modo di assumere proteine, calcio e vitamina D. Potendo scegliere, però, dal punto di vista della salute sono consigliabili quelli freschi: stagionatura significa più sale e più grassi saturi, e noi non vogliamo aumentarne il consumo, vero? Ecco perché in questa ricetta ho sostituito il tipico pecorino piccante con il caprino fresco (o la feta).

TOSCANA

Baccalà alla fiorentina

- 800 g di pomodori maturi
- 2 spicchi di aglio
- 1 cipolla bianca
- 1,2 kg di baccalà già ammollato
- farina di tipo 1
- prezzemolo
- olio evo
- sale e pepe

Innanzitutto, i pomodori: pelateli e fateli a pezzi, quindi teneteli da parte.

Preparate poi un trito con l'aglio e la cipolla. Dovrete farlo rosolare in un tegame (la tradizione lo vorrebbe di terracotta) con qualche cucchiaio d'acqua e un filo d'olio. Aggiungete i pomodori, spolverizzate con poco sale e una bella macinata di pepe, e cuocete lentamente per almeno 30 minuti.

Nel frattempo, lavate il baccalà, pulitelo, asciugatelo, tagliatelo a pezzi irregolari e infarinatelo in modo uniforme.

Scaldate 1 cucchiaio d'olio e un paio d'acqua in una padella antiaderente e fate dorare il pesce su tutti i lati, quindi adagiatelo su un foglio di carta assorbente.

Disponete infine il baccalà in un'ampia teglia, in modo da non sovrapporre i pezzi. Quando la salsa sarà pronta, versatela sul pesce e ponete la teglia sul fuoco per alcuni minuti. Cospargete di prezzemolo finemente tritato e servite.

Mi fa bene perché...

Povero di grassi (e quelli che contiene sono Omega-3), ricco di proteine, di vitamina B, di sali minerali e di un antiossidante invincibile come l'astaxantina, il merluzzo è un vero supereroe della salute!

TOSCANA

Fagioli nel fiasco

- 500 g di fagioli zolfini (o cannellini)
- 4-5 cucchiai di olio evo
- 1-2 spicchi di aglio
- 6 foglie di salvia
- sale
- pepe nero in grani

Fate ammollare i fagioli in acqua fredda per una notte intera.
Il giorno seguente scolateli, sciacquateli sotto l'acqua corrente e metteteli nel classico fiasco toscano dall'imboccatura larga. Mi raccomando: verificate che il vetro di cui è fatto sia adatto a venire a contatto con il fuoco. Se non avete il fiasco giusto, il mio consiglio è di cuocere il tutto in un coccio oppure in una pentola: meno tradizionale, ma più sicuro. Unite ora ai fagioli 4-5 cucchiai di olio evo, gli spicchi d'aglio in camicia, le foglie di salvia e coprite completamente con acqua.
È il momento di passare alla cottura, durante la quale l'acqua evaporerà e i fagioli assorbiranno l'olio. Se avete il fiasco giusto, posizionatelo sul fuoco molto basso, utilizzando uno spargifiamma, e cuocete per circa 2 ore. Lo stesso tempo di cottura sarà necessario se decidete di cuocere tutto in pentola (magari coprendola parzialmente con un coperchio).
Quando i fagioli saranno cotti, scolateli e conditeli con alcuni grani di pepe nero e 1 presa di sale. Accompagnati da una fetta di pane integrale, sono davvero una bomba di sapore!

Mi fa bene perché...

100 g di fagioli ne contengono 23 di proteine, tante quante 100 g di vitello! Al contempo, però, questi preziosi legumi si prendono cura del nostro cuore, contribuendo a ridurre i livelli di colesterolo nel sangue.

TOSCANA

Garmugia

- 100 g di fave
- 150 g di piselli
- 200 g di punte di asparagi
- 4 carciofi
- 3 cipolle
- 100 g di würstel di seitan (o di tofu)
- 100 g di seitan tritato
- 14 bicchieri di brodo vegetale
- 8 fettine di pane integrale
- 150 g di feta
- sale
- pepe

Per prima cosa, legumi e verdure: se li avete in scatola, sciacquate bene sotto l'acqua corrente le fave e i piselli; pulite gli asparagi ottenendo le punte e i carciofi ricavando i cuori, che affetterete finemente; tagliate le cipolle a fettine sottili.

Sbriciolate ora i würstel in padella con un po' d'acqua e fateli stufare insieme alle cipolle.

Aggiungete il seitan tritato, lasciate insaporire per qualche minuto, poi unite i carciofi, le fave, i piselli e le punte degli asparagi. Coprite con il coperchio e proseguite la cottura a fuoco bassissimo per 15 minuti, rimestando ogni tanto con un cucchiaio di legno.

Trascorso questo tempo, coprite con il brodo vegetale, regolate di sale e di pepe, e cuocete finché le verdure non saranno tenere. Ci vorranno circa 15 minuti.

Nel frattempo, tostate le fette di pane integrale e disponetele nelle ciotole di ciascun commensale. Suddividete equamente anche la feta sbriciolata e, sopra, versate la zuppa.

La versione originale

Ridurre i grassi saturi è sempre una buona idea: ecco perché nella mia versione della garmugia trovate il seitan tritato al posto della carne di vitellone, i würstel di seitan o di tofu al posto di lardo o salsiccia e la feta al posto del parmigiano grattugiato. Buono lo stesso? Secondo me di più. ☺

TOSCANA

Tortino di fiori di zucca ripieni

- 100 g di seitan
- 100 g di tofu affumicato
- 1 spicchio di aglio
- foglie di dragoncello
- 1 cucchiaiata di hummus di ceci
- pangrattato integrale
- 12 fiori di zucca grandi
- 1 cipolla piccola
- olio evo
- sale e pepe

PER LA SALSA
- 1 bicchiere di passata di pomodoro
- 100 g di feta
- 2-3 cucchiaiate di hummus di ceci

Tritate il seitan e il tofu e mescolateli in una ciotola. Unite un trito di aglio e dragoncello, 1 cucchiaiata di hummus, poco sale e 1 macinata di pepe. Lavorate il tutto fino a ottenere un impasto omogeneo. Se dovesse risultare troppo umido, aggiungete del pangrattato integrale. Trasferite la crema in una sac-à-poche e tenete da parte. Mondate ora i fiori di zucca. Riempiteli fino a metà con la farcia e chiudeteli arrotolando i petali su loro stessi. Affettate la cipolla e fatela imbiondire in un tegame con poco olio e un po' d'acqua. Unite i fiori e lasciate che si insaporiscano per alcuni minuti. Trasferiteli poi in una pirofila leggermente oliata.
Ora, la salsa: con una frusta, "montate" la passata di pomodoro con la feta sbriciolata e l'hummus. Regolate di sale e di pepe. Versate il composto sui fiori e infornate a 180 gradi per 30 minuti. Una volta sfornato, lasciate riposare per una decina di minuti prima di servire.

La versione originale

In questo caso, le modifiche alla ricetta originale sono importanti, e tutte volte a migliorare l'aspetto nutraceutico del piatto: l'hummus di ceci sostituisce le uova, il seitan la carne di manzo tritata, il tofu la salsiccia toscana e la feta il grana padano grattugiato.

TOSCANA

Castagnaccio

- 50 g di uvetta
- 100 g di gherigli di noce
- rosmarino
- 600 g di farina di castagne
- 1 lt di acqua
- 1 cucchiaio di sale
- 100 g di pinoli
- olio evo

Fate ammorbidire l'uvetta in poca acqua tiepida. Quando si sarà reidratata, strizzatela per bene.
Tritate poi i gherigli delle noci grossolanamente e staccate gli aghi di rosmarino dai loro rametti.
Ponete la farina di castagne in una ciotola capiente, mescolatela per verificare la presenza di grumi (se ce ne sono, sbriciolateli) e incorporate poco per volta l'acqua, rimestando continuamente. Quando avrete ottenuto un composto dalla consistenza cremosa e uniforme, unite il sale, i pinoli e l'uvetta. Può darsi che non sarà necessario utilizzare l'intero litro d'acqua che ho indicato fra gli ingredienti: l'aggiunta dell'acqua dipende anche da fattori ambientali, come l'umidità della stanza nella quale lavorate o la stagione, quindi regolatevi sulla base della vostra esperienza.
Rovesciate ora l'impasto in una teglia rotonda del diametro di circa 22 centimetri, leggermente unta (potete utilizzare un pezzo di carta assorbente intinto nell'olio). Cospargete il tutto con gli aghi di rosmarino e le noci tritate, e condite con un paio di giri d'olio.
Infornate a 220 gradi per circa 40 minuti: il castagnaccio sarà pronto quando la superficie risulterà screpolata.

Il trucco

Preparare la farina di castagne in casa è semplicissimo: basta far essiccare le castagne (potete farlo in forno, a 150 gradi per circa 30 minuti, oppure con la classica padella forata: in ogni caso, occhio perché non dovranno bruciarsi), attendere che si raffreddino, pelarle e frullarle con un mixer. Se dovesse sprigionare troppa umidità, stendetela su una teglia e fatela asciugare in forno prima di utilizzarla.

TOSCANA

Crostata di ricotta garfagnina

PER LA PASTA FROLLA
- 50 g di farina di tipo 1
- 50 g di farina integrale
- 25 g di farina di mandorle
- 25 g di farina di mais fioretto
- 1 cucchiaio di fecola di patate
- la scorza grattugiata di 1/2 arancia
- 1/2 cucchiaino di lievito per dolci
- 4 g di olio di semi di mais
- 40 g di zucchero integrale di canna
- 1/2 bicchiere di latte di soia
- sale

PER IL RIPIENO
- 70 g di uvetta
- 4 cucchiai di succo di mela
- 500 g di ricotta
- 100 g di zucchero integrale di canna
- 1 cucchiaio di farina di tipo 1
- 100 ml di latte di mandorla
- la scorza grattugiata di 1 limone
- 1 cucchiaino di succo di limone

Come prima cosa, preparate la pasta frolla: riunite tutti gli ingredienti, fatta eccezione per il latte, in una ciotola capiente e mescolate per bene.

Aggiungete il latte di soia poco per volta, fino a ottenere un impasto liscio e omogeneo, con il quale formerete una palla. Lasciate che riposi nella sua ciotola, coperto con la pellicola trasparente, per almeno 30 minuti in frigorifero.

Mentre la frolla riposa, dedicatevi al ripieno. Fate rinvenire l'uvetta nel succo di mela per 30 minuti, quindi sgocciolatela e tenete da parte il liquido.

Passate la ricotta al setaccio (oppure frullatela) e lavoratela con lo zucchero fino a ottenere una crema. Unite la farina, il succo di mela, il latte di mandorla e la scorza grattugiata del limone. Quando il composto sarà ben amalgamato, incorporatevi 1 cucchiaino di succo di limone.

Ora, foderate di carta forno una tortiera di 26-28 centimetri di diametro. Stendete la frolla in un disco spesso circa 1 centimetro (te-

TOSCANA

nendone da parte un po' per la decorazione) e posizionatela nello stampo.

Farcite con il composto a base di ricotta e decorate con la frolla rimasta, magari realizzando il classico motivo a grata. Infornate a 180-190 gradi per circa 60 minuti. Sfornate e lasciate riposare per 5 minuti prima di servire.

La curiosità

La frutta secca non guasta mai! C'è chi ama aggiungerla anche alla farcia di ricotta. Io ogni tanto lo faccio e mi butto su nocciole e mandorle tostate: sono un tocco di croccantezza (e di benessere) in più.

Tartufo, legumi e frutta secca: l'Umbria

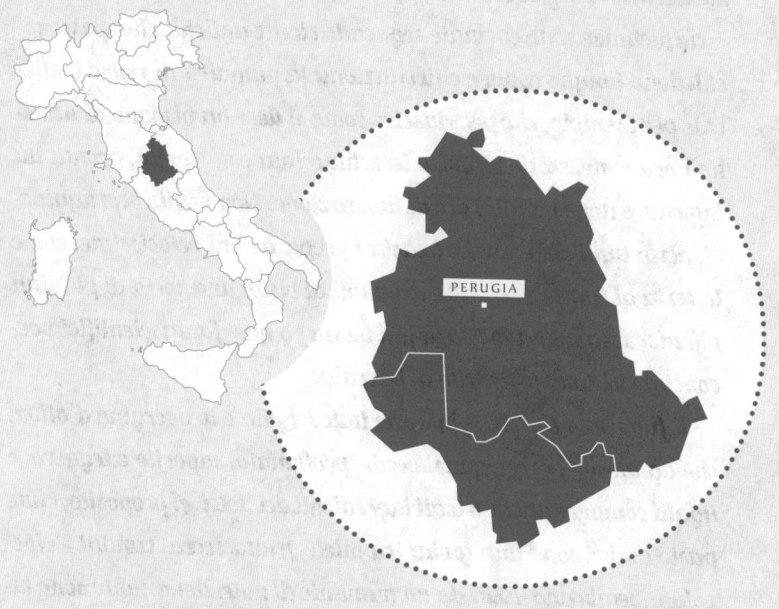

Quella umbra è una cucina di terra: proprio da lì viene il suo ingrediente principe, il tartufo. Se nel resto d'Italia il tartufo è trattato con un certo timore reverenziale, tagliato a lamelle sottili come carta e centellinato su piatti pensati per esaltarne il gusto, in Umbria viene maltrattato, quasi fosse un aroma qualsiasi: si grattugia, si tritura, si pesta persino, si mescola con le acciughe per creare salse e condimenti prelibati che sanno d'inverno e, appunto, di terra.

Gli ingredienti sono semplici, genuini. La vulgata, addirittura, predilige i più poveri che, guarda caso, sono i più gettonati dalla nutraceutica: *"Se voi vive la vita assai veata, màgnete sempre nu piattu de 'nzalata; e se campà filice sempre voli, non t'abbuffà de ciccia: màgnete nu bellu piattu de fasciöli"* (*"Se vuoi vivere una vita beata, mangia sempre un piatto d'insalata; e se vuoi campare felicemente, non abbuffarti di carne, mangiati un bel piatto di fagioli"*).

Le pietanze sono cucinate seguendo ricette antiche, che spesso richiedono lunghe cotture o lievitazioni: la minestra di riso e lenticchie per esempio, che per riuscire come si deve ha bisogno di almeno 1 ora e mezza di tempo, o la schiacciata con cipolla, pronta da infornare dopo più di 3 ore di lavorazione. Non voglio scoraggiarvi, però: tanti sono anche i casi di preparazioni velocissime, come la torta al testo (a seconda dei punti di vista, una sorta di piadina più morbida o una focaccia più bassa) o quei fantascientifici bocconcini che sono le frittelle di baccalà.

Il filo rosso che tiene insieme tutto? L'olio extravergine d'oliva, che da queste parti è quasi verde, profumato, saporito e leggero, e infatti compare anche tra gli ingredienti dei dolci. A proposito, i fine pasto umbri sono una gioia: tra miele, frutta secca, canditi e cioccolato, sembrano usciti da un manuale di nutrizione, tanto sono bilanciati ed energizzanti.

UMBRIA

Salsa di tartufi

- 2 piccoli tartufi neri freschissimi
- 6 cucchiai di olio evo
- 1 o più alici salate
- 1/2 spicchio di aglio
- sale

Spazzolate i tartufi con l'apposito spazzolino, poi tagliateli a pezzi e pestateli in un mortaio, insieme a 4 cucchiai di olio evo, fino a ottenere una poltiglia. Se non avete un mortaio potete avvalervi della tecnologia e servirvi di un piccolo tritatutto.

Lavate e diliscate quindi le alici e tritate finemente l'aglio. Valutate voi se utilizzarne una sola o più, secondo il vostro gusto e, naturalmente, la quantità di tartufi che avete a disposizione.

Prendete ora una padella antiaderente: scaldatevi un paio di cucchiai d'olio a fuoco basso, unite i tartufi, 1 presa di sale e il mezzo spicchio di aglio tritato. Mescolate bene e fate insaporire per qualche minuto.

Aggiungete le alici e schiacciatele con una forchetta per farle sciogliere. La salsa sarà pronta quando avrà acquisito una consistenza densa ma morbida.

Il trucco

Divina su una bruschetta (una vera raffinatezza? Spalmarla su pane tostato e bagnato con qualche goccia di succo di limone) o su un semplice cavolfiore lessato, questa salsa può trasformare anche il più basico dei pinzimoni in una festa per il palato. In alternativa, potete utilizzarla come condimento per la pasta: servita su un bel piatto di tagliatelle integrali secondo me è il top!

UMBRIA

Schiacciata con cipolla

PER LA PASTA
- 15 g di lievito di birra
- 300 g di farina di tipo 1
- 4 cucchiai di olio evo
- 1 presa di sale

PER IL CONDIMENTO
- 1 cipolla
- 6 foglie di salvia
- olio evo
- sale

Sciogliete il lievito in poca acqua tiepida e lavoratelo con 50 grammi di farina, presi dalla dose indicata. Otterrete un piccolo impasto liscio, che dovrete lasciar riposare in una ciotola coperta da un canovaccio pulito in un luogo tiepido (il forno spento andrà benissimo). Quando sarà raddoppiato di volume (ci vorrà circa 1 ora), riprendetelo e impastatelo con la farina rimanente: formate una palla, ponetela in una ciotola, incidetela a croce e rimettete a lievitare nel forno spento. Dopo 2 ore, incorporate nell'impasto l'olio e 1 presa di sale.

Tra una lievitazione e l'altra, preparate le cipolle: tagliatele a fette sottili, disponetele in uno scolapasta e salate leggermente.

Quando l'impasto sarà pronto, ungete con poco olio una pirofila (la tradizione la vorrebbe rotonda) e stendetevi la pasta. Distribuite sulla superficie le cipolle e le foglie di salvia lavate e spezzettate. Condite con un paio di giri d'olio e rimettete a lievitare nel forno spento per 40 minuti.

Trascorso questo tempo, potete infornare ufficialmente la schiacciata: 30 minuti a 200 gradi e sentirete che meraviglia!

Il trucco

Salare le cipolle prima di cuocerle... strana pratica... vi sarete probabilmente chiesti perché! È presto detto: il sale permette di "asciugare" l'acqua delle cipolle, rendendole quindi morbide. La cottura, di conseguenza, sarà perfetta. Senza questo passaggio, le cipolle rimarrebbero più croccanti e (spesso, nostro malgrado) nemmeno del tutto cotte.

UMBRIA

Minestra di riso e lenticchie

- 150 g di lenticchie di Castelluccio
- 1 spicchio di aglio
- 1 mazzetto di prezzemolo
- 200 g di tofu affumicato
- 4 cucchiai di olio evo
- 4 pomodori
- 1 lt d'acqua
- 320 g di riso semintegrale
- sale

Le lenticchie non hanno bisogno di ammollo. Sento già il vostro sospiro di sollievo! ☺ Partiamo quindi subito con la preparazione. Sciacquate le lenticchie, mettetele in una pentola capiente e copritele di acqua fredda. Accendete la fiamma e, dal momento in cui l'acqua sfiorerà il bollore, cuocete per circa 1 ora e mezza.
Nel frattempo, preparate un trito di aglio e prezzemolo. Mescolatelo al tofu sbriciolato e fate insaporire il tutto in una casseruola con 4 cucchiai di olio e altrettanti d'acqua. Mi raccomando: l'olio non dovrà friggere.
Tagliate i pomodori a cubetti e uniteli al resto degli ingredienti, quindi versate nella casseruola 1 litro d'acqua: regolate di sale e, quando l'acqua bollirà, aggiungete il riso. Proseguite la cottura per circa 1 ora. Le due preparazioni dovrebbero risultare cotte più o meno contemporaneamente: a questo punto, scolate le lenticchie e trasferitele nella casseruola con il riso. Mescolate bene per far amalgamare i sapori prima di servire.

Mi fa bene perché...

Ricche di proteine vegetali (ne contengono più del 25%), le lenticchie aiutano a tenere sotto controllo la pressione, ad abbassare il colesterolo LDL e a prevenire l'insorgenza di tante forme tumorali. In più, contengono sali minerali a bizzeffe, vitamine e i lignani, fitoestrogeni che contribuiscono a potenziare il sistema immunitario.

UMBRIA

Spaghetti alla norcina

- 150 g di tartufi neri
- 100 g di olio evo
- 1 spicchio di aglio
- 2 acciughe sotto sale
- 400 g di spaghetti integrali
- sale

Spazzolate bene i tartufi con l'apposito strumento, poi grattugiateli e mescolateli con l'olio appena intiepidito: otterrete una morbida salsina, che terrete da parte.

Spelate l'aglio e schiacciatelo. Sciacquate le acciughe e diliscatele. Ponete tutto (salsa, aglio e acciughe) in un pentolino sulla fiamma bassissima: mescolate bene per sciogliere dolcemente le acciughe, salate appena e togliete dal fuoco.

Cuocete infine gli spaghetti in abbondante acqua leggermente salata, scolateli al dente, passateli velocemente sotto il getto d'acqua fredda, rimetteteli in pentola e conditeli con la salsa: 2 minuti sul fuoco mescolando, e vedrete che si tingeranno di nero!

Il trucco

Questo piatto è di una bontà quasi commovente, ma basta un dettaglio fuori posto (lo spicchio d'aglio troppo grosso, il condimento che frigge, i tartufi sbagliati) e rischia di diventare insignificante. Per prevenire il problema, seguite il procedimento alla lettera ma, prima ancora, mettete la massima cura nella scelta dei tartufi: la stagione "buona" va da dicembre a marzo, quindi, se siete in Umbria, correte a Norcia e Spoleto: è lì che si trovano i più famosi!

UMBRIA

Cardi alla perugina

- 800 g di cardi
- il succo di 1 limone
- 150 g di farina di tipo 2
- 150 g di farina di riso
- 1/2 cipolla
- 200 g di seitan
- 3 pomodori
- brodo vegetale (o acqua)
- olio evo
- sale
- pepe

Mondate i cardi, eliminando le parti più fibrose, quindi riduceteli a listarelle di 4-5 centimetri e tuffateli in una ciotola piena d'acqua acidulata con il succo di limone, per evitare che anneriscano. Mettete sul fuoco una pentola piena d'acqua leggermente salata e cuocetevi i cardi per 40 minuti, scolandoli al dente.

Nel frattempo, mescolate le farine e passatevi i cardi una volta raffreddati. Dopo averli impanati, disponeteli su una teglia foderata di carta forno e infornateli a 200 gradi per 20 minuti, o finché non saranno dorati.

Tritate finemente la cipolla insieme al seitan e fate rosolare il tutto in una padella antiaderente ben calda, con 1 cucchiaio d'olio e un paio d'acqua. Tagliate i pomodori a cubetti e aggiungeteli in padella. Regolate di sale e di pepe, e proseguite la cottura per circa 15 minuti, unendo all'occorrenza un mestolo di brodo (o di acqua). Ungete ora leggermente una pirofila e create un primo strato con i cardi. Condite con il sugo, quindi ricoprite con altri cardi. Continuate così fino a terminare gli ingredienti. Un giro d'olio e potete far gratinare in forno a 200 gradi, sotto il grill, per qualche minuto.

La versione originale

I "gobbi" al forno (come i cardi sono soprannominati a Perugia e dintorni) sono una sorta di timballo di verdura e carne. Mi sono limitato a sostituire il burro con l'olio, la farina 00 con quella integrale e la carne con il seitan. Decisamente, in questo caso leggerezza e gusto vanno a braccetto!

UMBRIA

Frittelle di baccalà

- 800 g di baccalà già ammollato
- 1 limone
- olio evo
- sale

PER IMPANARE
- 300 g di farina di mais
- 200 g di farina di riso

Pulite il baccalà, eliminando pelle e spine, quindi tagliatelo a pezzetti di circa 4-5 centimetri di lato.
A parte, preparate la panatura mescolando le due farine. Passatevi il pesce, infarinandolo completamente, quindi trasferite i pezzi di baccalà su una teglia foderata di carta forno.
Bagnate con un filo d'olio e infornate a 200 gradi per circa 20 minuti, finché saranno ben dorati. A metà cottura girateli sull'altro lato.
Tagliate il limone a fettine e servitelo con il baccalà, che andrete a salare (poco) al momento: il contrasto di sapori è una vera delizia!

La versione originale

Tradizionalmente, il baccalà viene tuffato in una pastella a base di uova, farina e latte, e poi fritto nell'olio bollente. "Marcobianchizzare" questa ricetta era una sfida troppo stimolante per tirarmi indietro! Certo, i cambiamenti sono consistenti (la frittura è scomparsa e al suo posto troviamo la cottura in forno; uova e latte sono stati rimpiazzati da una leggera panatura di farina di riso e di mais), ma il risultato per me è strepitoso. Che ne dite, avete voglia di provare?

UMBRIA

Torta al testo

- 600 g di farina
- 1 cucchiaino di sale
- 1 cucchiaino di bicarbonato
- 400 ml di acqua tiepida
- 50 g di olio evo

In una ciotola, mescolate la farina con il sale e il bicarbonato, quindi unite acqua e olio poco per volta. Cominciate a lavorare con una forchetta e, quando gli ingredienti si saranno amalgamati, trasferitevi su un piano di lavoro e impastate energicamente per ottenere un composto omogeneo ed elastico. Dategli la forma di una palla, ponetelo in una ciotola coperta con un canovaccio pulito e lasciatelo riposare per 30 minuti. Trascorso questo tempo, stendetelo in dischi il più possibile rotondi, alti circa 1 centimetro, del diametro della piastra sulla quale li cuocerete. Bucherellatene la superficie con una forchetta, per assicurarvi che in cottura non facciano le bolle.

Ora, mettete il testo sul fuoco. Buttate al centro 1 pizzico di farina: sarete pronti per cuocere la torta quando diventerà scura. A questo punto, appoggiate al centro il disco di pasta e cuocetelo per 10-12 minuti, girandolo spesso, così che non rimanga crudo all'interno. Le torte devono poi essere tagliate a spicchi e farcite a piacere: la mia preferita è con hummus di ceci o crema di lenticchie (lessate e poi frullate con cumino e olio evo).

La curiosità

Questo piatto prende il nome dal piano sul quale anticamente veniva cotto, cioè il cosiddetto "testum" (in latino "recipiente di terracotta"), una lastra di pietra refrattaria che veniva scaldata con il fuoco. In Umbria il testo si trova in commercio (adattato agli anni Duemila, naturalmente), ma se non l'avete potete tranquillamente cuocere la vostra torta su una normale piastra antiaderente.

Trota della Nera

- 1 trota da circa 800 g
- 1 mazzetto di prezzemolo
- il succo di 1/2 limone
- 3 cucchiai di pangrattato integrale
- olio evo
- sale
- pepe

Pulite la trota.

Tritate finemente il prezzemolo e mettetelo in una ciotola con il pangrattato, 1 presa di sale e 1 macinata di pepe. Aggiungete la gran parte del succo di limone e mescolate.

Tenete da parte 1 cucchiaio del composto e utilizzate il resto per farcire il pesce.

Cuocete ora la trota in una padella antiaderente con poco olio d'oliva e un po' d'acqua, cospargendola con il resto del condimento. Dovrete mantenere il fuoco basso e girare spesso il pesce: dopo circa 30 minuti dovrebbe aver preso colore ed essere ben cotto.

Una spruzzata di succo di limone, un filo d'olio evo a crudo e siete pronti per servire!

Il trucco

Cosa manca a questo piatto per rasentare la perfezione? Esatto, delle verdure! Secondo me, i contorni migliori per le trote della Nera (cioè pescate nell'omonimo fiume) sono spinaci e coste semplicemente sbollentati e conditi con olio e limone.

UMBRIA

Pan pepato

- 70 g di uvetta
- 50 g di canditi
- 50 g di mandorle
- 50 g di nocciole
- 50 g di gherigli di noce
- 50 g di cioccolato fondente
- noce moscata
- 100 g di miele
- 110 g di farina integrale di farro
- sale
- pepe

Fate ammollare l'uvetta in poca acqua tiepida per una ventina di minuti, quindi strizzatela. Tritate i canditi e la frutta secca. Spezzettate il cioccolato. Raccogliete tutto in una ciotola capiente, unite 1 presa di sale, 1 pizzico di pepe e 1 grattugiata di noce moscata. Mettete sul fuoco dolce un pentolino con il miele, un paio di cucchiai di acqua calda e mescolate.

Quando il miele sarà liquido, unitelo agli altri ingredienti nella ciotola e rimestate per amalgamare il tutto.

Aggiungete quindi la farina poca alla volta, senza smettere di mescolare. Trasferitevi sul piano di lavoro e impastate il pan pepato a mano: sarà pronto quando avrà assunto la consistenza della pasta da pane.

Suddividete ora il composto in 8-9 dosi, con le quali formerete delle pagnottelle rotonde. Disponetele su una teglia foderata di carta forno e infornate a 200 gradi per 20 minuti, o fino a quando non si saranno scurite.

Mi fa bene perché...

L'uvetta è super energizzante: ricchissima di zuccheri e di sali minerali quali ferro e rame, contiene anche fibre, acido oleanolico (un potente antinfiammatorio) e fitonutrienti polifenolici, che proteggono la vista e svolgono un'azione preventiva nei confronti del cancro.

UMBRIA

Torcolo di san Costanzo

- 180 g di uvetta
- 25 g di lievito di birra
- 600 g di farina di tipo 1
- 180 g di zucchero integrale di canna
- 90 g di olio di mais (o evo)
- 150 g di cedro candito
- 180 g di pinoli
- 30 g di semi di anice

PER SPENNELLARE
- latte di riso
- malto di riso

Fate ammollare l'uvetta in poca acqua tiepida; dopo 20 minuti, scolatela e strizzatela.

Nel frattempo, sciogliete il lievito di birra in un bicchiere d'acqua tiepida e lasciate riposare per circa 15 minuti: quando in superficie inizierà a "fare le bolle", unitelo alla farina e cominciate a impastare. Incorporate via via lo zucchero, l'olio, l'uvetta, il cedro a pezzetti, i pinoli e i semi di anice.

Quando l'impasto sarà omogeneo, dategli la forma di una palla, mettetelo in una ciotola coperta con un canovaccio pulito e lasciatelo riposare in un luogo tiepido (per esempio il forno con la luce accesa) per circa 1 ora. Raddoppierà di volume.

Trascorso questo tempo, trasferite l'impasto in uno stampo ad anello leggermente oliato e infarinato, e lasciatelo lievitare per altri 45 minuti.

Una volta che la massa avrà raggiunto il bordo dello stampo, spennellatene la superficie con una miscela di latte di riso e malto, quindi incidete con dei leggeri tagli obliqui e infornate a 180 gradi per 50 minuti.

Mi fa bene perché...

Secondo il "New England Journal of Medicine" mangiare frutta secca significa fare prevenzione: consumarne ogni giorno 30 g contribuisce a ridurre del 29% la mortalità cardiovascolare e dell'11% quella per cancro. Anche i pinoli contenuti nel Torcolo, quindi, allungano la vita.

Verdure, olive e aromi: le Marche

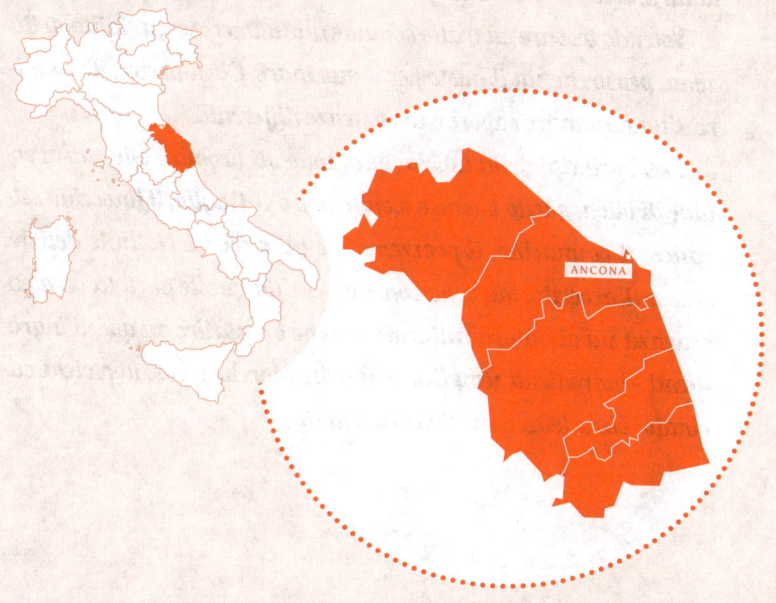

Lo diceva Feuerbach, "Siamo quello che mangiamo", e i marchigiani lo sanno bene. Non so se il detto "La cerqua com'è la terra, l'omo quello che magna" ("La quercia cresce a seconda del terreno, l'uomo a seconda di quello che mangia") sia antecedente o meno, ma poco importa. Ciò che conta è lo stile di vita e alimentare della popolazione di questa regione, assolutamente ispirato ai più sani principi della dieta mediterranea.

Le Marche sono una terra ricca e climaticamente benedetta: l'Adriatico fornisce tutto il pesce di cui c'è bisogno, mentre, subito a ridosso, le colline sono l'habitat ideale per le coltivazioni. Le verdure marchigiane sanno di sole e d'estate: sono un trionfo di profumi e di colori, e vengono portate in tavola in modo così completo da sostituire spesso il secondo (come nel caso delle zucchine ripiene) o addirittura il primo (e sto parlando dell'acquacotta).

Volendo trovare un tratto comune alle numerose specialità della zona, penso che sia il gusto per il marinare, l'insaporire, il riempire, l'amalgamare sapori e consistenze differenti.

I veri principi della tavola, qua, sono gli aromi: l'olio extravergine di oliva, quello buono e a chilometro 0, l'aglio, il finocchio selvatico, il rosmarino, il prezzemolo e gli altri odori. Tutte delizie, siamo d'accordo, ma sono convinto che da queste parti la vera eccellenza sia di natura culturale, perché è a partire da questi ingredienti - ingredienti semplici - che nelle Marche il cibo non viene cucinato: viene letteralmente trasformato.

MARCHE

Olive marinate

- olive nere
- scorza d'arancia
- aglio
- finocchio selvatico
- sale grosso

Per questa ricetta vi serviranno dei vasi di vetro con un tappo ben saldo. Sterilizzateli e teneteli da parte.
Ora, scegliete le olive: vanno benissimo con o senza il nocciolo, conservate sottolio o in salamoia (basta che non siano già aromatizzate). Se avete olive appena raccolte, dovete lavarle, pestarle con un martello una a una fino ad aprirle (senza rompere il nocciolo) e lasciarle in ammollo per 7 giorni in acqua e sale, cambiandoli ogni giorno. In ogni caso, dunque, lavate bene le olive, quindi mettetele su un canovaccio pulito ad asciugare.
Nel frattempo, sciacquate le arance e grattugiate la scorza, cercando di evitare la parte bianca; suddividete la testa d'aglio in spicchi; mondate il finocchio selvatico e sminuzzatelo.
Quando le olive saranno ben asciutte disponetele nei vasi alternandole a strati di sale grosso, finocchio selvatico, aglio e scorza d'arancia, in quest'ordine. Lasciate riposare le olive per una settimana in un luogo fresco. Trascorso questo tempo, dovrete agitarle ogni giorno per favorire l'amalgamarsi dei sapori: saranno pronte da gustare dopo 40 giorni.

La curiosità

Insieme all'essiccazione, all'affumicatura e all'uso dell'aceto, mettere gli alimenti sotto sale è uno dei metodi di conservazione più antichi. Come funziona? Il sale esercita un'azione disidratante e disinfettante, inibendo la crescita e la riproduzione di microrganismi e batteri che causano il deperimento del cibo. Ok quindi conservare così, ma mi raccomando: prima di utilizzare gli alimenti sotto sale ricordatevi sempre di sciacquarli bene!

MARCHE

Piconi

PER LA PASTA
- 300 g di farina di tipo 1
- 30 g di olio evo
- 1 pizzico di sale

PER IL RIPIENO
- 250 g di caprino fresco
- 250 g di ricotta
- latte di soia
- pepe

I piconi sono dei piccoli panzerotti tipici della zona di Ascoli Piceno. Per prepararli, dovrete cominciare dalla pasta. Disponete quindi la farina a fontana sul piano di lavoro. Versate al centro l'olio, aggiungete il sale e acqua quanto basta perché l'impasto risulti morbido e liscio. Quando sarà pronto, dategli la forma di una palla e lasciate che riposi al fresco, in una ciotola coperta con un canovaccio pulito, per 45 minuti. Nel frattempo, dedicatevi al ripieno: amalgamate il caprino con la ricotta; spolverizzate con un'abbondante macinata di pepe e fate riposare per circa 30 minuti (o più a lungo qualora aveste acquistato una ricotta molto ricca d'acqua).

Al momento opportuno, stendete la pasta in una sfoglia sottilissima e ricavatene dischi del diametro di circa 8 centimetri con l'aiuto di un coppapasta. Posizionate al centro di ciascuno 1 cucchiaino di ripieno, quindi inumidite i bordi e sigillate la pasta, ripiegandola a metà. Incidete la sommità di ogni panzerotto con un taglietto e spennellatela con poco latte di soia. Ponete infine i piconi su una teglia rivestita di carta forno e infornate a 180 gradi per 15 minuti, finché saranno dorati.

La versione originale

Il ripieno tradizionale dei piconi prevede un vasto assortimento di pecorini, più o meno stagionati. Sappiamo che la stagionatura si accompagna a un maggior contenuto di sale, il cui consumo va limitato per amore nei confronti del nostro sistema cardiovascolare: ecco perché ho privilegiato ricotta e caprino, formaggi super freschi ma anche consistenti, l'ideale per sostituire degnamente i loro cugini invecchiati!

Acquacotta di verdura

MARCHE

- 1 kg di patate
- 500 g di cicoria
- 500 g di pomodori
- erbe aromatiche (maggiorana, timo, prezzemolo, salvia, santoreggia, mentuccia)
- 1 pagnotta integrale rafferma
- olio evo
- sale e pepe

Pelate le patate e tagliatele a tocchetti; mondate e lavate la cicoria; sciacquate i pomodori e riduceteli a cubetti; tritate finemente le erbe aromatiche.
Riempite ora una capiente casseruola d'acqua per tre quarti e versatevi tutti questi ingredienti con 1 pizzico di sale. Portate a bollore, coprite con un coperchio e cuocete per circa 40 minuti.
Trascorso questo tempo, tagliate la pagnotta e adagiate le fette nei vari piatti fondi. Bagnate con poca acqua di cottura e distribuitevi sopra le verdure che avrete scolato. Condite con un filo d'olio a crudo e 1 macinata di pepe prima di servire.

Mi fa bene perché...

Lo studio europeo EPIC (European Prospective Investigation into Cancer and Nutrition Study), condotto su oltre trentamila donne, ha dimostrato che le verdure a foglia - come la cicoria, ma anche bietole o spinaci - grazie al loro contenuto di antiossidanti sono le più efficaci nel ridurre il rischio di tumore al seno. Morale: secondo i ricercatori, 200 grammi al giorno non dovrebbero mai mancare sulla nostra tavola!

MARCHE

Zuppa di legumi

- 100 g di ceci
- 100 g di fagioli borlotti
- 100 g di lenticchie
- 100 g di orzo
- 50 g di mais
- 1 cipolla
- 2 cucchiai di olio evo
- 100 g di tofu affumicato
- 1 spicchio di aglio
- 1/2 peperoncino
- 300 g di polpa di pomodoro
- pane casereccio integrale
- sale
- pepe

Mettete i legumi in ammollo in acqua fredda per una notte, ciascuno nella sua ciotola. L'indomani scolateli e risciacquate bene i cereali sotto l'acqua corrente. Mettete sul fuoco una pentola capiente piena d'acqua. Versatevi subito i ceci; dopo 20 minuti aggiungete i fagioli, l'orzo, il mais e, infine, le lenticchie. In totale, la zuppa dovrà cuocere per circa 60-65 minuti. Quando tutto sarà cotto, regolate di sale e di pepe. Tritate la cipolla e fatela rosolare in un paio di cucchiai d'olio e altrettanti d'acqua insieme al tofu sbriciolato, all'aglio in camicia e al peperoncino. Dopo qualche minuto eliminate l'aglio, unite la polpa di pomodoro, 1 presa di sale e cuocete per 5 minuti, senza smettere di mescolare. Terminato il tempo di cottura della zuppa, versate in pentola anche la salsa e lasciate sul fuoco basso per altri 15 minuti. All'occorrenza, aggiungete un po' di acqua calda. Un'idea goduriosa: servire la zuppa accompagnata da fette di pane caldo, appena tostato in forno.

Il trucco

Se state pensando: "Se mangio una zuppa così mi ritroverò una mongolfiera al posto della pancia", sappiate che una soluzione c'è. Ce ne sono addirittura due. La prima è aggiungere alla zuppa in cottura 1 pizzico di bicarbonato, che ammorbidirà la fonte dei nostri fastidi, ovvero la buccia dei legumi. La seconda è abituare gradualmente l'intestino a digerirli, cominciando con le farine (per esempio quella di ceci), per poi introdurre lenticchie, cannellini e fagioli borlotti.

Crescia marchigiana alle erbe

MARCHE

PER LA PASTA
- 1 cubetto di lievito di birra
- zucchero di canna integrale
- 1 kg di farina di mais
- 200 g di farina di tipo 1
- 50 ml di olio evo
- 1 pizzico di sale

PER IL RIPIENO
- 1 kg di seitan alla piastra
- 1 rametto di rosmarino
- 400 g di bietole
- 400 g di cavolo
- 400 g di cicoria
- 1 spicchio di aglio
- 100 g di tofu
- olio evo
- sale e pepe

Prima di tutto, preparate l'impasto della crescia, che altro non è se non una splendida focaccia.

Sciogliete il lievito di birra e una punta di zucchero di canna in un bicchiere di acqua tiepida e attendete che si formino le bollicine. Nel frattempo, riunite le farine in una ciotola.

Versate il liquido e cominciate a impastare, aggiungendo l'olio a filo, poca acqua calda (quanto basta per ottenere un impasto morbido e compatto) e il sale. Quando l'impasto sarà pronto, dategli la forma di una palla e ponetelo a riposare in una ciotola coperta da un canovaccio pulito finché sarà raddoppiato di volume (ci vorranno circa 50-60 minuti).

Occupatevi quindi del ripieno. Riducete il seitan a cubetti e passatelo in padella con 1 cucchiaio d'olio e 2 di acqua e il rosmarino, che avrete precedentemente tritato.

Ora, mondate e lavate le verdure, poi stufatele rapidamente in acqua leggermente salata. Quando si saranno ammorbidite, strizzatele e tagliatele a listarelle.

Preparate quindi un trito di aglio e tofu: dovrà rosolare per qualche istante in padella con 1 cucchiaio di olio e un paio d'acqua. Unite le verdure, 1 presa di sale e 1 macinata di pepe.

Trasferite il seitan in questa padella, mescolate bene e tenete in caldo.

Stendete infine l'impasto della crescia: con la dose indicata dovre-

MARCHE

ste essere in grado di ottenere un disco di circa 30 centimetri di diametro. Ponetelo in una teglia foderata di carta forno e infornate a 200 gradi per 20-25 minuti.
La crescia si serve in spicchi, quindi tagliatela e farcite le fette con il ripieno di verdure.

Il trucco

Avere poco tempo non è una scusa valida: il pranzo non va saltato, mai! Se non avete la possibilità di scendere al bar, scegliere il panino più salutare che trovate, trangugiarlo con acqua e caffè e risalire, perché non organizzarsi con calma e anticipo? La crescia è perfetta: la prepari la sera e il giorno dopo è ancora più buona!

Naselli alla marchigiana

MARCHE

- 4 naselli
- 2 cipollotti
- 2 spicchi di aglio
- pangrattato integrale
- 1 acciuga sotto sale
- 1 cucchiaio di aceto di mele
- 1 cucchiaio di fecola di patate
- olio evo
- sale e pepe

Pulite i pesci e lavateli, quindi metteteli ad asciugare.
Affettate finemente i cipollotti e tritate l'aglio.
Disponete ora i naselli in un piatto e ricopriteli con le fettine di cipollotti e il trito d'aglio: irrorate con l'olio evo, condite con 1 pizzico di sale e 1 di pepe, e lasciate riposare per circa 1 ora.
Trascorso questo tempo, passateli nel pangrattato, quindi cuoceteli in una padella antiaderente a fuoco vivace per circa 15 minuti per lato. Quando saranno cotti, teneteli in caldo.
Sciacquate bene e diliscate l'acciuga, quindi scioglietela in un pentolino con poco olio, schiacciandola con una forchetta. Regolate di sale, pepate, aggiungete l'aceto, la fecola e mescolate.
Otterrete una deliziosa salsina con la quale condire i naselli prima di servirli.

Mi fa bene perché...

Poverissimo di grassi e con una carne dal sapore delicato, il nasello è particolarmente indicato per l'alimentazione dei bambini. È ricco di fosforo, rame e selenio, elementi fondamentali per mantenersi giovani: è il pesce di Peter Pan!

MARCHE

Zucchine ripiene alla marchigiana

- 1 cipolla
- 400 g di pomodori
- 200 g di seitan alla piastra
- qualche ciuffo di prezzemolo
- 250 g di feta
- 6 zucchine piccole
- olio evo
- sale e pepe

Affettate sottilmente la cipolla e passatela rapidamente in padella con 1 cucchiaio d'olio e un paio d'acqua. Lavate i pomodori, riduceteli a cubetti e uniteli alla cipolla. Regolate di sale e fate cuocere lentamente.

Nel frattempo, tritate il seitan, fatelo rosolare in una padella antiaderente leggermente unta d'olio e trasferitelo in una ciotola capiente. Dovrete unire il prezzemolo tritato, la feta sbriciolata, condire con il pepe e amalgamare bene tutti gli ingredienti.

Lavate e mondate le zucchine, quindi tagliatele a metà e - con un cucchiaino o uno scavino - privatele della polpa interna senza romperle. Farcitele con il ripieno, poi cuocetele in una padella antiaderente con poco olio. Quando saranno cotte, ripassatele nel sugo di pomodoro caldo, lasciatele insaporire per 10 minuti e servite.

Il trucco

Una cottura più leggera è (quasi) sempre possibile: se nella ricetta originale le zucchine vengono fritte, nella mia le "scottiamo" in padella. Potete anche, perché no, cuocerle in forno: basterà porle in una teglia foderata di carta forno e metterle in forno caldissimo a 180-200 gradi per circa 15 minuti, per poi ricoprirle con il sugo di pomodoro.

MARCHE

Ròscani all'anconetana

- 2 spicchi di aglio
- qualche foglia di mentuccia
- 4 cucchiai di aceto di mele
- 500 g di ròscani (o agretti)
- olio evo
- sale

Preparate un trito fine con l'aglio e le foglie di mentuccia, che condirete con l'aceto e l'olio evo. Mescolate bene e lasciate insaporire e riposare per circa 1 ora.

Mondate e lavate i ròscani e stufateli in poca acqua bollente leggermente salata per circa 15 minuti.

Quando saranno cotti, strizzateli e conditeli con l'olio aromatizzato.

Mi fa bene perché...

I ròscani o agretti sono una manna per le loro proprietà depurative: ricchissimi di clorofilla, ci aiutano a eliminare le scorie che accumuliamo con l'alimentazione e a mantenere "pulito" il sangue, riducendo i livelli di colesterolo e trigliceridi.

MARCHE

Beccùte

- 50 g di uvetta
- 50 g di fichi secchi
- 50 g di mandorle
- 50 g di gherigli di noce
- 250 g di farina di mais
- 2 cucchiai di olio evo
- 2 cucchiai di zucchero integrale di canna
- 50 g di pinoli
- sale
- pepe

Mettete l'uvetta ad ammollare in poca acqua tiepida. Sminuzzate i fichi secchi e tritate mandorle e noci. Quando l'uvetta si sarà ammorbidita (dopo circa 20 minuti), unite tutto in una ciotola e tenete da parte.

Disponete ora la farina a fontana sulla spianatoia, mettete al centro l'olio e cominciate a impastare, aggiungendo man mano acqua bollente. Dovrete incorporare lo zucchero, il sale, il pepe, i pinoli e il contenuto della ciotola, ottenendo alla fine un composto liscio e morbido.

Suddividetelo in tante pagnottelle dalla base rotonda, che schiaccerete leggermente e disporrete su una teglia foderata di carta forno. Infornate a 150 gradi per circa 30 minuti e servite le beccùte una volta fredde.

La curiosità

#nonsolopolenta è l'hashtag perfetto per la farina di mais: io la uso anche per preparare il pane, per impanare (grazie alla sua grana grossa e alla sua naturale croccantezza, è perfetta) o come base per dolci. Altri esempi oltre alle beccùte? Be', la pinza veneta (pagina 111), la pizza di polenta (pagina 179) o la prossima ricetta.

Frustenga

MARCHE

- 6 fichi secchi
- 50 g di uvetta
- 1 lt di acqua
- 250 g di farina di mais
- 6 noci
- 3 cucchiai di sapa (o miele o sciroppo di acero)
- 5 cucchiai di olio evo
- sale

La frustenga è una polenta, resa dolce e ricca dall'aggiunta di frutta secca.

Per prepararla, quindi, dopo aver messo in ammollo i fichi secchi e l'uvetta, scaldate 1 litro scarso d'acqua, salate leggermente e, appena sfiora il bollore, versatevi la farina a pioggia. Mescolate per tutti i 40 minuti di cottura. Trascorso questo tempo, la polenta sarà ancora piuttosto morbida: spegnete il fuoco e tenete da parte.

Riprendete la frutta in ammollo. Tritate le noci e i fichi. Incorporate il tutto alla polenta insieme alla sapa e a 3 cucchiai d'olio. Mescolate bene e versate il composto in una tortiera del diametro di circa 25-26 centimetri, foderata di carta forno. Spennellate la frustenga con un paio di cucchiai d'olio, copritela con un foglio di carta stagnola e infornate a 180 gradi per 30 minuti.

La curiosità

Uno degli ingredienti della frustenga è la sapa (o saba), cioè mosto cotto con le noci, una ricetta antichissima che vale la pena riscoprire. Si prepara così: versate in una pentola 2 lt di mosto, unite 5-6 noci e cuocete a fiamma bassa mescolando spesso. La sapa sarà pronta quando si sarà "ristretta" a un terzo del suo volume iniziale.

Carciofi, ricotta e aromi:
il Lazio

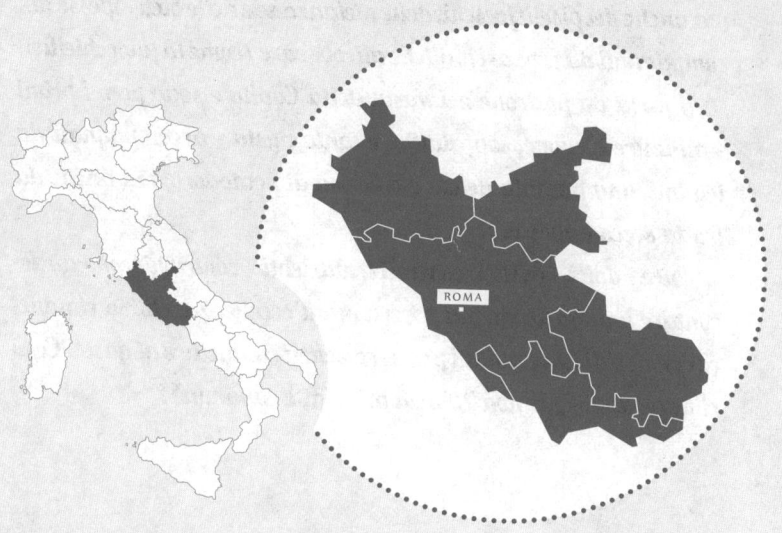

Vi ricordate "Le vacanze intelligenti"? È un episodio di un film degli anni Settanta, diretto da Alberto Sordi, nel quale due veraci popolani romani, mai andati più in là di Ostia, accettano di farsi suggerire dai figli la meta delle vacanze, diversi appuntamenti culturali e una dieta ferrea. A sciogliere le tensioni sarà, nell'ultima scena, un trionfante piatto di spaghetti al pomodoro, segno che non ci sono mode o tendenze che tengano, quando la tradizione chiama.

Ho voluto citare questa scena perché riassume alla perfezione la cucina laziale: pochi lazzi, pochi frizzi, tanta sostanza. Siamo nel-

la terra degli eredi di Roma, gente fiera e concreta, che ama il buon cibo e prendersi il tempo giusto per godersi la tavola.

I piatti sono semplici ma dai sapori intensi; gli ingredienti genuini, possibilmente locali. Ottimi i formaggi (incredibile la ricotta!), croccanti e gustose le verdure. Parlo dei carciofi, una vera preziosità, ma anche dei piselli freschi, delle melanzane e delle biete, spesso accompagnati da erbe aromatiche altrove rare (come la finocchiella).

A farla da padrone nei menu della Capitale sono però i primi - minestre e zuppe, soprattutto, e tanta pasta - accompagnati da legumi, una passata densa e odorosa di pomodoro, ma anche da frutta secca e spezie.

Pure i dolci - rustici, caserecci, nutrienti - contribuiscono a raccontare una gastronomia povera ma d'eccellenza, che sa rimanere con i piedi ben piantati per terra senza rinunciare al gusto. Cosa rimane da dire se non "panza mia, fatte capanna"?

Minestra di pasta e ceci

LAZIO

- 200 g di ceci secchi
- 2 rametti di rosmarino
- 1 spicchio di aglio
- 200 ml di passata di pomodoro
- 2 cucchiai di concentrato di pomodoro
- 200 g di pasta integrale
- olio evo
- sale

Lasciate i ceci in ammollo per 24 ore, cambiando l'acqua ogni tanto. L'indomani, scolateli, sciacquateli bene, poneteli in una casseruola e copriteli d'acqua: accendete una fiamma dolce, portate a bollore, coprite con un coperchio e lasciate sobbollire per circa 4 ore. Nel frattempo, dedicatevi al sugo. Tritate finemente il rosmarino con l'aglio e fate insaporire il tutto con poco olio e acqua per qualche istante in una casseruola (capiente: dovrà contenere anche i ceci). Unite quindi la passata di pomodoro, il concentrato di pomodoro e mezzo bicchiere d'acqua calda: lasciate cuocere lentamente per 15 minuti e spegnete il fuoco, una volta che il sugo si sarà ristretto. Quando i ceci saranno morbidi, trasferiteli nella casseruola con il loro liquido di cottura. Buttate anche la pasta e attendete che sia cotta. A questo punto, un giro d'olio a crudo e sarete pronti per portare la minestra in tavola!

Mi fa bene perché...

Pochi legumi sono amici del cuore quanto i ceci: non solo aiutano ad abbassare i livelli di colesterolo LDL e di trigliceridi, ma sono in grado di ridurre l'omocisteina, un aminoacido che, se presente nel sangue in quantità eccessiva, aumenta la possibilità di infarto e ictus.

LAZIO

Nociata

- 150 g di gherigli di noce
- 40 g di zucchero integrale di canna
- 1/2 cucchiaino di cannella in polvere
- la scorza di 1 limone
- 300 g di conchiglie integrali
- olio evo
- sale

Tritate i gherigli e trasferiteli in una ciotola capiente.
Unite lo zucchero e la cannella in polvere. Lavate il limone e grattugiatene la scorza direttamente nella ciotola. Mescolate bene il tutto con un cucchiaio di legno e lasciate riposare il composto in un luogo fresco: in questo modo, i sapori si amalgameranno.
Nel frattempo, lessate la pasta in abbondante acqua leggermente salata.
Quando sarà pronta, scolatela e unitela alla salsa. Rimestate in modo che sia ben condita e lasciate insaporire il tutto per qualche minuto prima di servire irrorando con olio evo.

Mi fa bene perché...

Superenergizzanti, le noci contengono una quantità di Omega-3 da far invidia al pesce azzurro. Per di più, sono ricche di antiossidanti e vitamina E, che ci aiutano a combattere l'invecchiamento cellulare e della pelle. Buone di gusto e di fatto, no?

Frittata con i carciofi

LAZIO

- 400 g di farina di ceci
- 1 pizzico di curcuma
- 4 cucchiai di olio evo
- 800 ml di acqua tiepida
- 4 carciofi romani
- il succo di 1 limone
- brodo vegetale (o acqua)
- sale e pepe

In una ciotola, sbattete con una frusta la farina di ceci e la curcuma con 4 cucchiai di olio evo e l'acqua tiepida, finché non si formerà una pastella omogenea e liscia. Quando la pastella sarà pronta, lasciatela riposare per circa 1 ora a temperatura ambiente.
Nel frattempo, mondate i carciofi, lavateli e tagliateli a spicchi molto fini. Poneteli in una ciotola con acqua e succo di limone, affinché non si anneriscano.
Trascorso il tempo di riposo della pastella, ungete leggermente una padella antiaderente e saltatevi i carciofi con un goccio d'olio. Unite 1-2 bicchieri di brodo vegetale (o di acqua) e lasciateli cuocere per circa 20 minuti. Quando saranno pronti, scolateli e teneteli da parte.
Riprendete ora la pastella: mescolatevi 1 pizzico di sale, 1 macinata di pepe e i carciofi. Rovesciate il composto in una pirofila leggermente oliata e infornate a 180 gradi per 30 minuti. A fine cottura, la superficie dovrà apparire scura e screpolata.

La versione originale

Lo so, la ricetta tradizionale prevede la cottura nello strutto (e ovviamente 6 uova al posto della farina di ceci), ma vi assicuro che questa versione, oltre ad aiutarvi a combattere il colesterolo e il rischio cardiovascolare, andrà a ruba esattamente come l'originale, che la serviate calda oppure fredda!

LAZIO

Melanzane ripiene

- 4 melanzane piccole
- 200 g di feta
- 4 cucchiai di olio evo
- qualche cucchiaio di passata di pomodoro
- sale
- pepe

Lavate e tagliate le melanzane a metà. Con un cucchiaio o uno scavino, estraetene la polpa. Tritatela a coltello e ponetela in una ciotola, dove la mescolerete con la feta sbriciolata e 4 cucchiai di olio evo. Regolate di sale e di pepe, ed ecco il ripieno!
Riprendete ora i "gusci" di melanzana e riempiteli con la farcia. Disponeteli poi su una teglia foderata di carta forno e distribuite su ciascuno 1 cucchiaino di passata di pomodoro.
Infornate a 180 gradi per 30 minuti. Lasciate che le melanzane si intiepidiscano prima di servirle!

Mi fa bene perché...

Il colore viola delle melanzane è dovuto alla presenza di potenti antiossidanti quali sono gli antociani, sostanze che appartengono alla famiglia dei flavonoidi e che proteggono sia le piante (dai raggi ultravioletti) sia il nostro organismo (dall'invecchiamento).

Palombo con i piselli

LAZIO

- 700 g di piselli
- 1 spicchio di aglio
- 1 mazzetto di prezzemolo
- 4 cucchiai di passata di pomodoro
- 4 fette di palombo da circa 200 g l'una
- olio evo
- sale e pepe

Se avete i piselli freschi, potete procedere subito con la preparazione. Idem se sono surgelati. Se li avete in scatola, invece, dovrete innanzitutto sciacquarli bene sotto l'acqua corrente.
Come prima cosa, tritate finemente l'aglio e il prezzemolo. Fate rosolare il tutto con 1 cucchiaio d'olio e 2 di acqua.
Diluite la passata di pomodoro in un bicchiere di acqua calda e versate questa miscela nel tegame. Unite i piselli, mescolate e coprite con un coperchio. Se avete i piselli freschi, per portarli a cottura dovrete lasciarli cuocere per 20 minuti a fuoco basso. Se sono surgelati o lessati, vi basteranno 10 minuti.
Quando i piselli saranno cotti, mettete in padella anche le fette di palombo. Regolate di sale e di pepe. Il pesce dovrà cuocere 5 minuti su ogni lato.
Trasferite infine le fette di palombo nei piatti e ricopritele con i piselli e il loro delizioso sugo di cottura. Una fetta di pane integrale leggermente tostata ed ecco una cena prelibata!

Mi fa bene perché...

Il palombo non è un pesce azzurro, lo so, ma è una miniera di fosforo (ne contiene 218 mg per ogni 100 g), un componente essenziale al nostro organismo: è contenuto per l'85% nelle ossa e per il restante 15% nei tessuti molli e nei liquidi extracellulari, dove svolge un ruolo sia strutturale sia funzionale. Il nostro fabbisogno quotidiano di fosforo si aggira attorno agli 800 mg, quindi questo piatto ne contiene una buona dose!

LAZIO

Biete al pomodoro

- 800 g di biete
- 3 acciughe sotto sale
- 6 pomodori
- 2 spicchi di aglio
- olio evo
- sale
- pepe

Lavate e mondate le biete, eliminando la costa centrale, quindi stufatele rapidamente in poca acqua. Quando si saranno ammorbidite, scolatele, strizzatele e tritatele a coltello.
Sciacquate quindi bene le acciughe per eliminare il sale, diliscatele e riducetele a pezzettini.
Lavate i pomodori e tagliateli a cubetti.
Ora che tutti gli ingredienti sono pronti, in una padella antiaderente fate imbiondire l'aglio in camicia in poco olio evo e qualche cucchiaio d'acqua, quindi toglietelo e rimpiazzatelo con le acciughe, che farete sciogliere. Aggiungete i pomodori, fateli cuocere per circa 15 minuti, poi unite le biete. Regolate di sale e di pepe, e lasciate insaporire per 10 minuti, continuando a mescolare.

Mi fa bene perché...

Queste biete sono ottime da abbinare a un carboidrato come pasta o riso integrale oppure, perché no, servite su una bruschetta! Tostate del pane integrale, strofinatene la superficie con uno spicchio d'aglio e farcite con una bella forchettata di biete: bruschetta superlativa!

Piselli alla romana

LAZIO

- 1 kg di piselli romani
- 150 g di tofu alla piastra
- 1 cipolla
- 1 bicchiere di brodo vegetale (o acqua)
- olio evo
- sale

Sgranate i piselli e sciacquateli. Volendo, potete utilizzare anche i piselli surgelati, ma questa ricetta li meriterebbe davvero freschi. Sbriciolate poi metà del tofu e affettate finemente la cipolla: fate rosolare il tutto in una padella antiaderente con 1 cucchiaio d'olio e 2 di acqua. Mi raccomando: la cipolla non dovrà arrivare a imbrunirsi. Unite ora i piselli, un mestolo di brodo (o di acqua) e 1 pizzico di sale. Chiudete la padella con un coperchio e lasciate cuocere a fiamma moderata per circa 20 minuti, bagnando all'occorrenza con altro brodo.

Quando i piselli saranno quasi cotti, riducete a cubetti il tofu rimasto e aggiungetelo in padella: mescolate e lasciate insaporire per qualche minuto prima di servire.

La versione originale

La tradizione vuole i piselli alla romana conditi con burro e arricchiti con prosciutto crudo, la mia versione prevede invece un condimento più leggero (olio extravergine di oliva) e una componente proteica di alto valore biologico, fonte di grassi insaturi e polinsaturi come il tofu. Da provare!

LAZIO

Puntarelle alla romana

- 200 g di puntarelle
- 4 filetti di alici sottolio
- 2 cucchiai di olio evo
- 1 cucchiaio di aceto di mele
- 1 spicchio di aglio
- sale
- pepe

Mondate le puntarelle, eliminando la parte più coriacea. Mi raccomando, non buttatela! Potete lessarla per preparare un brodo vegetale e poi aggiungerla, frullata, a una bella vellutata.
Tagliate ora le puntarelle a metà e ponetele in una ciotola piena di acqua e ghiaccio.
Occupatevi quindi della salsa: mettete nella tazza del mixer le alici, l'olio, l'aceto, l'aglio schiacciato e regolate di sale e pepe. Qualche secondo e il condimento è pronto!
Scolate infine le puntarelle e cospargetele con la salsa prima di servirle.

Mi fa bene perché...

Mangiato troppo? Il rimedio è proprio questo piatto. Le puntarelle contengono buone quantità di calcio e fosforo, vitamina A, molta vitamina C e hanno riconosciute proprietà stimolanti delle funzioni digestive e diuretiche.

Pan giallo

LAZIO

- 250 g di uvetta
- 100 g di fichi secchi
- 100 g di cedro e scorze d'arancia canditi
- 200 g di frutta secca (gherigli di noce, mandorle, nocciole, pinoli)
- 75 g di pasta da pane*
- 100 g di miele
- 75 g di cioccolato fondente
- 250 g di farina di tipo 1
- 15 g di cacao amaro in polvere
- 5 g di spezie miste (anice, alloro, cannella)
- 20 g di olio evo
- sale

*PER LA PASTA DA PANE
- 12 g di lievito di birra
- 300 ml di acqua
- 300 g di farina di tipo 1
- 100 g di farina di farro
- 100 g di farina integrale
- 4 cucchiai di olio evo
- 1 cucchiaino di zucchero integrale di canna
- 1/2 cucchiaino di sale

PER LA GLASSA
- 30 g di farina di tipo 1
- 20 g di zucchero integrale di canna
- 10 g di cacao amaro in polvere
- 3-4 cucchiai di acqua

Come prima cosa, occupatevi della pasta da pane. Sciogliete il lievito di birra in poca acqua tiepida presa dalla dose indicata.

Con le farine formate una fontana sul vostro piano di lavoro, mettete al centro il lievito disciolto, l'olio e lo zucchero, e cominciate a impastare.

Aggiungete l'acqua poca alla volta e, in ultimo, il sale. Quando l'impasto sarà pronto, lasciatelo riposare per 2 ore in una ciotola, coperto con un canovaccio pulito.

Nel frattempo, fate ammollare l'uvetta in poca acqua tiepida, strizzandola dopo 20 minuti; sminuzzate i fichi secchi e i canditi; tritate grossolanamente le nocciole.

Prelevate ora 75 grammi dalla pasta da pane e scioglieteli in una ciotola con un po' di acqua tiepida e l'olio. In un pentolino, riscaldate il miele: quando si sarà fuso, unite il cioccolato fondente e mescolate bene affinché diventi liquido.

Ponete ora la pasta da pane e il miele al cioccolato (ancora tiepi-

LAZIO

do) in una capiente ciotola insieme a 250 grammi di farina, 1 presa di sale, il cacao amaro in polvere, le spezie, i fichi, le scorze della frutta, le mandorle, le noci, le nocciole, i pinoli e l'uvetta. Impastate bene tutti gli ingredienti, quindi date al composto la forma di una ciabatta e lasciatelo riposare sul piano di lavoro.

Nel frattempo, preparate la glassa: in un pentolino mescolate la farina con lo zucchero e il cacao, poi sciogliete il tutto nell'acqua. Mettete su fuoco dolce e fate sobbollire per qualche minuto.

Distribuite infine la glassa sul pan giallo e infornate a 180 gradi per 1 ora.

Il trucco

Nel procedimento vi serviranno solo 75 g di pasta da pane ma, se vi facessi preparare solo questa dose, la lista degli ingredienti sarebbe piena di "10 grammi di questo", "8 grammi dell'altro": un po' ridicolo, no? Ecco perché ho scelto di darvi dosi più "sensate": con la pasta che avanza potete preparare dei panini, magari con una golosa aggiunta di olive o spezie!

Pizza di polenta

LAZIO

- 50 g di uvetta
- 250 g di ricotta romana
- 1/2 lt di acqua
- 100 g di zucchero integrale di canna
- 250 g di farina di mais integrale
- 1/2 cucchiaino di cannella in polvere
- 40 g di pinoli
- olio evo

Fate ammollare l'uvetta in poca acqua tiepida per una ventina di minuti, quindi scolatela e mettetela ad asciugare su un canovaccio pulito.

Nel frattempo, stemperate la ricotta in mezzo litro d'acqua leggermente riscaldata, mescolando con una frusta. Unite lo zucchero, la farina gialla, la cannella e, infine, l'uvetta. Lavorate bene tutti gli ingredienti, quindi trasferite l'impasto in una tortiera foderata di carta forno.

Cospargete il tutto con i pinoli, irrorate con un filo d'olio e infornate per 1 ora a 150 gradi.

Mi fa bene perché...

La ricotta si produce a partire dal siero di latte (il liquido che viene scartato durante la lavorazione dei formaggi) con l'aggiunta di acido citrico, caglio e un po' di sale. Ricca di proteine e povera di grassi, è uno dei miei "formaggi" preferiti!

Pasta, peperoncino e legumi: *l'Abruzzo*

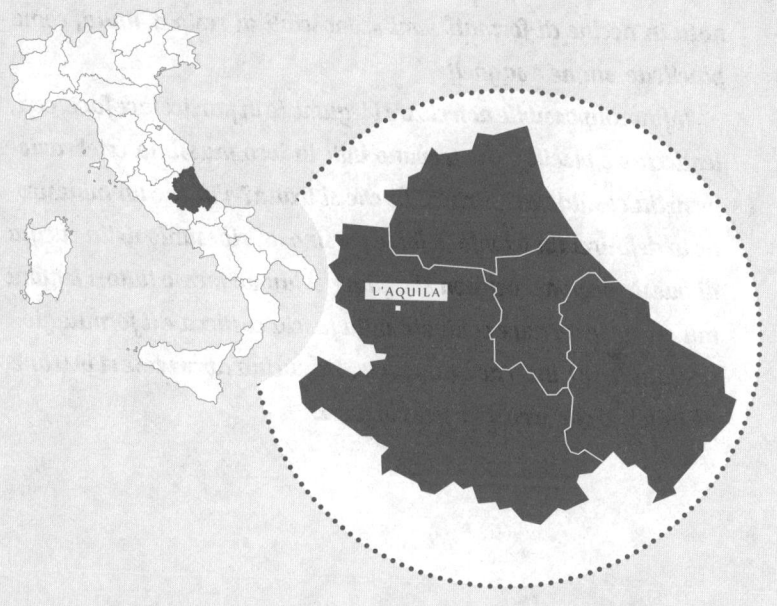

"È meglio no pranzo che cento pranzitti" dicono da queste parti. E infatti la cucina d'Abruzzo è sostanziosa, nutriente. Mi verrebbe quasi da definirla una "cucina d'inverno", pensata per far fronte al clima rigido di queste montagne e per scaldare durante le frequenti nevicate.

Inutile dire che centra alla perfezione l'obiettivo. Nelle prossime pagine troverete una preponderanza di minestre, zuppe, gnocchi e paste. Non potevo fare diversamente per valorizzare i must della cucina abruzzese, che sono tre.

Quando fa freddo, i duri insaporiscono con il primo, cioè il peperoncino rosso piccante, che da queste parti viene sparso a piene mani quasi ovunque, e di sicuro nei condimenti dei primi.

Il secondo è la pasta, consumata in quantità industriali e ancora fatta spesso in casa (all'uovo o di grano duro), che viene declinata in decine di formati semi-sconosciuti al resto d'Italia, come patellette, sagne e sagnette.

Infine, impossibile non citare i legumi (e in particolare fave, ceci, lenticchie e piselli), che trovano tutti la loro massima celebrazione nella cosiddetta "virtù". Di che si tratta? Più che un minestrone lo definirei un trionfo, o forse persino un riassunto della cucina di questa regione: per non sbagliare ci hanno messo tutto, i legumi ma anche le verdure coltivate sulla fascia costiera e il formaggio.

Quindi, se l'inverno è alle porte... la cucina abruzzese vi insegnerà tutto ciò che serve per tenerlo fuori!

ABRUZZO

Crostini con formaggio e acciughe

- pane casereccio integrale
- 200 g di feta
- 8 acciughe sottolio

Tagliate 4 fette di pane spesse circa 1 centimetro e fatele tostare in forno a 200 gradi, finché saranno dorate.
Nel frattempo, riducete la feta a dadini, quindi disponetela sul pane e infornate nuovamente per farla sciogliere.
Infine, sistemate i crostini su un piatto da portata e guarnite ciascuno con 2 filetti di acciuga prima di servire.

Mi fa bene perché...

Con il suo 20% circa di grassi, la feta va annoverata tra i formaggi magri. Aggiungiamo un alto contenuto di calcio (360 mg per ogni 100 g di prodotto) e un apporto calorico tra i più bassi (di inferiore c'è solo quello della ricotta), ed è subito chiaro perché l'ho impiegata per sostituire il caciocavallo abruzzese. Tradizione sì, quindi, ma con un occhio attento alla salute!

ABRUZZO

Crespelle in brodo

- 3 uova
- 2 cucchiaiate di latte di soia
- 300 g di caprino fresco (o parmigiano vegano)
- 1 manciata di prezzemolo
- noce moscata
- farina di tipo 1
- 1,5 lt di brodo vegetale
- olio evo
- sale

Sbattete le uova con la frusta in una ciotola capiente. Unite il latte, 150 grammi di caprino (o di parmigiano vegano), il prezzemolo tritato finemente, una grattugiata di noce moscata e 1 pizzico di sale. Mescolate con forza e versate la farina a pioggia: dovrete ottenere una pastella piuttosto densa, quindi valutate voi quanta ne servirà. Infine, aggiungete mezzo bicchiere abbondante di acqua fredda, per ammorbidire un po' la pastella. Mettete ora sul fuoco una pentola con il brodo vegetale e portatelo a bollore.

Nel frattempo, cuocete le crespelle. Ungete con un fazzolettino intinto d'olio il fondo di una padella da crêpes. Quando sarà ben calda, versatevi un mestolino di pastella. Muovete la padella per spargerla, ottenendo un bel disco rotondo e sottile. Le crespelle dovranno essere quasi trasparenti. Quando si staccheranno dal fondo, giratele e cuocetele anche sull'altro lato. Proseguite così fino a terminare il composto. Potete ora comporre i piatti: arrotolate strette le crespelle e disponetele a coppie nelle fondine. Cospargetele con il caprino rimanente e versatevi sopra il brodo bollente.

Il trucco

Una golosa alternativa potrebbe essere spolverizzare le crespelle (o "scrippelle", come le chiamano in Abruzzo) con il formaggio prima di chiuderle, anziché dopo aver formato i rotolini. Inutile dire che per questa ricetta vi servirà un brodo buono e saporito, che quindi vale la pena preparare in casa: io faccio sobbollire i gambi di 3 broccoli, 1 cipolla, 1 carota, alloro, pepe in grani in 400 ml di acqua per circa 1 ora e mezza.

ABRUZZO

Gnocchetti con le fave

- 100 g di fave fresche
- 50 g di tofu affumicato
- 500 g di gnocchetti di patate
- 70 g di caprino fresco
- olio evo
- pepe nero
- sale

Sgranate le fave e sbollentatele in acqua bollente leggermente salata per un paio di minuti, quindi spelatele.
Tagliate il tofu a striscioline e fatelo rosolare in una padella antiaderente con poco olio e una generosa macinata di pepe. Aggiungete le fave e fatele saltare per qualche minuto.
Lessate ora gli gnocchi, quindi ripassateli in padella con il condimento. Li servirete con una crema ottenuta mescolando il caprino con abbondante pepe macinato e un paio di cucchiai dell'acqua di cottura degli gnocchi.
Un giro d'olio, qualche fava fresca e voilà: il pranzo è servito!

Il trucco

A meno che non siano super novelle e di piccola dimensione, le fave vanno sbucciate: altrimenti, risulterebbero indigeste. È chiaro che non dovrete farlo se le avete in scatola... Per questo piatto vi consiglio quelle fresche ma, dato che siamo sempre tutti di fretta, potete prepararlo anche con le fave conservate, a patto di sciacquarle bene prima dell'uso!

ABRUZZO

Patellette

PER LA PASTA
- 300 g di farina di tipo 1
- 150 g di farina di mais
- 1 pizzico di sale

PER IL SUGO
- 500 g di pomodori
- 1 cipolla
- 300 g di tofu affumicato
- 4 cucchiai di olio evo
- 130 g di feta

Mescolate le farine con il sale e impastate con acqua a sufficienza per ottenere un impasto omogeneo e sodo. Dategli la forma di una palla e ponetelo in una ciotola a riposare coperto da un canovaccio pulito per almeno 30 minuti. Nel frattempo, tagliate i pomodori a pezzettini. Affettate finemente la cipolla, tagliate il tofu a dadini e rosolate entrambi in 4 cucchiai d'olio e 4 d'acqua. Dopo pochi minuti unite i pomodori e proseguite la cottura, senza lasciare che il sugo si restringa. Quando sarà pronto, tenetelo in caldo. Stendete ora la pasta in una sfoglia sottile. Con un tagliapasta, ricavate delle strisce alte circa 5 centimetri. Sovrapponetele a gruppi di 2 o 3 e tagliatele ancora in senso obliquo, ottenendo così dei triangoli, che disporrete su un canovaccio e lascerete asciugare. Cuocete le patellette in acqua leggermente salata per qualche minuto, quindi scolatele conservando il liquido di cottura, e trasferitele nella padella con il sugo. Cospargete di feta sbriciolata, unite l'acqua di cottura fino a renderle quasi brodose e servite.

La versione originale

Come vi sarà capitato (e vi capiterà) di notare, sostituisco spesso i salumi con il tofu (in questo caso, la pancetta): è una scelta dettata dal desiderio di salvaguardare e anzi migliorare l'equilibrio del piatto, che così presenterà una componente proteica ugualmente croccante e saporita ma molto meno grassa e calorica!

Sagne chietine

- 300 g di farina di grano duro
- 1 falda di peperone rosso
- 1 kg di pomodori maturi
- 3 spicchi di aglio
- 6 cucchiai di olio evo
- 5-6 foglie di basilico
- 2-3 foglie di erba pepe (santoreggia)
- peperoncino piccante in polvere
- 200 g di caprino fresco
- sale

Preparate le lasagnette chietine lavorando la farina con l'acqua (da aggiungere poca per volta), fino a ottenere un impasto compatto e liscio. Dategli la forma di una palla e ponetelo a riposare al fresco per 1 ora, in una ciotola coperta da un canovaccio.

Nel frattempo, dedicatevi al sugo. Lavate, mondate e riducete a cubetti il peperone e i pomodori. Fate rosolare il primo in padella con gli spicchi d'aglio in camicia, 2 cucchiai d'olio evo e un paio d'acqua. Dopo alcuni minuti unite i pomodori, chiudete con un coperchio e cuocete per 30 minuti. Portata la salsa a cottura, togliete l'aglio, regolate di sale, aggiungete il basilico e l'erba pepe, e mescolate. Stendete la pasta in una sfoglia sottile, dalla quale ricavate dei rettangoli di 2x4 centimetri e metteteli ad asciugare su un canovaccio. Nel frattempo, portate a bollore l'acqua di cottura, leggermente salata. Cuocete le lasagne (aggiungendo 1 cucchiaio d'olio per evitare che si attacchino tra loro) e scolatele al dente.

Ripassatele rapidamente in padella aggiungendo 3 cucchiai di olio evo e servitele offrendo a parte il peperoncino piccante e il caprino fresco da sbocconcellare sulla superficie.

La curiosità

L'erba pepe è la santoreggia: in Abruzzo è soprannominata così (o "pepe dei poveri") per il suo odore e il sapore deciso, grazie ai quali, un centinaio di anni fa, veniva utilizzata al posto del pepe.

ABRUZZO

Virtù

- 300 g di verdure (misto di spinaci, carote, zucchine, bietole, indivia, lattuga)
- 1 gambo di sedano
- 500 g di legumi (misto di ceci, lenticchie, piselli, fave)
- 1 cipolla
- 1 ciuffo di prezzemolo
- 80 g di tofu affumicato
- 300 g di seitan alla piastra
- 2 pomodori
- 1 spicchio di aglio
- 250 g di pasta (misto di grano duro e all'uovo fatta in casa)
- parmigiano vegano
- olio evo
- sale

Se avete ceci secchi, metteteli in ammollo in acqua fredda per una notte.

L'indomani, lavate e mondate le verdure (il misto di spinaci, carote, zucchine, bietole, indivia, lattuga e il sedano).

Versatele tutte insieme in una pentola, coprite con acqua, salate leggermente, portate a bollore e, da quel momento, cuocete per 15 minuti scarsi, spegnendo il fuoco prima che le verdure si spappolino. Una volta cotte, scolatele e tenetele da parte.

Mi raccomando, non buttate l'acqua di cottura: è il brodo vegetale che vi servirà più avanti.

Nel frattempo, suddividete i legumi in altrettanti tegami, coprite con acqua fredda e cuoceteli, spegnendo il fuoco a metà cottura. Tradotto, significa che i ceci dovranno cuocere per 30 minuti, le lenticchie per 20, i piselli per 10, le fave per 4-5.

Trascorsi questi tempi, scolateli e teneteli da parte.

Preparate ora un trito di cipolla e prezzemolo. Riducete il tofu a cubetti e il seitan a listarelle. Tagliate i pomodori a dadini.

Fate poi rosolare in una padella antiaderente il tofu con lo spicchio d'aglio in camicia, 1 cucchiaio d'olio e un paio d'acqua.

ABRUZZO

Quando l'aglio sarà dorato, eliminatelo, unite il trito e i pomodori, chiudete con un coperchio e proseguite la cottura per 10 minuti. A questo punto, ponete in padella anche il seitan e fate insaporire per alcuni minuti.

È il momento di riprendere il brodo vegetale: rimettetelo sulla fiamma, tuffatevi le verdure lessate, il composto con il seitan, i legumi e la pasta. Cuocete per 10 minuti, finché la pasta sarà cotta. Allora sarete pronti per servire, con il parmigiano a parte.

La versione originale

Che si chiami "virtù" in omaggio alla leggenda, che vuole questo minestrone preparato per la prima volta da sette fanciulle in fiore, o alla concretezza delle casalinghe abruzzesi, che a fine stagione cucinavano insieme tutti gli avanzi (pasta compresa), questo è un piatto decisamente importante. La tradizione prevedeva grasso in abbondanza (lardo, prosciutto e persino cotenne), io l'ho sostituito con tofu e seitan, trasformando così la ricetta in una virtù non solo di nome, ma anche di fatto!

ABRUZZO

Zuppa di cascigno e fagioli tondini

- 250 g di fagioli tondini bianchi
- 1 cipolla
- 1 carota
- 1 gambo di sedano
- 400 g di cascigno (detto anche crespigno)
- 1 spicchio di aglio
- 1 peperoncino fresco
- 4 fette di pane integrale
- olio evo
- sale

Se avete fagioli secchi, fateli ammollare per una notte in acqua fredda. Se ne avete di freschi, potete cuocerli direttamente in una pentola capiente piena d'acqua fredda con la cipolla, la carota e il sedano. Portate l'acqua a bollore e, da quel momento, lasciate cuocere a fuoco basso per circa 40 minuti. Nel frattempo, pulite e lessate il cascigno in poca acqua fredda, sino ad ammorbidirlo. Ci vorranno circa 15 minuti. Quindi scolatelo e strizzatelo, tenendo da parte una tazza di acqua di cottura. Fate ora rosolare in una padella antiaderente l'aglio in camicia con il peperoncino fresco intero in poco olio e qualche cucchiaio d'acqua. Eliminate poi l'aglio e il peperoncino, e fate insaporire velocemente il cascigno in padella. Scolate infine i fagioli (conservando l'acqua di bollitura) e aggiungeteli alla padella con le erbe. Bagnate con un paio di mestoli dei due liquidi di cottura, mescolate, regolate di sale e portate a bollore: cuocete per 5-10 minuti, quindi servite la zuppa con fette di pane integrale tostate e condite con un filo d'olio evo a crudo.

Mi fa bene perché...

Il cascigno è un'erba spontanea che cresce nei campi e che per centinaia di anni è stata consumata come verdura in gran parte d'Italia. Ha proprietà diuretiche e disintossicanti, ed è ricchissima di vitamine e sali minerali: sarebbe bello provare a riscoprirla ma, se non doveste trovarla, sappiate che la zuppa verrà buonissima anche se la preparate con catalogna e agretti.

ABRUZZO

Rape e fagioli

- 400 g di fagioli secchi
- 2 kg di rape
- 2 spicchi di aglio
- 1 pezzetto di peperoncino
- 60 ml di olio evo
- sale

Mettete i fagioli in ammollo in acqua fredda per una notte. L'indomani lessateli in abbondante acqua leggermente salata. Ci vorranno circa 45 minuti.

Nel frattempo, spazzolate le rape e sciacquatele sotto l'acqua corrente. Mondatele, eliminando le parti più fibrose, e tagliate ciascuna in 3 parti. Cuocetele in acqua bollente leggermente salata per circa 10 minuti.

Ora, rosolate l'aglio in camicia e il peperoncino in una padella antiaderente, con l'olio e qualche cucchiaio d'acqua. Quando diventerà dorato, eliminate l'aglio. Unite i fagioli e le rape, e fate insaporire, mescolando, per 10 minuti.

Un ultimo giro d'olio a crudo, e buon appe!

Mi fa bene perché...

Le rape appartengono alla famiglia delle Crocifere: sono quindi cugine di broccoli e cavolfiori, ma anche di senape e ravanelli. Contengono calcio, ferro, sodio e potassio, oltre a fitoestrogeni e tanta vitamina C, che rendono il loro consumo consigliato nei momenti di stanchezza o durante i periodi di raffreddamento.

ABRUZZO

Crostata con confettura d'uva

PER LA FROLLA
- 100 g di farina integrale
- 120 g di farina di tipo 0
- 30 g di frumina
- 150 g di nocciole tritate fini
- 1 pizzico di lievito per dolci
- 40 g di acqua fredda
- 50 g di olio di semi di mais
- 50 g di salsa tahin (o 1 cucchiaio in più di olio di semi)
- 1 pizzico di sale
- 80 g di zucchero integrale di canna

PER IL RIPIENO
- 300 g di scrucchiata (confettura d'uva abruzzese)

Innanzitutto, la frolla: riunite tutti gli ingredienti in una ciotola e lavorateli. Quando l'impasto sarà liscio e compatto, formate una palla, avvolgetela con la pellicola trasparente e mettetela a riposare in frigorifero per 10 minuti. Trascorso il tempo di riposo, prendete tre quarti di pasta e stendetela in una sfoglia rettangolare, delle dimensioni della vostra teglia da forno (mi raccomando: state larghi perché dovrete realizzare anche i bordi!). Foderate la teglia con carta forno, quindi rivestitela con la frolla. Riempite la pasta con la confettura, stendendola in modo uniforme, poi decorate con il quarto di frolla avanzato.

Infornate per 30 minuti a 180 gradi. Sentirete che bontà!

Mi fa bene perché...

Oltre agli antiossidanti, di cui parliamo a pagina 125, l'uva contiene tanti altri composti interessanti, che la rendono utile in caso di anemia (grazie al ferro assimilabile) e di stipsi (è fonte di fibre e sostanze lassative naturali). La confettura, è chiaro, dovrà contenere solo uva e nient'altro, ma questo scommetto che lo sapevate già! ☺

Ravioli dolci

ABRUZZO

PER LA PASTA
- 400 g di farina di tipo 1
- 150 g di zucchero integrale di canna
- 1 pizzico di sale
- 2 uova
- qualche cucchiaio di latte di soia

PER IL RIPIENO
- 500 g di ricotta di pecora
- 100 g di zucchero integrale di canna
- la scorza grattugiata di 1/2 limone
- 2 cucchiai di foglioline di maggiorana

PER IL CONDIMENTO
- 1 cucchiaio di cannella
- 100 g di zucchero integrale di canna

Mescolate la farina con lo zucchero e 1 pizzico di sale, disponetela a fontana e cominciate a impastarla con le uova, unendo il latte di soia a filo. Una volta ottenuto un composto omogeneo e liscio, dategli la forma di una palla, avvolgetela con la pellicola e ponetela al fresco a riposare per circa 1 ora. Nel frattempo, dedicatevi al ripieno. Raccogliete tutti gli ingredienti in una ciotola e amalgamateli. Trascorso il tempo di riposo, tirate la pasta in una sfoglia sottile, dalla quale ricaverete dei quadrati di circa 5 centimetri di lato. Disponete al centro di ciascuno 1 cucchiaio di ripieno, quindi inumidite i bordi e ripiegate i quadrati, premendo bene per sigillare la farcia. Cuocete i ravioli per 5 minuti in acqua bollente leggermente salata, quindi sgocciolati e cospargeteli con un delizioso mix di cannella in polvere e zucchero di canna.

Mi fa bene perché...

La cannella ha un notevole potere antisettico, grazie al quale elimina batteri e funghi. Stimolando la produzione di tripsina, enzima coinvolto durante la fase digestiva, facilita inoltre la scissione dei grassi.

Sedani, ortiche e bruschette:
il Molise

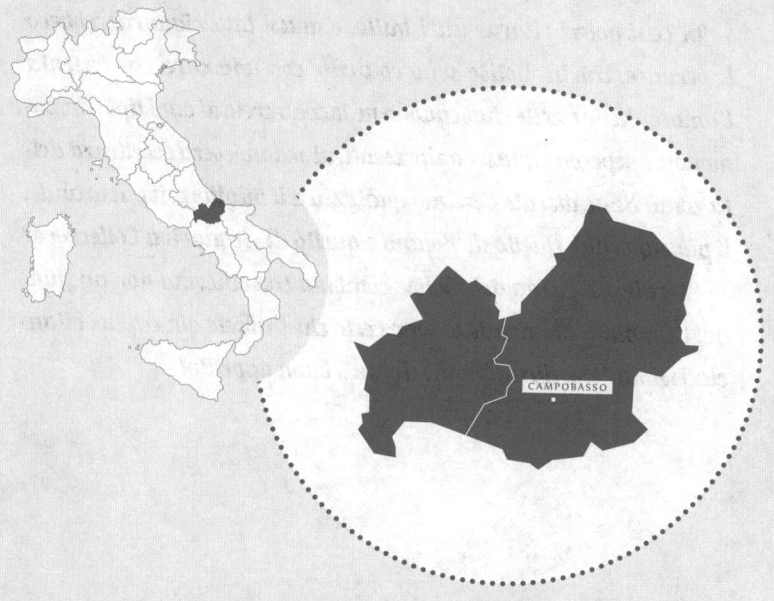

"*L'appetito 'n vvo' la salze*" ("*L'appetito non ha bisogno di salsa*"), e della cucina molisana ho detto quasi tutto. La parola chiave per descrivere la gastronomia di questa regione è, secondo me, semplicità - nel senso di genuinità, assenza di artificio.

In Molise il cibo lo si prende e lo si esalta, ma con una certa schiettezza, nella quale leggo il rispetto per la qualità degli ingredienti di partenza: da queste parti le preparazioni complesse sono bandite, nel segno di tradizioni centenarie che non solo sono tenute orgogliosamente in vita, ma praticate ogni giorno. Un esempio? La bruschetta: tre ingredienti in totale (pane, olio buono e lamelle di tartufo), ed ecco l'antipasto mediterraneo per eccellenza, che giustamente gode di fama universale. Un altro? La zuppa di ortiche, ovvero come prendere un ingrediente ritenuto "povero" e cantarne le lodi fino a trasformarlo in un primo piatto da leccarsi i baffi.

Di casi potrei citarne altri mille, e quasi tutti riguarderebbero le verdure, che in Molise sono coltivate con una cura che rasenta l'amore. Nelle ricette che seguono ne incontrerete di ogni tipo: da pomodori e peperoni, quasi onnipresenti, al sedano, vera eccellenza della zona. Se ne discute persino: quale sarà il migliore, il più grande, il più saporito? Quello di Bojano o quello di Acquaviva Collecroce?

Morale: la cucina del Molise combina con stile, ma non aggiunge. È limpida, essenziale e, sono certo che l'avrete già capito, bilanciatissima. Che dire ancora? Forse... buon appetito!

MOLISE

Bruschette al tartufo

- 1 tartufo (nero o bianco)
- 8 fette di pane casereccio integrale
- olio evo

Strofinate delicatamente il tartufo con l'apposito spazzolino per eliminare il terriccio.
Tagliate a fette il pane e fatelo tostare leggermente in forno, così che diventi croccante.
Condite poi le varie fette con un giro d'olio evo e affettatevi sopra il tartufo a lamelle sottili.

Mi fa bene perché...

La maggior ricchezza del tartufo? Il suo profumo, naturalmente! Forse non tutti sanno che l'odore pungente del più prezioso dei funghi ha uno scopo preciso: quello di consentire a cani e animali selvatici di scovarlo nel terreno, permettendogli così di spargere le proprie spore. È una fragranza talmente invitante e seducente che il tartufo è stato annoverato, senza alcun fondamento scientifico, tra i cibi afrodisiaci. Non stimola il rilascio di endorfine, non ha nulla a che fare con gli ormoni, non agisce in alcun modo sul flusso sanguino. Invece, è ricchissimo di antiossidanti e stimola la produzione di collagene: motivi in più per godersi appieno la volta che decidiamo di viziarci con una simile prelibatezza!

MOLISE

Composta molisana

- 8 pomodori secchi sottolio
- 1 cucchiaio di origano tritato
- 8 olive verdi
- 8 olive nere
- 60 ml di olio evo
- 4 taralli molisani
- 4 cucchiai di aceto di mele
- 400 g di pomodori
- 1 cetriolo
- 1 peperone
- 1 gambo di sedano

Tritate i pomodori secchi e poneteli in una ciotolina con l'origano, le olive e l'olio evo. Mescolate bene e lasciate che gli aromi si amalgamino.
Inumidite poi i taralli con poca acqua fredda, spruzzateli con qualche goccia di aceto e metteteli ad asciugare su un canovaccio pulito. Nel frattempo, lavate le verdure: tagliate i pomodori; pelate il cetriolo e affettatelo finemente; dividete il peperone in falde; riducete il sedano in steli sottili.
Posizionate ora i taralli su un piatto da portata e, sopra, disponete la verdura a strati: prima i pomodori, poi i cetrioli, quindi il peperone e il sedano. Condite con la salsina alle olive, coprite la composta e lasciate riposare fino al momento di servire.

Mi fa bene perché...

I pomodori secchi sono uno scrigno di fibre: ne presentano ben 12,5 g su 100 di prodotto! Inoltre, sono notevoli anche i contenuti di vitamina C, calcio e ferro - per non parlare del licopene, carotenoide alleato della nostra salute (non solo protegge dal cancro alla prostata, ma anche dal rischio cardiovascolare!). Che ne dite, sembrano anche a voi un ottimo sostituto del sale?

MOLISE

Zuppa di ortiche

- 600 g di steli di ortica
- 250 g di tofu affumicato
- 200 g di pomodori
- 1/2 cipolla
- olio evo
- sale

Lavate e mondate le ortiche: dovrete conservare solo gli steli, privarli dei filamenti e tagliarli a pezzetti. Riducete il tofu a cubetti e i pomodori a spicchi.

Affettate ora la cipolla e fatela stufare velocemente in poca acqua. Aggiungete un paio di cucchiai d'olio e il tofu a cubetti. Fatelo saltare per alcuni istanti, quindi unite i pomodori e le ortiche. Mescolate bene, regolate di sale, chiudete il tegame con un coperchio e cuocete per circa 30 minuti, irrorando all'occorrenza con un mestolo di acqua calda.

Manca solo un giro d'olio a crudo, e sarete pronti per servire!

Mi fa bene perché...

La pancetta della versione originale o il tofu di questa? Il secondo, una volta ripassato in padella, rivaleggia con la prima quanto a croccantezza, ma se parliamo di caratteristiche nutrizionali stravince: nel tofu proteine di alto valore biologico si sposano con basse calorie e grassi prevalentemente insaturi e polinsaturi. Decisione facile, che ne dite?

MOLISE

Zuppa di riso e verza

- 1 cipollotto
- 1 verza
- 2 pomodori
- 200 g di riso integrale
- brodo vegetale (o acqua)
- olio evo
- sale

Affettate finemente il cipollotto; lavate, mondate e riducete la verza a strisioline; tagliate a pezzi i pomodori.

Cominciate quindi a cuocere il cipollotto: dovrete farlo stufare in un largo tegame con 2-3 cucchiai d'acqua. Quando si sarà ammorbidito, aggiungete un paio di cucchiai di olio evo e la verza. Alzate il fuoco in modo che sia vivace e mescolate. Dopo poco, aggiungete i pomodori.

In ultimo, versate nel tegame anche il riso: fatelo rosolare brevemente, poi abbassate la fiamma, allungate con un po' di brodo (o acqua bollente), regolate di sale e cuocete lentamente, bagnando di tanto in tanto affinché la minestra risulti morbida. Ci vorrà circa 1 ora.

Quando il riso sarà pronto, spegnete la fiamma e fate riposare per qualche minuto prima di servire.

Mi fa bene perché...

Il riso è campione assoluto di digeribilità, al punto che è consigliato accompagnarlo a legumi o verdure per evitare un repentino aumento della glicemia. Ne consegue che questa zuppa è nutrizionalmente perfetta: contiene riso integrale (ricco di fibra), una fonte di composti solforati come la verza e un grasso "buono" come l'olio evo: un signor piatto unico!

MOLISE

Baccalà in teglia

- 50 g di uvetta
- 700 g di baccalà già ammollato
- 200 g di mollica di pane integrale
- 2 peperoni sottaceto
- 80 g di pinoli
- 5 foglie di alloro
- 2 rametti di aneto
- olio evo

Fate ammollare l'uvetta in poca acqua tiepida per una ventina di minuti.

Nel frattempo, tagliate il baccalà ricavando tanti pezzi lunghi 4 centimetri, che laverete e asciugherete con cura; sbriciolate la mollica di pane; sciacquate e riducete i peperoni a pezzettini; strizzate l'uvetta. Ponete ora la mollica in una ciotola e mescolatela con 1 cucchiaio d'olio, i pinoli, i peperoni, una foglia di alloro, l'aneto e l'uvetta. Lasciate riposare il composto.

Disponete le rimanenti 4 foglie di alloro sul fondo di una pirofila leggermente oliata, posizionate sopra i pezzi di baccalà e conditeli con un filo d'olio. Cospargete con il composto messo da parte, un altro giro d'olio e infornate a 180 gradi per 30 minuti.

Quando mancheranno 5 minuti alla fine della cottura, coprite la pirofila con un foglio di carta stagnola, così il pesce rimarrà morbido.

Il trucco

Cuocere il pesce in forno è il modo migliore per preservare i grassi insaturi, ma non solo: richiedendo meno condimento di altri tipi di cotture (sto pensando per esempio a quella in padella), permette di portare in tavola cibi più light e di esaltarne al massimo il gusto.

MOLISE

Frittata al basilico

- 250 g di farina di ceci
- 500 ml circa di acqua
- 3 cucchiai di olio evo
- 20 foglie di basilico fresco
- 3 cucchiai di pecorino
- sale
- pepe

In una ciotola, impastate con una frusta la farina di ceci con l'acqua e 3 cucchiai di olio evo. Aggiungete l'acqua poco per volta: dovrete ottenere una pastella semiliquida, che coprirete con un canovaccio pulito e lascerete riposare per almeno 1 ora.
Nel frattempo, lavate e spezzettate con le dita le foglie di basilico e grattugiate il pecorino.
Trascorso il tempo di riposo della pastella, aggiungete nella ciotola il basilico, 1 presa di sale, il pecorino e un pizzico di pepe. Mescolate bene e travasate il composto in una pirofila leggermente oliata. Infornate a 180 gradi per circa 30 minuti ed estraete dal forno quando in superficie si sarà formata una bella crosticina dorata.

Mi fa bene perché...

Il basilico ha un elenco di proprietà lungo così: esercita infatti un'azione stimolante, antispasmodica (rilassa la muscolatura liscia), diuretica, antisettica, antinfiammatoria e digestiva. Quando c'è da calare un asso del benessere, insomma, con lui non si sbaglia mai! Attenzione solo a non maltrattare le foglie: se tagliate a coltello rischiano di ossidarsi, quindi meglio spezzettarle.

MOLISE

Timballo di cicoria al forno

- 2 mozzarelle
- 450 g di seitan alla piastra
- 3 pomodori
- 1 kg di cicoria selvatica
- 50 g di caprino
- farina di mais
- pangrattato integrale
- olio evo
- sale

Tagliate le mozzarelle a fette, il seitan a listarelle e i pomodori a cubetti.

Lavate e mondate la cicoria, quindi sbollentatela rapidamente in poca acqua leggermente salata. Quando si sarà ammorbidita, strizzatela e dividetela in tre parti. Disponetene una sul fondo di una pirofila foderata di carta forno, formando uno strato compatto. Sopra, posizionate la mozzarella, quindi un altro terzo di cicoria, le listarelle di seitan, i pomodori e la cicoria rimanente. Spalmate la sommità del timballo con il caprino e cospargete con la panatura, che avrete preparato mescolando 1 cucchiaio di farina di mais, 1 di pangrattato integrale e poco sale. Un giro d'olio a filo e infornate a 180 gradi per 30 minuti (o finché la superficie sarà dorata). Quando il timballo sarà cotto, sfornatelo e lasciatelo riposare per 5 minuti prima di servirlo.

La versione originale

Per volersi bene, la parola chiave è "alleggerire"! Ecco dunque scomparire scamorze e pecorino, che sono stati rimpiazzati da mozzarelle e caprino; il prosciutto crudo ha lasciato il posto al seitan, mentre le uova sono state sostituite dal mix di farina di mais e pangrattato integrale. La bontà, invece, non è fuggita! ☺

MOLISE

Sedano alla molisana

- 1 sedano verde
- 8 cipollotti
- 100 g di olive nere denocciolate
- 3 cucchiai di pangrattato integrale
- olio evo
- sale
- pepe

Lavate e mondate il sedano, quindi tagliatelo a pezzetti, che lesserete per 10 minuti in acqua bollente leggermente salata.
Mentre il sedano asciuga steso su un canovaccio, affettate finemente i cipollotti e fateli stufare in un fondo di acqua e olio, finché saranno trasparenti.
Disponete infine i pezzetti di sedano ormai intiepiditi sul fondo di una pirofila appena sporca d'olio, cospargete con i cipollotti e condite con 1 presa di sale, una macinata di pepe fresco e le olive. Coprite il tutto con il pangrattato integrale e mettete in forno a gratinare a 200 gradi per 15 minuti sotto il grill.

Mi fa bene perché...

Amato da chi è a dieta per il suo basso contenuto di calorie, l'alto potere saziante e la notevole azione diuretica, il sedano ha molte e benefiche proprietà: che lo serviate crudo, cotto o centrifugato, grazie alle fibre aiuta a ridurre trigliceridi e colesterolo; grazie alla sedanina facilita la digestione e l'assorbimento dei gas; grazie agli ftalidi, invece, collabora al controllo della pressione sanguigna.

MOLISE

Fiadoni dolci

PER LA PASTA
- 220 g di farina di tipo 1
- 1 presa di sale
- 70 g di olio evo
- acqua

PER IL RIPIENO
- 60 g di formaggio di pecora non stagionato
- 3 cucchiai di amido di mais
- 1/2 cucchiaino di cannella in polvere
- 50 g di zucchero di canna integrale

Prelevate 180 grammi di farina dalla dose indicata, mescolatela con 1 presa di sale e impastate con l'olio e l'acqua fino a rendere la massa morbida e liscia. Formate una palla, ponetela in una ciotola coperta da un canovaccio pulito e mettetela in frigorifero per circa 30 minuti. Nel frattempo, lavorate il formaggio con l'amido di mais e la cannella (aggiungendo, se necessario, un po' d'acqua): dovrete ottenere una crema densa e omogenea. Trascorso il tempo di riposo, stendete l'impasto in una sfoglia spessa circa 3 millimetri, dalla quale ricaverete con un coppapasta tanti dischi del diametro di circa 10-12 centimetri. Ponete al centro di ciascuno 1 cucchiaio di ripieno, inumidite i bordi e ripiegate il disco a metà, ottenendo delle mezzelune. Trasferite ora i fiadoni su una teglia foderata di carta forno, cospargete di zucchero di canna e infornate a 190 gradi per circa 15 minuti, o fino a quando saranno cotti all'interno e dorati in superficie. Come scoprirlo? Con la prova dello stecchino, è chiaro!

La versione originale

Questa volta vi lascerò di stucco: l'unica cosa che non ho cambiato è il formaggio! Era un formaggio di pecora non stagionato e tale è rimasto (anche se, volendo, potete sostituirlo con la ricotta!). In compenso, ho fatto spazio a ingredienti più integrali (farina di tipo 1 al posto della 00 e lo zucchero di canna al posto di quello bianco) e rimpiazzato le uova con l'amido e lo strutto con l'olio evo.

MOLISE

Pepatelli

- 500 g di mandorle
- la scorza di 1 arancia
- 400 g di miele
- 1 cucchiaino di pepe bianco
- 500 g di farina di tipo 1

Tritate le mandorle; lavate e grattugiate la scorza d'arancia, facendo attenzione a evitare la parte bianca.
Mescolando continuamente, scaldate il miele in un pentolino. Appena raggiunge il bollore, unite le mandorle e la scorza. In un secondo momento aggiungete il pepe bianco e la farina. Continuate a mescolare. Quando avrete ottenuto un impasto compatto ma morbido toglietelo dal fuoco e lasciatelo intiepidire. Una volta diventato maneggiabile, formate tanti filoncini alti 3-4 centimetri e lunghi 5-6, che collocherete su una teglia ricoperta di carta forno. Infornate a 160 gradi per circa 15 minuti, sfornando i pepatelli appena avranno preso colore.
Fate raffreddare e tagliate i panetti in fette alte circa 1 centimetro.
I pepatelli si conservano non per l'eternità ma quasi: basta tenerli in un barattolo di vetro a chiusura ermetica.

Mi fa bene perché...

Il miele, costituito all'80% da fruttosio e glucosio, è un vero e proprio "zucchero liquido". Fonte energetica a lungo termine, di facile digestione, agisce come antibiotico naturale (grazie al suo pH acido) e ha riconosciute proprietà antinfiammatorie, potentissime soprattutto contro mal di gola e tosse. Che ne dite di approfittarne, utilizzandolo per addolcire il caffè al posto dello zucchero?

Pomodori, pasta e pesce:
la Campania

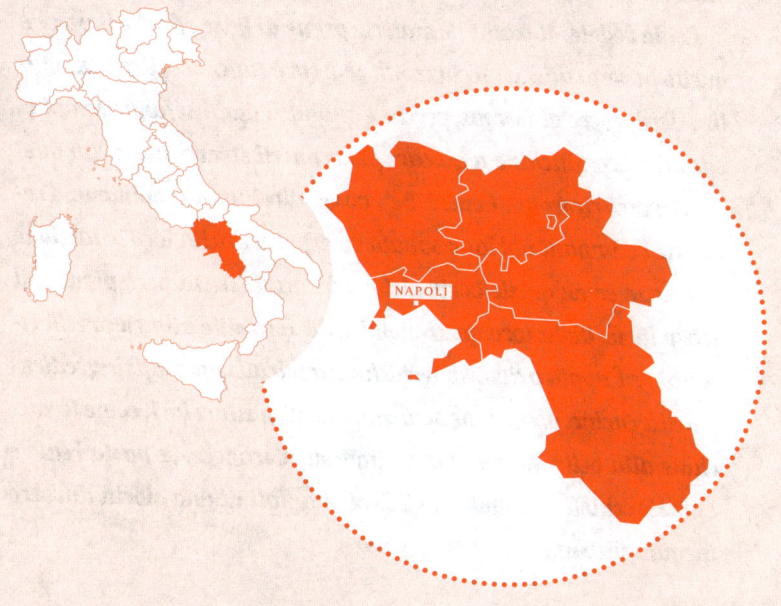

"A Napoli il pomodoro è una mezza religione": il re è certamente il San Marzano, insidiato però dalle altre varietà, che in Campania hanno davvero il sapore del sole. E credetemi, lo dice uno che vive immerso nelle nebbie del Nord: la differenza si sente, eccome!

A ogni modo, il pomodoro viene utilizzato artisticamente in tutti i modi, ma è sotto forma di sugo - prima fatto a dadini, poi cotto con tutta calma insieme ai profumi - che dà il meglio di sé. Non è tanto una questione di gusto (i pomodori sono buonissimi anche in insalata), quanto di combinazione con l'altra gloria della cucina partenopea: la pasta. A base di sole farina e acqua, proposta in tagli altrove inediti, la pasta a queste latitudini è indimenticabile, proprio perché condita, aromatizzata, esaltata con le eccellenze locali: erbe e aromi, mozzarelle, ma anche proteine come legumi e, naturalmente, pesce.

Come vedete, si tratta di materie prime di base. Anche il pesce è quello povero: alici o merluzzo. Il segreto è saper scegliere: la qualità deve essere altissima, perché è quando i piatti si fanno semplici che i duri cominciano a giocare per renderli straordinari. Da queste parti ci riescono. Come? Be', posso dirvi la mia opinione. Credo che i campani abbiano saputo incorporare nella loro tradizione influenze come quelle borboniche o francesi, senza però perdere il senso di sé, della loro gastronomia, del loro stile alimentare. Il risultato è l'applicazione di tecniche complicatissime agli ingredienti della cucina povera: ne sono nati piatti spettacolari, come le zucchine alla bella Napoli o le molignane a scapece, la pasta reale o i mustacciuoli - semplici, deliziosi, ma figli di una storia davvero ineguagliabile.

CAMPANIA

Molignane a scapece

- 4 melanzane
- 1 mazzetto di prezzemolo
- 1 peperoncino rosso
- 2 spicchi d'aglio
- 2 acciughe sotto sale
- 1 cucchiaino di origano
- aceto di mele
- sale

Innanzitutto, le melanzane: per questa ricetta vi serviranno abbastanza piccole, meglio del formato lungo che rotondo. Lavatele, mondatele e tagliatele in 4 parti nel senso della lunghezza. Lessatele in acqua bollente leggermente salata e scolatele dopo circa 5 minuti, in modo che risultino al dente. Sciacquatele sotto l'acqua corrente e mettetele in uno scolapasta a sgocciolare.

Nel frattempo, tritate il prezzemolo, spezzettate il peperoncino e schiacciate l'aglio. Ponete tutto in un mortaio (se non l'avete, va bene un mixer) insieme alle acciughe e all'origano, e pestate fino a ottenere una pasta, che allungherete con poco aceto. Mescolate per renderla cremosa, regolate di sale e tenete da parte.

A questo punto, le melanzane dovrebbero aver perso l'acqua in eccesso. Asciugatele bene e disponetele sul piatto da portata, dove le condirete con la salsa. Lasciatele insaporire per alcune ore prima di servirle.

La curiosità

La parola "scapece" ha radici tutto intorno al Mediterraneo: esiste un equivalente spagnolo, "escabeche", che deriva dal latino "askipitium", a sua volta proveniente dall'arabo "as-sikbj", che indica, ovviamente, una marinatura a base d'aceto. Se gli arabi però utilizzavano questa preparazione soprattutto per le carni bollite, in Campania lo scapece si usa, in diverse versioni più o meno piccanti, per le verdure e per i pesci.

CAMPANIA

Taralli col pepe

- 30 g di lievito di birra
- zucchero integrale di canna
- 600 g di farina di tipo 1
- 50 g di mandorle
- 200 g di olio evo
- sale e pepe

Sciogliete il lievito di birra e una punta di cucchiaio di zucchero in poca acqua tiepida. Attendete che il liquido "faccia le bolle" e, a questo punto, impastatelo con 100 grammi di farina. Date al composto la forma di un panetto, riponetelo in una ciotola coperta da un canovaccio pulito e lasciatelo riposare per 1 ora in un luogo tiepido. Intanto tagliate a metà le mandorle.

Trascorso il tempo di riposo, ammorbidite l'impasto con un po' d'acqua, quindi incorporate 500 grammi di farina, l'olio, 1 presa di sale e un'abbondante macinata di pepe fresco. Dovrete ottenere una massa liscia e morbida quindi, all'occorrenza, unite altra acqua. Date al composto la forma di una palla, rimettetelo nella ciotola, copritelo e lasciatelo riposare per un'altra ora.

A questo punto, riprendetelo, lavoratelo per alcuni minuti, quindi prelevate un pezzo di pasta per volta: dovrete formare tanti bastoncini sottili, lunghi circa 15 centimetri. Intrecciateli a gruppi di tre, unendo poi le due estremità a ciambella. Disponete i taralli su una teglia rivestita di carta forno a una certa distanza uno dall'altro. Decorateli con le mandorle, copriteli con un canovaccio infarinato e lasciate lievitare al caldo (per esempio nel forno con la luce accesa) per un'altra ora. Infine, infornate a 100 gradi per circa 60 minuti: mi raccomando, i taralli devono dorarsi e rimanere croccanti, non imbrunirsi eccessivamente!

Il trucco

Volendo, potete sbizzarrirvi nell'aromatizzare i taralli con mille e un ingrediente della salute! Io li preparo ai semi di finocchio o al cumino, ma anche con gocce di cioccolato o con le nocciole al posto delle mandorle. Bontà assicurata, provare per credere!

CAMPANIA

Laganelle e ceci

- 200 g di ceci
- 2 lt di acqua
- 1 spicchio d'aglio
- 1 ciuffo di prezzemolo
- 200 g di laganelle (fettuccine di semola e acqua)
- olio evo
- sale
- pepe

Mettete i ceci in ammollo per 24 ore, cambiando ogni tanto l'acqua. L'indomani, sciacquateli e metteteli a cuocere in 2 litri d'acqua: portate a bollore, schiumate, unite 3 cucchiai d'olio e chiudete con il coperchio. Quella dei ceci è una cottura lenta, quindi armatevi di pazienza e lasciate sobbollire per 3-4 ore.
Nel frattempo, pestate l'aglio e tritate il prezzemolo.
Trascorso il tempo necessario alla cottura dei ceci, potrete finalmente aprire il coperchio e dare un'occhiata: regolate di sale, unite l'aglio, un'abbondante macinata di pepe e le laganelle. Cuocete ancora per il tempo indicato sulla confezione della pasta, quindi servite la zuppa con un giro d'olio a crudo e il prezzemolo tritato.

Il trucco

Preparare le laganelle è semplicissimo: vi basteranno farina di grano duro e acqua, nelle proporzioni di 2 a 1 (per esempio, 250 ml d'acqua per 500 g di farina), e 1 pizzico di sale. Impastate aggiungendo l'acqua poca per volta (a seconda delle condizioni ambientali, potrebbe non servirvi l'intera dose), formate una palla e lasciatela riposare per circa 30 minuti prima di tirare la sfoglia e ritagliare i formati che preferite.

CAMPANIA

Penne alla napoletana

- 1 cipolla
- 1 kg di pomodori
- 4 cucchiai di olio evo
- alcune foglie di basilico
- 400 g di penne integrali
- 200 g di feta
- sale
- pepe

Affettate finemente la cipolla e fatela stufare in poca acqua. Lavate i pomodori e riduceteli a cubetti, quindi versateli in padella. Aggiungete l'olio, le foglie di basilico, salate, pepate e lasciate cuocere a fuoco basso.
Nel frattempo, scaldate l'acqua per la pasta e lessate le penne al dente. Una volta pronte, scolatele, passatele sotto l'acqua corrente e versatele nel piatto di portata: unite il sugo, la feta sbriciolata e mescolate bene per spargere il condimento.

La versione originale

Ecco, queste per me sono Le Penne al Pomodoro. Lo so, qualche modifica c'è rispetto alla tradizione - l'olio al posto del burro, la feta al posto del caciocavallo, ma il sapore, ve lo giuro, è salvo. La salute, in compenso, ringrazia! ☺

CAMPANIA

Alici al gratin

- 1 kg di alici grosse
- 3 spicchi d'aglio
- 50 g di prezzemolo
- il succo di 2-3 limoni
- pangrattato integrale
- olio evo
- sale
- pepe

Pulite le alici, quindi sciacquatele sotto l'acqua corrente e mettetele in un colino a sgocciolare.

Nel frattempo, tritate l'aglio e il prezzemolo, tenendoli separati; spremete i limoni.

Ungete leggermente una pirofila con poco olio, cospargetela di pangrattato e create un primo strato di alici. Condite con sale, pepe, l'aglio e il prezzemolo, quindi proseguite con altri identici strati, fino a terminare gli ingredienti.

Irrorate con il succo di limone e infornate per 30 minuti a 150 gradi.

Mi fa bene perché...

Le alici "ammullecate", come questo piatto viene definito in Campania, sono una preparazione leggerissima dalla cottura delicata, che consente di mantenere intatte tutte le caratteristiche nutrizionali di questo pesce azzurro (per esempio il contenuto di Omega-3, secondo solo a quello del salmone!).

CAMPANIA

Stocco a fungitello

- 500 g di pomodori
- 1 rametto di basilico
- 1 spicchio d'aglio
- 2 cucchiai di olio evo
- 800 g di stoccafisso già ammollato
- farina di tipo 1
- sale
- pepe

Lavate i pomodori e tagliateli a cubetti; tritate le foglie di basilico. Schiacciate l'aglio e mettetelo in una padella antiaderente con 2 cucchiai d'olio e 2 di acqua. Appena sarà imbiondito, eliminatelo. Unite i pomodori, il basilico, 1 pizzico di sale e un po' di pepe, quindi mescolate e lasciate cuocere per circa 15 minuti: la salsa dovrà restringersi.

Nel frattempo, lessate velocemente lo stoccafisso in acqua bollente non salata. Pulitelo, eliminando lisca e pelle, poi dividetelo a pezzi e asciugatelo. Passate ogni pezzetto nella farina e trasferitelo in padella con il sugo. Cuocete per 10 minuti su ogni lato, quindi servite.

Mi fa bene perché...

Gli Omega-3 sono una famiglia di acidi grassi, tutti indispensabili, alla quale appartengono l'EPA (20 atomi di carbonio), il DHA (22 atomi di carbonio) e l'ALA (18 atomi di carbonio). Il merluzzo e i vari pesci azzurri contengono il primo e il secondo, mentre il terzo è di esclusiva origine vegetale.

CAMPANIA

Cianfotta

- 2 melanzane
- 300 g di pomodori
- 500 g di patate
- 1 costa di sedano
- 2 zucchine
- 750 g di peperoni gialli
- 500 g di cipolle
- basilico
- olio evo
- sale

Prima di tutto, fatevi sotto con la pulizia della verdura! Mondate tutto, quindi riducete a cubotti melanzane e pomodori; pelate le patate e tagliatele a dadini; tagliate il sedano a pezzetti, le zucchine a rondelle e i peperoni a striscioline; affettate finemente le cipolle e tritate il basilico.

Scaldate 5-6 cucchiai d'acqua in un tegame di terracotta (o una padella antiaderente) e fatevi stufare a fuoco basso il basilico, il sedano e le cipolle. Dopo qualche minuto unite un filo d'olio, i pomodori e alzate leggermente la fiamma. Quando i pomodori si saranno ammorbiditi, aggiungete le patate, le zucchine e le melanzane. Mescolate, salate leggermente e lasciate cuocere a fiamma dolce per 20 minuti, allungando all'occorrenza con un mestolo d'acqua bollente. A metà cottura mettete nel tegame anche i peperoni. Infine, spegnete la fiamma, condite con un giro d'olio e 1 pizzico di sale e lasciate raffreddare prima di servire.

Mi fa bene perché...

I peperoni crudi sono una fonte incredibile di vitamina C: ne contengono 153 mg ogni 100 g (per fare un confronto, la medesima quantità di arance ne contiene 50 mg), vale a dire che questa quantità basta e avanza per soddisfare il nostro fabbisogno giornaliero, che è di "soli" 60 mg.

CAMPANIA

Zucchine alla bella Napoli

- 6 zucchine
- 1 cipolla
- 500 g di pomodori
- 1 manciata di origano
- 2 mozzarelle magre
- olio evo
- 1 pizzico di sale
- 1 pizzico di pepe

PER IMPANARE
- 150 g di pangrattato integrale
- 150 g di farina di mais fioretto

Mondate le zucchine, lavatele e affettatele nel senso della lunghezza, ottenendo fettine spesse circa 1 centimetro. Disponetele a strati in un colino, salandole leggermente, e lasciate che perdano la loro acqua. Affettate la cipolla e tagliate i pomodori a pezzetti. Fate stufare la prima in una padella antiaderente con poca acqua; aggiungete poi un filo d'olio, i pomodori, metà dell'origano, il sale e il pepe. Mescolate, chiudete con un coperchio e lasciate cuocere a fuoco basso per circa 1 ora. Nel frattempo, mescolate le polveri con l'origano rimanente e utilizzatele per impanare le zucchine. Disponete ora le fettine su una teglia rivestita di carta forno, irrorate con un filo d'olio e fate dorare in forno a 180 gradi per 15 minuti. Nel frattempo, affettate le mozzarelle. Quando le zucchine saranno pronte, disponete tutti gli ingredienti a strati in una pirofila leggermente unta d'olio: sul fondo create uno strato di zucchine, quindi uno di formaggio e uno di pomodoro. Proseguite in questo modo fino a esaurire gli ingredienti, avendo cura di terminare con il pomodoro. Infornate il tutto sotto il grill, a 160 gradi per 20 minuti.

La versione originale

Quando, come in questo caso, le cotture si sommano una all'altra, la salute ci chiede di semplificare! Ecco perché nella mia versione di questo piatto le zucchine non vengono impanate in farina bianca e fritte, ma impanate in un goloso mix integrale e quindi dorate in forno, per poi terminarne la cottura nella pirofila con gli altri ingredienti.

CAMPANIA

Mustacciuoli

PER L'IMPASTO
- 150 g di farina di tipo 1
- 1/2 bustina di lievito in polvere
- 1/2 bustina di vanillina
- 1 cucchiaino di cannella in polvere
- 1/2 cucchiaino di noce moscata
- spezie in polvere a piacere
- 90 g di zucchero a velo integrale

PER LA GLASSA
- 2 cucchiai di marmellata di albicocche
- 2 cucchiai di zucchero a velo integrale
- 70 g di cacao amaro in polvere

Mescolate tutti gli ingredienti per l'impasto. Aggiungete acqua poco per volta e impastate, fino a ottenere un composto liscio e compatto. Dategli forma sferica e lasciatelo riposare per 15 minuti in una ciotola coperta con un canovaccio pulito, quindi stendetelo in una sfoglia spessa circa 1 cm. Tagliate la pasta prima a strisce larghe una decina di centimetri, quindi a rombi. Disponete i dolci su una teglia foderata di carta forno, bagnateli con un po' d'acqua e infornateli a 180 gradi per 5 minuti. A questo punto, girateli sull'altro lato e cuocete per altri 5 minuti. Sfornate e lasciate raffreddare. Nel frattempo, ponete in un pentolino la marmellata con 1 cucchiaio di zucchero a velo e 1 di acqua. A parte, fate lo stesso con il restante zucchero a velo, il cacao e poca acqua. Mescolate entrambi i composti e, quando saranno lisci e senza grumi, utilizzate la prima glassa per ricoprire i mustacciuoli e la seconda per decorarli. Lasciate rapprendere le glasse prima di servirli!

Mi fa bene perché...

A patto che sia fondente, con una percentuale di cacao almeno del 72% e grassi di qualità, il cioccolato fa benissimo: la sfida è riuscire a rimanere nella dose consigliata di 10-20 g al giorno - tradotti in una misura familiare, sono circa 2-3 quadretti.

CAMPANIA

Pasta reale

- 500 g di mandorle
- 250 g di zucchero integrale di canna
- 1 pizzico di cannella in polvere
- circa 30 ostie

Sbollentate le mandorle per privarle della pelle e poi mettetele ad asciugare nel forno bassissimo, facendo attenzione a non tostarle. Mischiatele con 100 grammi di zucchero, quindi prelevate il composto poco alla volta e pestatelo in un mortaio. Se non avete il mortaio, potete usare un potente tritatutto. Dovrete ridurre il tutto in polvere.

In una casseruola, scaldate mezzo bicchiere d'acqua e versatevi lo zucchero rimasto: cuocete a fiamma bassa mescolando fino a farlo addensare. Unite poi le mandorle polverizzate e la cannella. Lasciate sul fuoco per 15 minuti, senza smettere di rimestare. A questo punto, spegnete la fiamma e attendete che la pasta reale si raffreddi, mescolando spesso.

Infine, spalmatene 1 cucchiaino su ogni ostia (attenzione perché tende a fuoriuscire dai bordi) e lasciate asciugare fino al giorno seguente.

La versione originale

"Specchio specchio delle mie brame, chi è il più dolce del reame?" Certamente lo zucchero, che domande! Resistergli è una vera sfida, che però vale la pena affrontare. In Italia consumiamo ben 25 kg di zucchero a testa all'anno: troppi, anche per l'OMS, che ci ha suggerito recentemente di dimezzarne il consumo. I benefici? Minore rischio di obesità, di diabete e una migliore salute dei denti. Per questo ho pensato di cominciare a dimezzare lo zucchero contenuto nella pasta reale: la ricetta tradizionale ne prevede il doppio rispetto alla dose indicata, con in più una glassa zuccherosa da spalmare in superficie, della quale possiamo fare a meno. In questo modo la dolcezza rimane, ma si sente di più il sapore delle mandorle!

Pomodori secchi, olive e uva: la Puglia

"A checuzze non jalze e non tuzze ma, ci a cuonze bone, jalze, tuzze e sone." Traduco per i non pugliesi: *"La zucchina non gonfia e non bussa ma, se la condisci bene, gonfia, bussa e suona"*, cioè sazia, acquista sapore e valore nutritivo. Se c'è una cosa che i pugliesi sanno fare, è insaporire: tra pomodori secchi, peperoncino, zenzero, acciughe, aglio, menta e origano, questa regione è davvero il paradiso dei palati forti! Anche l'olio extravergine ha un altro gusto - più deciso, più pungente - e viene utilizzato per rifinire ogni ri-

cetta insieme alle immancabili, sode, gigantesche olive locali, delizia della quale - confesso - sono golosissimo.

Sulla tavola di questo territorio circondato dal mare troviamo anche, naturalmente, tanto pesce: può trattarsi delle classiche alici, servite a mo' di schiuma di mare, come di seppie o triglie - l'importante è che sia freschissimo, di giornata, e possibilmente portato a riva dai pescatori della zona.

Non manca la pasta, semplice e ruvida come tutta la pasta fresca del Sud, ma saziante, nutriente e resa sempre varia dai numerosi formati in cui viene ritagliata; né mancano i formaggi, come ovunque il popolo si occupi o si sia occupato di pastorizia. La ricotta - magra e saporita - è una prelibatezza, che viene utilizzata anche come base per ripieni dolci, spesso accompagnata ad altre consistenze, come quella croccante della frutta secca o del cioccolato fondente.

Le verdure sono innumerevoli: broccoli, cardi, cipolle e pomodori compaiono così spesso nelle preparazioni tipiche che ci si potrebbe quasi cullare nell'illusione di poterli cogliere tutto l'anno nell'orto dietro casa. Purtroppo non è possibile, così come nel caso dell'uva, in particolare la pizzutella, ingrediente di dolci antichissimi quali il panvinesco. Pronti a tuffarvi nella gastronomia di questa regione?

PUGLIA

Calzuncieddi

PER LA PASTA
- 20 g di lievito di birra
- 400 g di farina di tipo 1
- 6 cucchiai di olio evo
- 1 pizzico di sale

PER IL RIPIENO
- 500 g di cipolle
- 50 g di capperi
- 10 pomodorini pugliesi
- 3 acciughe sotto sale
- 1 mazzetto di prezzemolo
- 200 g di olive nere denocciolate
- 150 g di caprino fresco
- olio evo
- sale

Come prima cosa, preparate la pasta. Fate sciogliere il lievito di birra in mezzo bicchiere di acqua tiepida e, quando comincerà a "fare le bolle", unitelo a farina e olio. Incorporate tutti gli ingredienti, quindi aggiungete il sale e lavorate l'impasto fino a ottenere una massa liscia ed elastica.

Datele la forma di una palla, riponetela in una ciotola, coprite con un canovaccio pulito e lasciate che riposi in un luogo tiepido per circa 1 ora.

Nel frattempo, dedicatevi al ripieno. Affettate le cipolle, lavate capperi e pomodorini (questi ultimi, divideteli a metà), sciacquate e diliscate le acciughe, tritate finemente il prezzemolo.

Ora, fate appassire a fuoco basso le cipolle in una larga padella antiaderente con 2-3 cucchiai d'olio e altrettanti d'acqua. Quando si sarà ammorbidita, unite i pomodorini e le olive.

Alzate la fiamma e fate rosolare per qualche minuto, poi aggiungete i capperi, le acciughe, il prezzemolo e una presa di sale. Mescolate bene e, se notate che il composto è troppo asciutto, allungatelo con 1 cucchiaio o 2 d'acqua. Abbassate nuovamente il fuoco e cuocete per 5 minuti, quindi trasferite tutto in una ciotola e incorporatevi il caprino fresco.

Trascorso il tempo di riposo della pasta, stendetela in una sfoglia sottile e, con l'aiuto di un coppapasta del diametro di circa 10 centimetri, ricavate tanti dischi.

Disponete su metà di ciascuno 1 cucchiaio di ripieno, inumidite i

bordi e chiudete con il lembo rimasto libero, lasciando sporgere un centimetro della parte inferiore: ripiegherete questa strisciolina di pasta all'insù e la "fisserete" pressandola con i rebbi di una forchetta, sigillando così perfettamente la farcia all'interno.
Quando tutti i calzuncieddi saranno pronti, disponeteli su una teglia foderata di carta forno e infornateli per 15-20 minuti a 200 gradi.

Mi fa bene perché...

Il caprino fresco naturale viene prodotto solo con latte crudo di capra e per spontanea coagulazione acida (senza l'aggiunta di caglio, quindi). È questa tecnica a regalargli il sapore leggermente aspro che lo caratterizza e a salvaguardare il patrimonio nutritivo del latte, rendendolo particolarmente digeribile.

PUGLIA

Schiuma di mare

- 250 g alici
- il succo di 1 limone
- il succo di 1 pompelmo
- 8 cucchiai di olio evo
- 1 radice piccola di zenzero
- pepe

Per prima cosa, le alici: per questa ricetta vi serviranno freschissime! Se non vivete in Puglia e acquistarle direttamente dal pescatore è impossibile, chiedete al vostro pescivendolo di fiducia di indicarvi le migliori.

Una volta in possesso delle alici, lavatele e diliscatele. Asciugatele bene con un foglio di carta assorbente e disponetele su un piatto da portata una accanto all'altra.

Spremete il limone e il pompelmo, e miscelate i succhi con la dose indicata di olio evo: con questa salsina, bagnate le alici. Un'abbondante macinata di pepe, una bella grattugiata di zenzero, e siete pronti per coprire il piatto e riporlo in frigo per almeno 2 ore.

Mi fa bene perché...

Antinfiammatorio, antiossidante e antitumorale: di che cosa sto parlando? Dello zenzero, che deve questi suoi super poteri al gingerolo, principio attivo che contiene in abbondanza. E non è tutto: lo zenzero agisce anche sulla funzione digestiva, migliorandola e aiutandoci a prevenire nausea e meteorismo – tutte ottime ragioni per grattugiarlo in abbondanza sulle nostre preparazioni!

PUGLIA

Pasta e broccoli

- 5 pomodori secchi
- 1 spicchio di aglio
- 1/2 peperoncino piccante
- 50 g di acciughe sotto sale
- 1 kg di broccoli
- 320 g di bucatini integrali
- olio evo
- sale

Mettete i pomodori secchi in ammollo per circa 30 minuti, poi strizzateli e tagliateli a striscioline.

Schiacciate l'aglio e spezzettate il mezzo peperoncino. Pulite le acciughe, diliscatele e sciacquatele sotto l'acqua corrente per togliere il sale.

Mondate ora i broccoli. Mi raccomando: non buttate niente! Per la ricetta vi serviranno, oltre alle cimette, anche le foglie e la parte più tenera del gambo. Riducete i gambi a cubetti.

Prendete una larga padella antiaderente, versatevi un paio di cucchiai d'olio, altrettanti d'acqua e mettete sul fuoco. Fate dorare il peperoncino e l'aglio, eliminandolo prima che prenda colore. Aggiungete le acciughe e schiacciatele con una forchetta per farle sciogliere. A questo punto, spegnete la fiamma e unite i pomodori secchi. A parte, scaldate dell'acqua leggermente salata e tuffatevi i broccoli. Cuoceteli per 7 minuti, quindi estraeteli con una schiumarola quando sono ancora croccanti. Potete utilizzare la stessa acqua per lessare la pasta: quando sarà al dente, scolatela e saltatela in padella con il sugo e i broccoli.

Mi fa bene perché...

I broccoli, quanta bontà! Intendo proprio in senso letterale: i broccoli con il nostro corpo sono molto buoni, buonissimi! Steli, fiori, foglie: ogni loro parte contribuisce alla lotta senza esclusione di colpi contro il cancro, in particolare quello allo stomaco, al seno e al colon. La loro arma segreta? Il sulforafano, una molecola in grado di inibire gli agenti cancerogeni.

PUGLIA

Frittata con i lampascioni

- 500 g di lampascioni
- il succo di 1 limone
- 300 g di farina di ceci
- 600 g circa di acqua tiepida
- 6 cucchiai di olio evo
- 1 mazzetto di prezzemolo
- sale
- pepe

Come prima cosa, pulite i lampascioni dal terriccio in eccesso, eliminate la punta e la pellicina esterna che li riveste. Poneteli in una soluzione di acqua acidulata per circa 4 ore, cambiando l'acqua ogni mezzora: è un modo per far sì che perdano parte del loro sapore amaro.

Nel frattempo, in una ciotola, sbattete con una frusta la farina di ceci con l'acqua e 3 cucchiai di olio evo. Aggiungete l'acqua poco per volta: dovrete ottenere una pastella semiliquida, che coprirete con un canovaccio pulito e lascerete riposare per almeno 1 ora. Trascorse le 4 ore di "lavaggio" dei lampascioni, lessateli in acqua bollente per circa 40 minuti, quindi scolateli e lasciateli raffreddare. A questo punto, conditeli con l'olio evo rimasto, pepe, 1 pizzico di sale e prezzemolo tritato. Schiacciate il composto con una forchetta e amalgamatelo alla pastella. Per cuocere la frittata, ungete leggermente una padella antiaderente bella larga e versatevi l'impasto 2 cucchiai per volta: dovreste averne abbastanza per formare 4 frittatine. Cuocetele 5-7 minuti per lato.

Il trucco

Calde o fredde, le frittatine con i lampascioni sono buonissime, ancor di più se accompagnate dalla maionese senza uova! Ecco come prepararla: vi serviranno 100 ml di latte di soia non zuccherato, 220 ml di olio di semi di girasole, 1 cucchiaino di senape, 2 cucchiai di aceto di mele (o succo di limone), 1 pizzico di sale e 1 di curcuma. Miscelate il latte di soia con l'olio di semi, quindi unite gli altri ingredienti e frullate con un frullatore a immersione. Potete regolare l'acidità aggiungendo aceto di mele.

PUGLIA

Seppie ripiene al forno

- 4 seppie
- 1 spicchio di aglio
- 1 mazzetto di prezzemolo
- 100 g di pangrattato integrale
- 150 g di caprino fresco
- 150 g di ricotta fresca
- 6 cucchiai di olio evo
- 600 g di patate
- sale e pepe

Pulite le seppie e lavatele bene sotto l'acqua corrente. Dovrete fare in modo che i mantelli rimangano interi; tagliate invece i tentacoli e la testa a pezzetti.

Ora, preparate il ripieno: tritate l'aglio e la gran parte del prezzemolo, e raccoglieteli in una ciotola con metà del pangrattato, metà del caprino, la ricotta, una presa di sale e una macinata di pepe. Condite con 1 cucchiaio d'olio e mescolate bene.

Aiutandovi con un cucchiaio, farcite i mantelli delle seppie e cuciteli con l'apposito filo da cucina (oppure chiudeteli con un paio di stecchini). Mi raccomando, non esagerate in quantità con il ripieno: le seppie potrebbero rompersi durante la cottura.

Lavate le patate, pelatele e tagliatele a fettine sottili.

Prendete una pirofila, bagnatene il fondo con un po' d'acqua leggermente salata e create un primo strato di patate. Posizionate le seppie ripiene, guarnite con i tentacoli e le teste a pezzetti, quindi ricoprite con il resto delle patate. Irrorate a filo con l'olio evo rimasto, distribuite l'altra metà del caprino a fiocchetti e cospargete con il pangrattato rimanente e le foglie di prezzemolo avanzate. Regolate di sale e di pepe, e infornate a 170 gradi per 30-35 minuti.

Mi fa bene perché...

Tante delle virtù delle seppie emergono anche semplicemente consultando la loro tabella nutrizionale: magrissime (i grassi sono appena l'1,5%), presentano basse quantità di colesterolo (64 mg ogni 100 g, per capirci i crostacei ne contengono tra i 95 e i 180 mg) e forniscono ben 14 g di proteine.

PUGLIA

Triglie al cartoccio

- 4 triglie
- 2 limoni
- 1 manciata di origano
- 5 foglioline di menta
- 20 olive nere denocciolate
- 1 ciuffo di prezzemolo
- olio evo
- sale
- pepe

Pulite le triglie, sciacquatele sotto l'acqua corrente e riempitele con i limoni tagliati a fettine, un po' di origano, qualche fogliolina di menta, sale e pepe.

Chiudetele in tanti cartocci di carta stagnola dopo averle condite con olio, olive e prezzemolo.

Scottate prima i cartocci su una piastra di ghisa bollente, cuocendo 10 minuti per lato, quindi disponeteli in una pirofila unta d'olio e infornateli a 250 gradi per 5 minuti.

Il colpo di scena finale? Naturalmente lasciare che ogni commensale apra il proprio cartoccio, godendosi appieno i profumi che sprigionerà!

Mi fa bene perché...

La cottura al cartoccio è una delle migliori che esistano, quando si tratta di preservare i nutrienti contenuti nel cibo! In questo caso, oltre al sapore delle triglie e agli aromi con cui sono state profumate, si salveranno anche gli Omega-3: ne contengono ben 1,7 g ogni 100 di prodotto!

PUGLIA

Carnucieddi

- 1 kg di cardi
- il succo di 1 limone
- 3-4 acciughe sotto sale
- 150 g di olive nere
- 1 mazzetto di prezzemolo
- 1 manciata di capperi
- pangrattato integrale
- feta
- olio evo
- sale e pepe

Pulite i cardi eliminando le foglie esterne. Quando avrete estratto i gambi più teneri, privateli della parte fibrosa e tagliateli a pezzetti di circa 4-5 centimetri. Per evitare che si anneriscano, metteteli in una soluzione di acqua e succo di limone mentre fate bollire l'acqua leggermente salata nella quale li cuocerete. Tuffateli poi in pentola e cuoceteli per circa 40 minuti.

Nel frattempo, preparate il condimento: sciacquate bene e tritate le acciughe, spezzettate le olive e le foglie di prezzemolo. Raccogliete tutto in una ciotola, unite i capperi e mescolate.

Scolate poi i cardi e disponeteli a strati in una pirofila leggermente unta con poco olio, alternandoli con il composto preparato in precedenza.

Una volta terminati gli ingredienti, cospargete il tutto con pangrattato e feta sbriciolata. Salate, pepate e condite con olio a filo. Infornate a 200 gradi per 15 minuti: in superficie dovrà formarsi una bella crosticina dorata e croccante.

Il trucco

Con l'aggiunta di un cereale questo può diventare uno spaziale piatto unico: per esempio, potreste abbinare i cardi a dell'avena in chicco, una campionessa della prevenzione cardiovascolare! Perché? Semplice: contiene betaglucani, sostanze che contribuiscono ad abbassare il colesterolo se consumati nella quantità di 3 g al giorno.

PUGLIA

Fave in bianco

- 2-3 patate
- 1,5 kg di fave fresche
- 6 cucchiai di olio evo
- sale

Lavate e pelate le patate, quindi tagliatele a pezzi piuttosto grossi. Sgranate le fave, sciacquatele, poi scottatele in abbondante acqua bollente e pelatele. Rimettetele in pentola, unite le patate, coprite con altra acqua e cuocete a fuoco bassissimo per 20 minuti: le fave dovranno raggrinzirsi e l'acqua evaporare completamente. A questo punto, condite con una presa di sale e la dose indicata di olio evo. Frullate e otterrete una morbida, prelibata purea.

Il trucco

Come valorizzare al meglio questa purea? Io la adoro spalmata su semplicissimi crostini di pane di segale, ma anche come accompagnamento di un cereale, per esempio riso rosso lessato oppure pasta integrale.

PUGLIA

Cassata di ricotta

PER IL PAN DI SPAGNA

- 170 g di farina di tipo 1
- 70 g di fecola di patate
- 80 g di zucchero integrale di canna
- 1 cucchiaino di vaniglia in polvere
- 4 cucchiaini di lievito per dolci
- 150 ml di latte di soia
- 100 g di olio di mais congelato (solido)
- 150 ml di succo di ananas

PER IL RIPIENO

- 100 g di mandorle
- 80 g di zucchero integrale di canna
- 100 g di frutta candita
- la scorza di 1 limone
- 70 g di cioccolato fondente al 72%
- 350 g di ricotta magra
- cannella in polvere
- 50 g di cacao amaro in polvere

Per cominciare, preparate il pan di spagna. Mescolate tutti gli ingredienti secchi, quindi aggiungete il latte di soia e cominciate a sbattere con una frusta, cercando di incorporare più aria possibile. Piano piano, amalgamate anche l'olio di mais congelato, aggiungendolo a pezzetti.

Quando il composto sarà omogeneo e spumoso, travasatelo in uno stampo foderato di carta forno. Infornate a 180 gradi per 35 minuti, quindi estraete il pan di spagna e lasciatelo riposare per circa 1 ora e mezza prima di sfornarlo.

A questo punto, tagliatelo innanzitutto a metà, quindi a fette spesse circa 1 centimetro: vi serviranno per rivestire le coppette nelle quali servirete la cassata.

Occupatevi ora del ripieno.

Tostate le mandorle e tritatele con un mixer fino a ridurle in polvere. Raccogliete tutti gli ingredienti del ripieno rimanenti (a parte il ca-

PUGLIA

cao amaro) in una ciotola capiente e mescolateli con molta cura con una spatola. Il ripieno è pronto!

Rivestite ora delle coppette in alluminio usa e getta con il pan di spagna, bagnate con qualche cucchiaino di succo di ananas e riempite con la farcia appena preparata. Chiudete le cassatine con altro pan di spagna tagliato a misura e bagnate ancora con il succo di ananas.

La cassata di ricotta dovrà indurirsi in frigorifero prima di venire servita (ci vorranno circa 4 ore). In alternativa, potete optare per il freezer: 1 ora in congelatore e poi 1 ora in frigorifero. Infine, sformate le cassatine e cospargetele di cacao amaro in polvere.

Chi non ama le monoporzioni gioisca: con le stesse dosi potrà preparare un'unica cassata gigante!

Il trucco

Come avrete notato dalla lista degli ingredienti, il "mio" pan di spagna è decisamente più leggero di quello classico, che prevede tante uova. Questa versione risulterà comunque molto soffice e morbida grazie a un'attenta selezione di ingredienti presenti nella giusta misura: che ne dite, avete voglia di provarla e fare un confronto? Il profumo, non ci crederete, è quello di un classico pan di spagna!

PUGLIA

Panvinesco

- la scorza di 1 arancia
- 1 lt di vino cotto
- 250 g di semolino

Lavate e grattugiate la scorza d'arancia e buttatela in pentola con il vino cotto.
Accendete la fiamma e, quando il vino cotto sarà bollente, versate il semolino a pioggia. Mescolate con una frusta: vedrete che si formerà una polenta densa.
Non vi resta che decidere che forma dare ai vostri dolcetti. Una prima possibilità è quella di suddividere il composto in tante coppette, farle raffreddare e, a questo punto, capovolgerle sul piatto da portata. In alternativa, potete spalmare la vostra polentina su un piatto di lavoro ottenendo uno strato spesso circa 2-3 centimetri, attendere che si raffreddi, quindi ritagliare le forme che preferite con l'aiuto di stampini bagnati.

La curiosità

Il vino cotto è una preparazione tradizionale che si ottiene facendo stra-cuocere la prima colata del mosto. Chi non vive in campagna può prepararlo anche a partire dall'uva o dai fichi. Nel primo caso dovrete spremere l'uva, filtrare il succo ottenuto, quindi cuocerlo a fiamma bassissima per ore, finché non si sarà trasformato in un liquido denso. Nel secondo, dovrete tagliare i fichi a metà, metterli in pentola, coprirli d'acqua e cuocerli fino a quando avranno assorbito tutta l'acqua e si saranno completamente disfatti; a questo punto, filtrate il composto e rimettetelo a cuocere: dovrà addensarsi fino a diventare filante.

Pasta, peperoncino e verdure:
la Basilicata

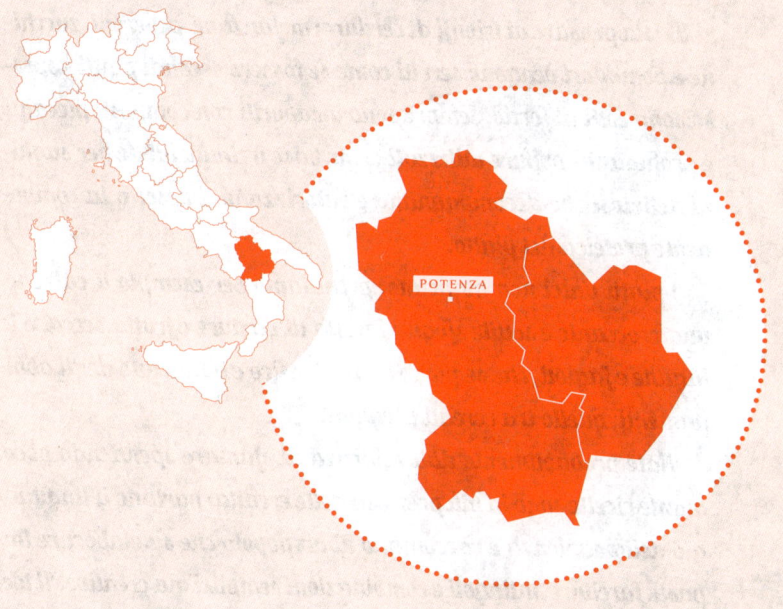

"Chi mangia riso non si sazia per più di un'ora" dicono da queste parti, alludendo alla digeribilità di un cereale non proprio amatissimo. In Basilicata, in effetti, di riso ne circola poco. Se esiste un regno della pasta, è questo: una pasta basica, che nutre e sazia, fatta in casa, fresca ma senza uova, composta da semola di grano duro e acqua. Stop. Se gli ingredienti sono davvero pochi, lo stesso non si può dire dei formati... In quest'ambito, c'è l'imbarazzo della scelta: si va dai capunti, sorta di cavatelli che solo qui prendono questo nome, alle lagane, cugine taglia XL delle tagliatelle.

I paradossi della cucina lucana, però, non sono certo finiti. Se la guardassimo usando gli "occhiali" tradizionali, per esempio, dovremmo definirla "povera"; ma leggendola con criteri nutrizionali, scopriamo che questa gastronomia è tutto fuorché povera: è praticamente perfetta!

Basta pensare ai trionfi di verdure: melanzane, peperoni, zucchine e pomodori vengono serviti come se fossero secondi piatti - spesso sono cotti al forno, sempre sono insaporiti con composti piccanti e profumati - oppure utilizzati come base irrinunciabile per sughini deliziosi che accompagnano e valorizzano il pesce o la componente proteica del piatto.

I piatti unici non mancano: prendiamo per esempio il calzone, una croccante e sottile sfoglia farcita di verdure e frutta secca, o le lagane e fagioli, che seguono il più classico e bilanciato degli abbinamenti, quello tra cereali e legumi.

Nate probabilmente dall'esigenza di sfamare spendendo poco, queste ricette sono la più preziosa delle eredità: parlano il linguaggio della sapienza e raccontano di un popolo che sa elaborare impasti, farciture, intingoli e combinazioni semplici ma creative. Il tocco da maestro? La polvere di peperoncino, usata quasi più spesso dell'olio. Questione di palato, certo, ma non solo. Mai sentito parlare della capsicina?

Calzone di verdura

- 1 manciata di uvetta
- 1 peperoncino piccante
- 1 kg di biete
- 50 g di pasta da pane*
- 300 g di farina di tipo 1
- olio evo
- sale

*PER LA PASTA DA PANE
- 12 g di lievito di birra
- 300 ml di acqua
- 300 g di farina di tipo 1
- 100 g di farina di farro
- 100 g di farina integrale
- 4 cucchiai di olio evo
- 1 cucchiaino di zucchero integrale di canna
- 1/2 cucchiaino di sale

Fate ammollare l'uvetta per 20 minuti, poi strizzatela.
Ora, occupatevi della pasta da pane. Sciogliete il lievito di birra in poca acqua tiepida presa dalla dose indicata. Mescolate le farine e impastatele con il lievito, l'olio e lo zucchero, aggiungendo l'acqua poca alla volta e, in ultimo, il sale. Lasciate riposare per 2 ore in una ciotola coperta con un canovaccio. Nel frattempo, sbriciolate il peperoncino. Mondate, lavate e riducete a striscioline le biete. Stufatele in poca acqua con il peperoncino e l'uvetta. Quando saranno morbide, salatele e conditele con un po' d'olio. Trascorso il tempo di riposo, prelevate 50 grammi di pasta da pane (utilizzate il resto per fare, per esempio, dei panini) e impastateli con la farina, 2 cucchiai d'olio, 1 pizzico di sale e acqua tiepida a sufficienza per ottenere una massa morbida e liscia. Stendetela in un disco, direttamente sulla carta forno. Copritene metà con la verdura e chiudete con il lembo rimasto libero. Spennellate con un filo d'olio e infornate a 170 gradi per 30 minuti.

Il trucco

Tagliato a fettine, il calzone è un antipasto o uno stuzzichino con i fiocchi. Tra l'altro, è super versatile perché potete riempirlo più o meno con ciò che volete: io lo servo anche con crauti e rondelle di würstel di seitan affumicato oppure con crescenza e pomodori secchi sottolio!

BASILICATA

Capunti con peperoni secchi

- 250 g di semola di grano duro
- 75 g di farina di tipo 2
- 200 g di ricotta dura
- 5 peperoni secchi
- 6 cucchiai di olio evo
- sale

Mescolate le farine con 1 pizzico di sale e formate la fontana. Cominciate a impastare con poca acqua tiepida, aggiungendone quanto basta per ottenere un composto morbido e liscio. Dategli la forma di una palla, ponetelo in una ciotola, copritelo con un canovaccio pulito e lasciate riposare per circa 40 minuti. Trascorso questo tempo, prelevate l'impasto poco per volta, ricavando tanti filoncini del diametro di circa 2 centimetri, che taglierete a pezzetti larghi 2-3 centimetri.

Per formare i capunti dovrete affondare indice e medio in ogni pezzetto, e farlo scivolare verso di voi sul piano di lavoro, in modo che si arrotoli su se stesso. Lessate la pasta in abbondante acqua leggermente salata per 5 minuti. Nel frattempo, grattugiate parte della ricotta sul fondo del piatto da portata. Scolate i capunti e trasferiteli nella zuppiera. Infine, tritate i peperoni secchi. Scaldate l'olio a fiamma dolcissima in un pentolino e immergeteli per pochissimi secondi. Rovesciate tutto sulla pasta, aggiungete la dose rimanente di ricotta e servite.

Mi fa bene perché...

Nelle mie ricette non troverete mai una farina di tipo 00: essendo la più raffinata, è stata privata di tutte le proprietà nutrizionali del chicco di grano. Risultato? È priva di fibre e ricchissima di amido, cioè carboidrati semplici che innalzano la glicemia in modo vertiginoso. Una buona alternativa è scegliere farine di tipo 0 o, ancora meglio, di tipo 1 o 2, realizzate con chicchi meno lavorati e, dunque, più salutari. Una medaglia alla salute anche per la semola di grano duro, che contiene più proteine, fibre e glutine rispetto alla 00. Inoltre, presenta un minore indice glicemico e contiene diversi carotenoidi ad azione antiossidante.

BASILICATA

Lagane e fagioli

- 600 g di fagioli freschi
- 600 g di farina di grano duro
- 2 spicchi d'aglio
- peperoncino rosso in polvere
- olio evo
- sale

Mettete i fagioli in una pentola capiente, copriteli con acqua fredda e portate a bollore. A questo punto chiudete con un coperchio, abbassate il fuoco e cuocete per circa 45 minuti. Salerete a fine cottura, prima di scolare. Mentre i fagioli sobbollono, disponete la farina a fontana sul piano di lavoro, ponete al centro 1 presa di sale e un po' d'acqua tiepida, quindi cominciate a impastare. Dovrete aggiungere acqua a sufficienza per ottenere una massa elastica e liscia. Quindi stendete la pasta in una sfoglia sottile e lasciate che si asciughi per 10 minuti. Trascorso questo tempo, con un tagliapasta ritagliate delle strisce larghe circa 2 centimetri: le lagane sono delle tagliatelle larghe, perciò, se volete, potete procedere come con le tagliatelle, cioè arrotolare la pasta su se stessa e poi ricavare il formato desiderato. Man mano che le lagane saranno pronte, disponetele su un canovaccio pulito.

Ora, preparate il condimento: scaldate in un pentolino 3-4 cucchiai d'olio e 2 di acqua, e fatevi dorare gli spicchi d'aglio schiacciati e un po' di peperoncino in polvere. Eliminate l'aglio e tenete da parte. Lessate infine la pasta in abbondante acqua leggermente salata per 5 minuti, scolandola al dente, quindi mescolatela con i fagioli e il sugo al peperoncino.

Mi fa bene perché...

Una delle ragioni che rende il peperoncino così attraente è la capsicina: si tratta di un principio attivo che scioglie i coaguli nel sangue e favorisce così una diminuzione del rischio cardiovascolare. Espettorante e decongestionante, aiuta anche a prevenire le malattie delle vie aeree e le ulcere allo stomaco. Strepitosa, vero?

BASILICATA

Baccalà alla potentina

- 50 g di uvetta
- 5 pomodori secchi
- 800 g di baccalà già ammollato
- 1 cipolla
- 200 ml di passata di pomodoro
- 2 cucchiai di concentrato di pomodoro
- 100 g di olive nere denocciolate
- olio evo

Mettete in ammollo l'uvetta e i pomodori secchi in una ciotola di acqua tiepida per circa 20 minuti, poi scolateli e strizzateli. Riducete i pomodori in striscioline.
Tagliate a pezzi piuttosto grossi il baccalà, diliscatelo, lavatelo e lasciatelo sgocciolare.
Affettate la cipolla sottilmente e fatela appassire in una padella antiaderente con 4-5 cucchiai d'olio e altrettanti d'acqua. Quando si sarà ammorbidita e schiarita, unite il pesce e fatelo dorare su entrambi i lati. Bagnate con la passata di pomodoro e il concentrato diluito in poca acqua tiepida, quindi aggiungete le olive, i pomodori secchi e l'uvetta. Mescolate, abbassate la fiamma e coprite con un coperchio: il baccalà dovrà cuocere per circa 1 ora. All'occorrenza, versate in padella qualche cucchiaio d'acqua affinché la salsa si mantenga fluida.

Mi fa bene perché...

Spesso consiglio di stufare le verdure rapidamente in poca acqua, per evitare il disperdersi di numerosi principi nutritivi. Il licopene, invece, un potente antitumorale contenuto nel pomodoro, funziona esattamente al contrario: viene assorbito meglio se i pomodori sono cotti ad alte temperature (è allora, infatti, che le cellule si rompono, rilasciandolo) e se assunto insieme a olio evo. Morale: la passata ne fornisce addirittura più del pomodoro fresco!

BASILICATA

Stufato con i peperoni

- 4 peperoni di colori diversi
- 2 spicchi d'aglio
- 2 pomodori
- 800 g di seitan
- qualche foglia di basilico
- qualche cucchiaio di salsa di soia
- olio evo
- sale e pepe

Lavate e mondate i peperoni, dividendoli a falde. Li dovrete cuocere su una piastra antiaderente molto calda, su entrambi i lati.
Passate ora alla preparazione dello stufato.
Schiacciate l'aglio, lavate i pomodori e riduceteli a cubotti, tagliate il seitan a pezzetti.
Fate dorare gli spicchi d'aglio in un tegame con qualche cucchiaio d'olio e altrettanti d'acqua. Quando cominceranno a colorirsi, eliminateli e unite invece i peperoni, i pomodori e alcune foglie di basilico. Regolate di sale e di pepe, e cuocete per 15 minuti a fuoco basso, quindi aggiungete il seitan (che, come avrete immaginato, sostituisce la carne di manzo), bagnate con qualche cucchiaio di salsa di soia e lasciate insaporire per 10 minuti.
Un giro d'olio finale e siete pronti per servire!

Mi fa bene perché...

I peperoni sono ricchi di sali minerali come fosforo e potassio, ma anche di vitamine: oltre alla C, di cui parliamo a pagina 215, contengono anche la vitamina P, che protegge la prostata e il sistema cardiovascolare agendo sull'elasticità dei vasi sanguigni. Davvero un ortaggio preziosissimo!

BASILICATA

Cappelle di funghi al forno

- 1 peperoncino rosso
- 2 spicchi d'aglio
- 1 manciata di prezzemolo
- 2 cucchiai di pangrattato integrale
- 8 grandi cappelle di funghi porcini (o altri funghi)
- 1 pizzico di origano
- olio evo
- sale

Macinate il peperoncino e tritate finemente aglio e prezzemolo. Raccogliete tutto in una ciotola (dosando il peperoncino sulla base del vostro gusto), unite il pangrattato, 1 pizzico di sale e 3 cucchiai d'olio: mescolate e lasciate insaporire per circa 20 minuti.
Nel frattempo, dedicatevi ai funghi: spazzolate le cappelle, passatele velocemente sotto l'acqua corrente per eliminare eventuali residui di terra, poi asciugatele con cura e disponetele su una pirofila rivestita di carta forno, con l'interno rivolto verso l'alto. Distribuite su ciascuna il composto preparato in precedenza, condite con un giro d'olio e l'origano, quindi infornate a 200 gradi per 10 minuti.

Mi fa bene perché...

Pochissime calorie e tanti sali minerali: i funghi potremmo descriverli così. In particolar modo i porcini, i prataioli e le "orecchie di elefante" sono alquanto ricchi di selenio, utile a combattere i radicali liberi. Inoltre possiamo considerarli alleati nel contrastare gli accumuli di colesterolo nel sangue e nel favorire un buon funzionamento del sistema nervoso centrale.

BASILICATA

Ciammotta

- 250 g di melanzane
- 200 g di pomodori
- 250 g di patate
- 250 g di peperoni
- 8 cucchiai di olio evo
- 1 spicchio d'aglio
- sale

PER LA PANATURA
- 150 g di farina di grano saraceno
- 150 g di farina di riso

Prima di tutto, le verdure. Lavatele e mondatele tutte, quindi passate al taglio: le melanzane dovranno essere ridotte a fette spesse circa 1 centimetro, i pomodori e le patate a dadini (mantenendo la buccia), i peperoni a filetti.

Preparate ora il mix di farine per la panatura e passatevi tutte le verdure eccetto i pomodori.

Disponete quindi questi golosi bocconcini su una teglia foderata di carta forno, che avrete preventivamente unto con 4 cucchiai d'olio. Infornate a 200 gradi, finché la panatura si trasformerà in una crosticina dorata e croccante. Ci vorranno circa 20-25 minuti. A questo punto, trasferite le verdure in un tegame (la tradizione lo vorrebbe di coccio, ma va benissimo anche una padella antiaderente), insieme ai pomodori, ai restanti cucchiai d'olio e allo spicchio d'aglio intero. Regolate di sale, mescolate e cuocete a fuoco basso per circa 1 ora.

La versione originale

Troppo unto non ci piace, vero? Ecco perché ho sostituito la frittura delle verdure impanate con una rapida cottura in forno: in questo modo salvaguardiamo la croccantezza e anche la salute!

BASILICATA

Melanzane al forno

- 50 g di acciughe sotto sale
- 1 spicchio di aglio
- 1 mazzetto di prezzemolo
- 1 panino integrale raffermo
- 2 cucchiai di capperi sottaceto
- 70 g di olive nere denocciolate
- 1 pizzico abbondante di origano
- 6 cucchiai di olio evo
- 2 pomodori
- 1 kg di melanzane

Sciacquate bene le acciughe sotto l'acqua corrente per eliminare il sale, diliscatele e tagliatele a pezzetti. Preparate un trito di aglio e prezzemolo. Tritate il pane. Raccogliete tutto in una ciotola insieme ai capperi, alle olive e all'origano. Mescolate bene (se necessario, ammorbidendo il composto con 1 cucchiaio di olio evo) e lasciate insaporire.

Nel frattempo, lavate e tagliate a fette i pomodori. Fate lo stesso con le melanzane, dividendole però a metà per il senso della lunghezza. Disponetele ora in una pirofila foderata di carta forno con la buccia verso il basso. Distribuite su ciascuna il composto preparato, guarnite con le fettine di pomodoro, bagnate con l'olio e infornate per 1 ora a 160 gradi.

Mi fa bene perché...

Perché i capperi ci vogliono bene? Perché contengono la quercetina, un antiossidante naturale che favorisce la diminuzione del rischio cardiovascolare, esercita un'azione antinfiammatoria e - pare - antitumorale. Gli studi sono in corso, vi terrò aggiornati!

BASILICATA

Grano dolce

- 300 g di chicchi di frumento
- 70 g di cioccolato fondente al 72%
- 1 melagrana
- 16 gherigli di noce
- 3 cucchiai di zucchero integrale di canna
- 3 cucchiai di sciroppo d'acero

Mettete i chicchi di frumento in ammollo per almeno 12 ore. Trascorso questo tempo, sciacquateli e cuoceteli in abbondante acqua per circa 50-60 minuti.
Nel frattempo, preparate gli altri ingredienti: grattugiate il cioccolato, mondate la melagrana estraendo i chicchi e tritate a coltello le noci. Terminata la cottura, trasferite il grano in una ciotola capiente e mischiatelo con il cioccolato, i chicchi di melagrana, le noci e lo zucchero. Infine, unite lo sciroppo d'acero e mescolate fino a ottenere un composto morbido, che metterete a raffreddare per circa 2 ore.
Il grano dolce si serve in monodosi, quindi è l'occasione che stavate aspettando per sfoderare le coppette!

Mi fa bene perché...

Come tutti gli altri cereali, anche il frumento vuole bene alla nostra salute: crusca a parte (lo strato esterno, che favorisce il transito intestinale, avviando così una virtuosa catena di benefici), il germe di grano contiene un mix portentoso di Omega-3, antiossidanti e vitamine, in particolare la E, che protegge pelle e capelli. Tutte motivazioni in più per sceglierlo integrale!

BASILICATA

Mandorlata

- 400 g di mandorle
- la scorza di 1 limone
- 200 g di zucchero di canna integrale

Tostate le mandorle nel forno caldo e tritatele grossolanamente. Lavate il limone e grattugiatene la scorza.
Prendete quindi una casseruola e scioglietevi lo zucchero in poca acqua. Accendete il fuoco e fatelo caramellare, quindi unite le mandorle e la scorza. Mescolate bene, poi trasferite il tutto su un piano di lavoro freddo (il marmo è sicuramente la base più indicata), coperto di carta forno.
Spatolate ora il composto per spargerlo e farlo raffreddare rapidamente, quindi tagliatelo in rettangoli. Lasciate che la mandorlata arrivi a temperatura ambiente e si indurisca prima di riporla nella classica scatola di latta.

Il trucco

Siete incuriositi da questo procedimento ma le mandorle non sono esattamente la vostra passione? Sappiate che potete realizzare con lo stesso procedimento anche "pistacchiate", "nociate", e in generale "-ate" con qualsiasi frutto secco. Un consiglio? Ritentate con le mandorle: sono davvero portentose per la nostra salute!

Peperone, peperoncino e melanzane: la Calabria

REGGIO DI CALABRIA

Pensiamo quasi tutti che sia una regione di mare, ma in realtà la Calabria è quasi esclusivamente montuosa. Questo spiega alcune caratteristiche della sua tradizione gastronomica: per esempio la sobrietà (dolci a parte), il gusto per piatti nutrienti e saporiti ma senza fronzoli e l'attitudine alla conservazione. Sono le materie prime a "tradirla" e a rivelarne latitudine e longitudine: le verdure sono numerosissime, sode e prelibate. E anche molto amate. Un proverbio recita: "Si lu viecchiu vo' fari u giovaniellu, spàraci, rafanielli e pisarielli" ("Se l'anziano vuole fare il giovanotto, spinaci, ravanelli e piselli"). In altre parole, se vuoi combattere l'invecchiamento, sotto con gli ortaggi! Qua ne crescono di ottimi, tutto l'anno: primo fra tutti, ovviamente, il peperone. Dolce, piccante, secco, fresco, il peperoncino... sulla tavola compare immancabilmente, sotto forma di ingrediente o di spezia. Deliziosi e saporitissimi anche i pomodori o le melanzane (le violette lunghe), cucinati con semplicità: le cotture, infatti, sono essenziali, quelle classiche; i condimenti sono senza troppi svolazzi, gli intingoli banditi. Le verdure vengono grigliate, passate in forno, arrostite, o persino bollite (è il caso delle cipolle quasi sfatte della licurdia o dei carciofi selvatici della zinurra). Per insaporire si usano l'olio extravergine d'oliva, tanto pepe, il formaggio grattugiato (in genere il pecorino, che ho sostituito con la feta) e, naturalmente, il peperoncino in polvere o addirittura la nduja, un salame morbido del quale, nelle prossime pagine, troverete una versione vegetariana: per dire addio ai grassi saturi ma non rinunciare al sapore!

Accennavo prima alla conservazione: non c'è verdura estiva che non finisca sottolio, sottaceto, persino sotto sale, o che non venga essiccata e nelle prossime pagine ve ne renderete conto! Ecco come preparare in casa i pomodori sottolio, ma il procedimento vale anche per fichi e peperoni: lavateli bene (aggiungendo all'ultimo risciacquo un po' di bicarbonato); tagliateli per il senso della lunghezza e metteteli al sole su una rete a maglia fine, coprendoli con un'altra. Salateli. Dopo 6 ore circa sulla superficie si formerà una pellicina bianca: rimuovetela con una forchetta. Lasciate il tutto al sole per circa 6-7 ore al giorno, per 5-6 giorni (trasferendo al coperto la sera). I pomodori sono pronti per essere messi sottolio quando la polpa è bella asciutta e raggrinzita.

CALABRIA

Zinurra

- 16 carciofi selvatici
- il succo di 1 limone
- 1 mazzetto di prezzemolo
- 6 cucchiai di olio evo
- sale
- pepe

Mondate i carciofi, eliminando i gambi, le foglie più dure, le punte e pulendoli al centro con un coltellino (o uno scavino), quindi lavateli e immergeteli in una ciotola con acqua e il succo di limone, così che non si anneriscano.

Mettete sul fuoco una pentola piena d'acqua leggermente salata e tuffatevi i carciofi. Dovrete scolarli al dente (dopo circa 10 minuti). Nel frattempo, tritate il prezzemolo.

Una volta cotti i carciofi, scolateli, strizzateli e conditeli con l'olio evo, pepe e prezzemolo.

Il trucco

I carciofi selvatici (più piccoli e teneri di quelli che siamo abituati ad acquistare) sono ottimi anche con la menta al posto del prezzemolo. Inoltre, se volete trasformare la zinurra in un piatto unico, potete farlo riempiendo il centro del "fiore" con del riso basmati lessato e profumato al prezzemolo!

CALABRIA

Licurdia

- 1 kg di cipolle novelle
- 500 g di pane integrale raffermo
- peperoncino rosso piccante
- 30 g di olio evo
- feta
- sale

Pelate, lavate e tagliate le cipolle a pezzetti, quindi mettetele a cuocere in 2 litri d'acqua leggermente salata. Dovranno rimanere sul fuoco per circa 1 ora.

Nel frattempo, tagliate il pane a fette piuttosto spesse, che farete dorare in forno e, una volta raffreddate, strofinerete con il peperoncino e disporrete sul fondo di una zuppiera.

Quando il brodo di cipolle sarà pronto, conditelo con l'olio evo e rovesciatelo sul pane.

Non resta che cospargere con la feta sbriciolata e siete pronti per servire.

Mi fa bene perché...

Composti solforati e quercetina: una combinazione letale per l'infiammazione! A contenerla sono le cipolle, che ci aiutano anche a combattere il colesterolo, proteggendo così il nostro sistema cardiovascolare.

CALABRIA

Millecosedde

- 150 g di legumi secchi (ceci, cicerchie, lenticchie, fagioli bianchi, fave)
- 1 costa di sedano
- 1 cipolla bianca
- 1/2 verza (piccola)
- 5 funghi prataioli
- 1/2 lt di acqua
- 320 g di pasta integrale
- olio evo
- sale e pepe

Fate ammollare i legumi per 24 ore, cambiando spesso l'acqua. Trascorso questo tempo, sciacquateli bene e trasferiteli in una pentola capiente.

Prima di cuocere, dovrete aggiungere altri ingredienti: sedano e cipolla tritati insieme, la verza a striscioline e i funghi affettati. Unite mezzo litro d'acqua fredda e portate a bollore. A questo punto, abbassate il fuoco e lasciate sobbollire, coprendo con un coperchio, per circa 1 ora, finché i legumi saranno teneri. All'occorrenza, aggiungete qualche mestolo d'acqua calda.

Verso la fine della cottura, scolate la pasta al dente e raffreddatela sotto l'acqua corrente.

Condite i legumi con un filo d'olio, sale, pepe e uniteli alla pasta.

Mi fa bene perché...

Coprire il nostro fabbisogno proteico con alimenti di origine vegetale (poveri di grassi saturi e di colesterolo, e meno faticosi per i nostri reni) è un gioco da ragazzi con il principio della complementarietà! Basta saper combinare i cibi. Prendiamo la pasta integrale di questa ricetta: è carente di due aminoacidi essenziali, lisina e treonina, che però sono contenuti a bizzeffe nei legumi. Quindi, pasta + legumi = tutti gli aminoacidi essenziali.

CALABRIA

Baccalà alla verbicarese

- 800 g di baccalà già ammollato
- 500 g di patate
- 6 peperoni dolci secchi
- olio evo
- sale

Pulite il baccalà, eliminando la pelle e la lisca, poi lavatelo e tagliatelo a quadrotti.
Dedicatevi ora agli altri ingredienti: pelate e riducete a cubetti le patate; sciacquate e affettate i peperoni.
Mettete tutto in una pirofila con un giro d'olio evo e 1 presa di sale, coprite con acqua fredda e infornate a 180 gradi per circa 40 minuti.

Il trucco

In alternativa, potete cuocere il baccalà alla verbicarese sul fuoco: ponete gli ingredienti in una casseruola dai bordi alti, accendete la fiamma bassissima e lasciate sobbollire per circa 30 minuti.

CALABRIA

Parmigiana leggera

- 500 g di pomodori
- 1/2 cipolla
- 1 spicchio di aglio
- alcune foglie di basilico
- 4 melanzane
- 150 g di ricotta
- 20 olive nere denocciolate
- olio evo
- sale e pepe

Lavate i pomodori e riduceteli a dadini.
Tritate la cipolla e fatela appassire con lo spicchio d'aglio in una padella antiaderente, in poca acqua. Quando si sarà ammorbidita, unite i pomodori, salate (poco), pepate (secondo il vostro gusto), aggiungete le foglie di basilico e abbassate la fiamma. Proseguite la cottura per circa 25-30 minuti.
Nel frattempo, lavate e tagliate le melanzane a fette spesse circa 1 centimetro, che griglierete su entrambi i lati. Utilizzatele ora per rivestire il fondo di una pirofila appena unta con un filo d'olio. Sopra, create uno strato di salsa, distribuite un po' di ricotta a fiocchetti e alcune olive. Alternate melanzane, pomodori, formaggio e olive fino a terminare gli ingredienti. Cospargete la superficie delle melanzane ripiene con un'ultima cucchiaiata di salsa di pomodoro, condite con un giro d'olio e infornate a 200 gradi per 15 minuti.

Mi fa bene perché...

Quando verdura o frutta sono viola, sono presenti gli antociani, splendidi e potentissimi flavonoidi che ci difendono dai radicali liberi, sostanze chimiche altamente instabili che accelerano l'invecchiamento cellulare, attivano i processi infiammatori, hanno effetti cancerogeni e favoriscono l'arteriosclerosi. Gli antociani sono amici del cuore, del sistema cardiovascolare e potenti antinfiammatori, purché vengano assunti con regolarità: fatevi sotto quindi con more, mirtilli, arance rosse, melanzane, barbabietole!

CALABRIA

Seitan al salmoriglio

- 1/2 cucchiaino di origano secco
- 8 cucchiai di olio evo
- 2 cucchiai di salsa di soia
- 1 spicchio di aglio
- 600 g di seitan
- alcuni rametti di origano fresco

Il sarmoriglio è un condimento che in Calabria viene utilizzato per le carni e per il pesce alla griglia. Noi lo useremo per insaporire il seitan. Per prepararlo, sbriciolate l'origano secco in una ciotola, unite 3 cucchiai d'acqua, 6 di olio evo, la salsa di soia e l'aglio tritato finemente: mescolate bene e tenete da parte.
Tagliate il seitan a fette alte circa 0,5 centimetri, che sistemerete in una terrina. Condite con il salmoriglio, aggiungete anche i rametti di origano fresco e lasciate riposare per una notte in frigo. L'indomani, scottate il seitan in una padella antiaderente con il suo condimento a fuoco vivace, quindi irrorate con 2 cucchiai d'olio e servite.

La curiosità

Il salmoriglio originale non prevede la salsa di soia. L'ho aggiunta perché gli regala una nota sapida e dolciastra della quale sentivo la mancanza. Se volete, potete utilizzare questo condimento anche per il pesce, abbinandolo per esempio a una grigliata di pescato fresco oppure a una semplice (ma gustosa) cottura al vapore di merluzzo o sogliola.

CALABRIA

Nduja senza carne

- 150 g di pomodori secchi
- 4 cucchiai di olio evo
- 2 cucchiai di concentrato di pomodoro
- 1/2 cucchiaino di peperoncino piccante in polvere
- 1 cucchiaino di paprika dolce in polvere
- 1/2 cucchiaino di paprika affumicata

Fate rinvenire i pomodori secchi in poca acqua, lasciandoli a mollo per circa 2 ore, cambiando l'acqua ogni mezzora. Trascorso questo tempo, strizzateli e frullateli con l'olio, il concentrato e le polveri di peperoncino e paprika: quando il composto risulterà cremoso, trasferitelo in vasi di vetro per conserve sterilizzati. Chiudete bene e mettete a riposare in un luogo fresco e asciutto. Dopo qualche giorno sarà possibile assaggiare.

La nduja senza carne è eccezionale anche se consumata al momento, per impreziosire dei crostini o una bella pasta integrale. Sono convinto vi possa piacere anche una versione super saporita, con l'aggiunta, tra gli ingredienti da frullare, d'una mezza cipolla rossa di Tropea.

Buona notizia: la nduja senza carne si conserva a lungo, se il vaso è ben sterilizzato anche per mesi!

La versione originale

La nduja è un salame morbido, reso molto piccante dall'aggiunta di peperoncino. Dato che viene utilizzato come condimento per altre preparazioni (lievitati, ma anche primi piatti), mi sono chiesto: "Sarà possibile realizzarne una versione senza grassi saturi, ma con lo stesso sapore?". Questo è il risultato!

CALABRIA

Peperoni ammolliccati

- 800 g di peperoni
- 2 panini integrali
- 70 g di feta
- 1 cucchiaio di capperi sotto sale
- 1 cucchiaio di origano secco
- olio evo
- sale

PER LA PANATURA
- 200 g di farina di grano saraceno
- 200 g di farina di mais fioretto
- 1 cucchiaio di origano secco

Mondate i peperoni, quindi tagliateli in quattro parti, lavateli e asciugateli.

Preparate una panatura mescolando le farine con l'origano secco e passatevi i peperoni.

Disponeteli ora su una teglia foderata di carta forno, conditeli con un giro d'olio evo e infornate a 200 gradi per circa 30 minuti.

Nel frattempo, aprite i panini, estraete la mollica e tritatela. Sbriciolate la feta e sciacquate bene i capperi per eliminare il sale.

Quando i peperoni saranno cotti, cospargeteli con la mollica, la feta e i capperi, spolverizzate con altro origano, mescolate e lasciate insaporire per 10 minuti prima di servire.

La versione originale

La tradizione prevede che i peperoni vengano mondati, lavati, asciugati e poi fritti in abbondante olio bollente, quindi cosparsi con gli altri ingredienti e serviti. La mia preparazione è più leggera, meno unta e ugualmente buona: che ne dite, avete voglia di darmi fiducia e provarla?

CALABRIA

Fichi ripieni alla sibarita

- 125 g di gherigli di noce
- 125 g di mandorle
- 50 g di cioccolato fondente al 72%
- 50 g di frutta candita
- 1 cucchiaio di cacao amaro in polvere
- 40 fichi secchi grandi
- 100 ml di sciroppo di acero
- 50 ml di acqua
- cannella in polvere

Tritate finemente noci e mandorle, sbriciolate il cioccolato, tagliuzzate i canditi e raccogliete tutto in una ciotola con il cacao amaro. Mescolate e tenete da parte.
Passate ora a predisporre i fichi. Tagliateli a metà ma lasciate le due parti unite per il picciolo: farciteli con il composto appena preparato e richiudeteli.
Disponeteli quindi su una teglia foderata di carta forno e infornateli a 180 gradi per circa 15 minuti (dovranno dorarsi). Nel frattempo, miscelate lo sciroppo d'acero con l'acqua.
Quando i fichi saranno pronti, irrorateli con parte di questo condimento e trasferiteli in un contenitore dai bordi alti, dove creerete degli strati intervallati da una spruzzata di cannella in polvere. Infine, coprite con la miscela di sciroppo e acqua rimasta, chiudete il contenitore e pressate con un peso.
I fichi si conserveranno a lungo e saranno sempre più gustosi.

Mi fa bene perché...

Ciascuno di questi fichi è praticamente una barretta energetica: ricchi di zuccheri facilmente assimilabili, di fibre, vitamina A e sali minerali, i fichi sono una specie di turbo per il nostro organismo! Naturalmente, vanno consumati con moderazione: le calorie sono davvero molte, quindi attenzione a non cedere alla golosità.

CALABRIA

Frittatine di farina con miele di fico

- 220 g di farina di farro
- 350 g di latte di mandorla (o di soia)
- 40 g di zucchero a velo integrale
- 1 pizzico di lievito per dolci
- olio di mais
- 8 cucchiai di miele di fico (o di marmellata di fichi)

Sbattete la farina di farro con il latte, lo zucchero a velo e il lievito, creando una pastella.
Ungete leggermente una padellina antiaderente con poco olio di mais e, quando sarà caldissima, versatevi l'impasto un mestolino per volta. Cuocete ogni frittatina per un totale di 4 minuti, rigirandola a metà cottura (mi raccomando, occhio a non carbonizzarla!). Mano a mano che le frittatine saranno pronte, arrotolatele su loro stesse e disponetele su un piatto, dove le cospargerete con il miele o la marmellata.

Il trucco

Scaldare leggermente il miele o la marmellata di fichi permette di ammorbidirli e di renderli più liquidi: davvero perfetti, insomma, per condire le nostre frittatine!

Melanzane, spezie e mandorle:
la Sicilia

La cucina siciliana è tutta nel timballo di maccheroni con cui il principe di Salina accoglie Angelica per la prima volta nella sua casa, celebrando così il fidanzamento tra lei e il nipote, Tancredi. Quel timballo è il simbolo sì dell'opulenza della tavola nobiliare, ma anche di una tradizione amante dell'appagamento, sia degli occhi che del palato: in Sicilia i sapori fanno festa, le materie prime sono infinite, i colori più intensi, al punto che, spesso, bastano le verdure a rendere un piatto protagonista.

Prendiamo le olive. Secondo un detto, "A uliva niura sta 'n ta-

vula di re", sono degne delle tavole principesche: polpose, di grosso calibro, insaporiscono antipasti, primi e secondi, ma vengono servite anche sole, magari marinate con erbe e spezie, come nella ricetta che troverete nelle prossime pagine.

Le indiscusse star della cucina siciliana sono però le melanzane: sode, rotonde o allungate, di un viola acceso come in nessun altro posto al mondo, sono talmente buone che la lista di ricette loro dedicate è interminabile. Partiamo con le frittelle (croccanti polpettine a base di melanzane e ceci); continuiamo con la classica "norma" (pasta pomodoro, melanzane e ricotta salata); per finire con il piatto che più di tutti le celebra, la capunatina, un trionfo di gusto e (con qualche aggiustatina) di proprietà nutrizionali.

Potrei proseguire per pagine e pagine, parlando di pomodori, carciofi, legumi, cavolfiori, peperoni e peperoncini; poi sarei costretto a passare al pesce, con il quale a Siracusa preparano il top delle zuppe: il repertorio è talmente vasto che la gastronomia siciliana non è paragonabile a quella delle altre regioni. Non per niente ci troviamo nel cosiddetto "granaio di Roma", la terra che lasciò a bocca aperta Greci e Romani per la sua fertilità, anche e forse soprattutto culturale. Ne è testimonianza l'uso delle spezie, che molto deve alle influenze arabe, mentre più mediterraneo è quello delle erbe aromatiche - come origano, finocchietto selvatico, maggiorana, prezzemolo, alloro.

Pronti a tuffarvi in questa selva di meraviglie della salute?

SICILIA

Frittelle di melanzane

- 80 g di uvetta
- 1 kg di melanzane
- 120 g di ceci lessati
- 1/2 cucchiaino di origano secco
- 70 g di caprino
- noce moscata
- olio evo
- sale e pepe

PER LA PANATURA
- 200 g di farina di grano saraceno
- 300 g di farina di riso
- 1 cucchiaio di origano secco

Fate ammollare l'uvetta in poca acqua tiepida per 20 minuti, quindi strizzatela e mettetela ad asciugare su un canovaccio pulito. Nel frattempo, lavate le melanzane, tagliatele a fette spesse circa 1 centimetro e sbollentatele per 5 minuti in acqua leggermente salata. Scolatele, lasciatele intiepidire, asciugatele con un foglio di carta assorbente e riducetele a cubetti. Sciacquate bene i ceci lessati, poi frullateli con un paio di cucchiai d'acqua. Preparate ora la panatura (mescolando le farine con l'origano secco) e le frittelle: raccogliete in una ciotola l'uvetta, le melanzane, i ceci, mezzo cucchiaino di origano, il caprino, 1 pizzico di noce moscata grattugiata, 1 presa di sale e 1 macinata di pepe; amalgamate bene e formate delle palline del diametro di circa 4-5 centimetri. Schiacciatele leggermente e rotolatele nella panatura, facendola aderire bene. Disponetele su una teglia foderata di carta forno, bagnatele con un filo d'olio evo e infornate a 200 gradi per 20-30 minuti, girandole a metà cottura.

Mi fa bene perché...

Lo studio più accreditato sull'origano è del 2011: un'équipe americana ha dimostrato che il suo consumo (e quello di una serie di altre spezie dall'alto potere antiossidante come zenzero, cannella e paprika) è correlato con la riduzione dei livelli postprandiali di insulina e glucosio, la diminuzione dello stress ossidativo e l'aumento delle difese antiossidanti.

SICILIA

Olive condite

- 400 g di olive verdi acerbe
- 500 ml circa di aceto di mele
- 4 spicchi di aglio
- 100 g di sedano (bastano i rametti con le foglie)
- 50 g di finocchio selvatico
- 20 foglie di menta
- 1 lt di olio evo
- 1 peperoncino fresco
- sale

Innanzitutto, le olive: dovranno essere ancora acerbe e con un signor calibro (nel dubbio, scegliete le più grosse e polpose). Come prima cosa, dovrete schiacciarle: su un tagliere di legno, prendetele una a una e pestatele con un martello da cucina (o un peso). A questo punto, mettetele in ammollo in una larga ciotola (coprite il recipiente), cambiando l'acqua ogni giorno, per 8 giorni: alla fine di questa fase, le olive avranno perso tutto l'amaro e saranno pronte per essere condite.

Trascorsi i giorni di "risciacquo", scolatele e ponetele in una ciotola ricoperte di aceto di mele. Lasciate "insaporire" per circa 5 ore, quindi scolatele e fatele asciugare su un canovaccio pulito. Nel frattempo, preparate gli altri ingredienti: schiacciate gli spicchi d'aglio e sciacquate le erbe. Mettete ora le olive in un recipiente con l'aglio, il finocchio selvatico, 15 foglie di menta, 1 manciata di sale e ricoprite con l'olio evo. Chiudete il recipiente e lasciate riposare per altri 5 giorni, quindi trasferite le olive in una terrina con le foglie di sedano e la menta rimanente. Se volete renderle più piccanti, unite il peperoncino affettato. Mescolate bene e assaggiate: subito sono buonissime, ma resistono a lungo!

Il trucco

Queste olive sono perfette per un aperitivo gustoso e amico della salute! Io le abbinerei a una bella fetta di pane siciliano, magari profumato al finocchietto o al sesamo, oppure, perché no, ne frullerei 1 manciata con capperi e tofu, per trasformarle in una crema spalmabile da leccarsi i baffi!

SICILIA

Pasta rimestata col cavolfiore

- 50 g di uvetta
- 1 cavolfiore piccolo
- 1 cipolla
- 1 cucchiaino di zafferano in polvere
- 3 acciughe sotto sale
- 50 g di pinoli
- 320 g di maccheroni integrali
- feta
- qualche foglia di basilico
- olio evo
- sale

Mettete l'uvetta in ammollo in acqua tiepida per una ventina di minuti, quindi strizzatela. Lavate e mondate il cavolfiore, ottenendo le cimette, lessatelo in acqua leggermente salata per 6-7 minuti. Scolatelo, tenendo da parte l'acqua di cottura. Ora, affettate finemente la cipolla e fatela appassire in una padella antiaderente con qualche cucchiaio d'acqua. Unite un goccio d'olio, lo zafferano e lasciate insaporire sulla fiamma al minimo, a pentola coperta.
A questo punto sciacquate e diliscate le acciughe, spezzettatele e scioglietele in poca acqua calda, aiutandovi con una forchetta. Aggiungete in padella l'uvetta, il cavolfiore, le acciughe e i pinoli. Mescolate bene e lasciate cuocere per circa 10 minuti.
Nel frattempo, lessate i maccheroni nell'acqua di cottura del cavolfiore. Scolateli al dente, raffreddateli sotto l'acqua corrente e rovesciateli in padella con il sugo: unite la feta sbriciolata, il basilico spezzettato con le mani, saltate per qualche istante e servite.

Il trucco

La bollitura è sicuramente preferibile ad altre cotture (per esempio la frittura) ma può causare una perdita di micronutrienti negli alimenti. Come fare? Innanzitutto, non buttate l'acqua nella quale avete cotto le verdure: riutilizzandola per lessare pasta, riso o cous cous, i nutrienti usciti dalla porta rientreranno dalla finestra! Secondo consiglio: poca acqua e bollitura rapida. Se dovete cuocere un ortaggio di grandi dimensioni (come il cavolfiore), riducetelo prima a piccoli pezzi e poi bollitelo per poco tempo: più croccantezza in questo caso significa anche più nutrienti!

SICILIA

Riso alla siciliana

- 320 g di riso integrale
- il succo di 3 limoni
- 1 cipolla
- 1 acciuga sotto sale
- 3 cucchiai di aceto di mele
- 1 cucchiaino di senape dolce
- 3 pomodori maturi
- 1 cucchiaino di maggiorana
- 50 g di olive nere denocciolate
- olio evo
- sale
- pepe

Mettete sul fuoco una pentola con acqua leggermente salata, portate a bollore e lessate il riso (dopo averlo risciacquato): ci vorrà circa 1 ora.
Nel frattempo, preparate gli altri ingredienti: spremete i limoni e tenete da parte il succo; tritate la cipolla; sciacquate bene l'acciuga e, se necessario, diliscatela.
Fate ora appassire la cipolla con poca acqua. Unite l'aceto e lasciate sfumare, quindi aggiungete l'acciuga e fatela sciogliere. Versate in padella il succo di limone e la senape. Mescolate, filtrate la salsina con un colino a maglia fine e tenetela da parte.
Quando il riso sarà pronto, scolatelo e conditelo con la salsina. Regolate di sale, pepate e lasciate raffreddare.
Lavate, mondate e riducete i pomodori a cubetti. Saltateli in padella con la maggiorana per 10 minuti, quindi unite le olive, un giro d'olio e rovesciate sul riso appena prima di portarlo in tavola.

Mi fa bene perché...

La combinazione di vitamina C contenuta nel succo di limone col licopene apportato dal pomodoro, i flavonoidi gentilmente offerti dalle cipolle e i grassi insaturi di cui è ricco l'olio extravergine d'oliva è praticamente letale per ossidanti e radicali liberi: se solo Dorian Gray l'avesse saputo che bastava qualche piatto in più di riso alla siciliana per contrastare l'invecchiamento cellulare...

SICILIA

Zuppa di pesce alla siracusana

- 800 g di pesce assortito (seppie, sgombro, scorfano, palombo, polpo, naselli, dentice…)
- 1 cipolla
- 2 foglie di alloro
- 1 mazzetto di prezzemolo
- 400 g di pomodori
- 1 costa di sedano
- 1 spicchio di aglio
- 1 pagnotta integrale
- olio evo
- sale
- pepe

Pulite i pesci, lavateli sotto l'acqua corrente e tagliateli a grossi pezzi, tenendo da parte gli scarti che serviranno per preparare il brodo di pesce. Metteteli in una casseruola capiente, copriteli con 1 litro d'acqua, salate leggermente e portate a bollore a fuoco basso con un pezzetto di cipolla, 1 foglia di alloro e 1 ciuffo di prezzemolo. Lasciate cuocere per circa 1 ora.

Nel frattempo, lavate e tagliate i pomodori a cubetti e preparate un trito con il sedano, il resto della cipolla e del prezzemolo. Cospargete con il trito il fondo di una pirofila leggermente unta, unite lo spicchio d'aglio, la foglia d'alloro avanzata e i pomodori. Posizionate ora i pesci, condite con un giro d'olio, 1 pizzico di sale e 1 macinata di pepe, e tenete da parte. Trascorso il tempo di cottura, filtrate il brodo di pesce e rovesciatelo nella pirofila. Sigillate con la carta stagnola e infornate a 180 gradi per 40 minuti. Disponete delle fette di pane tostato nei piatti, distribuite i pesci e irrorate con il loro brodo.

Mi fa bene perché...

"L'agghiu è a midicina du viddanu" dicono in Sicilia, "l'aglio è la medicina del contadino", ed è una cosa giustissima! Grazie ai composti solforati, l'aglio protegge il nostro corpo dal cancro allo stomaco e dall'helicobacter pylori, il batterio che causa ulcera e gastrite, ma non è tutto: svolge infatti anche un'azione antibatterica, antiossidante e antimicotica. Si prende poi cura del cuore, aiuta a tenere sotto controllo la pressione e previene il rischio cardiovascolare. Se non è una medicina questa!

SICILIA

Frittedda

- 500 g di piselli freschi
- 1 kg di fave fresche
- 6 carciofi
- il succo di 1 limone
- 1 cipolla
- noce moscata
- 6 foglie di menta fresca
- 6 foglie di menta fresca
- 1 cucchiaio di zucchero integrale di canna
- 1 cucchiaio di aceto di mele
- olio evo
- sale e pepe

Sgranate i piselli e le fave. Lavate entrambi, quindi sbollentate rapidamente le fave, scolatele e togliete la pellicina.
Mondate i carciofi, eliminando i gambi, le foglie esterne più coriacee, le punte e il fieno interno, quindi sciacquateli, tagliateli a spicchi e immergeteli in acqua e succo di limone. Tritate la cipolla e fatela stufare in una padella antiaderente con un paio di cucchiai d'acqua e 1 d'olio. Quando si sarà ammorbidita, unite i carciofi e lasciateli insaporire per qualche minuto, mescolando di tanto in tanto. All'occorrenza, allungate con 1 mestolino d'acqua. Unite in padella i piselli e le fave, regolate di sale e di pepe, aggiungete 1 grattugiata di noce moscata, qualche cucchiaio d'acqua e lasciate cuocere coperto a fuoco basso per circa 25-30 minuti. Se serve, allungate con altra acqua. Trascorso il tempo di cottura, completate la preparazione con le foglie di menta tagliuzzate, lo zucchero e poche gocce di aceto: mescolate, spegnete il fuoco e lasciate riposare. La frittedda si serve fredda, quindi dovrete pazientare per qualche decina di minuti prima di poterla servire.

Mi fa bene perché...

Tra i legumi meno calorici (come le fave, d'altra parte), i piselli sono ricchissimi di acqua, sali minerali (ferro, calcio, potassio), vitamina C e isoflavoni, fitoestrogeni felici di prendersi cura delle nostre ossa, prevenendo l'osteoporosi, e del nostro sistema cardiovascolare. Più proteici del manzo (non ve l'aspettavate, vero?), apportano anche fibra in quantità: 100 g di piselli ci consentono di coprire metà del nostro fabbisogno giornaliero.

SICILIA

Tonno alla siciliana

- 800 g di ventresca di tonno (in 1 fetta)
- spezie (curcuma, finocchietto, cumino)
- 4 cucchiai di olio evo
- 3 spicchi di aglio
- 1 rametto di rosmarino
- 200 g di pangrattato integrale
- 6 acciughe sotto sale
- 1 limone
- pepe

Mettete la fetta di tonno in un largo recipiente, conditela con le spezie, 1 macinata di pepe e copritela tutto d'olio: lasciate marinare per 2 ore, quindi scolatela, praticate dei taglietti nei quali inserire gli spicchi d'aglio schiacciati e qualche aghetto di rosmarino. Scaldate una padella antiaderente e cuocetevi il pesce a fuoco basso, bagnandolo con il liquido di marinatura e girandolo spesso. Quando sarà dorato su entrambi i lati, cospargetelo di pangrattato e proseguite la cottura. Ci vorranno circa 3-4 minuti per lato se lo spessore della fetta è di circa 1,5 centimetri.

A parte, preparate una salsina alle acciughe: sciacquatele bene per eliminare il sale, diliscatele se necessario, quindi tritatele e fatele sciogliere in un pentolino con 2 cucchiai d'acqua e un filo d'olio. Spremete il limone direttamente in pentola, mescolate per emulsionare e tenete da parte. Quando il tonno sarà pronto, conditelo con la salsina e servite.

Mi fa bene perché...

Un consumo eccessivo di sale è correlato con l'incidenza di ictus ed eventi cardiovascolari, ma cucinare senza ci sembra impossibile. Ebbene, ridurre il sale è possibile, se sai come farlo! I livelli consigliati dall'OMS sono di 5 g al giorno. In Italia ne assumiamo tra i 9 e i 12: un po' troppi, non vi sembra? È il momento di trovare soluzioni alternative, e una di queste sono le spezie: la curcuma e il cumino di questa ricetta sono ottimi sostituti del sale, insaporiscono apportando nutrienti importanti e, più importante ancora, non nuocciono alle nostre arterie!

SICILIA

Capunatina di melanzane

- 1 cucchiaiata di uvetta
- 1 cucchiaio di mirtilli disidratati
- 600 g di melanzane
- 1 gambo di sedano bianco
- 1 cipolla
- 10 foglie di basilico
- 200 g di pomodori
- 1/2 bicchiere di aceto di mele
- 1 cucchiaio di zucchero integrale di canna
- 1 cucchiaiata di capperi sottaceto
- 1 cucchiaiata di pinoli
- 50 g di olive verdi denocciolate
- olio evo
- sale e pepe

PER LA PANATURA
- 200 g di farina di mais fioretto
- 300 g di farina di riso

Fate ammollare l'uvetta e i mirtilli disidratati in poca acqua tiepida per 20 minuti, quindi strizzateli e metteteli ad asciugare su un foglio di carta assorbente.
Lavate le melanzane, mondatele e riducetele a cubetti; pulite il sedano, eliminando i filamenti, e tagliatelo a tocchetti di circa 3 centimetri di lunghezza.
Preparate la panatura mescolando le due farine e rotolatevi le melanzane e il sedano, che mano a mano disporrete su una teglia foderata di carta forno. Nebulizzate con olio evo e infornate a 200 gradi per 30 minuti: a questo punto, saranno dorati e croccanti. Nel frattempo, occupatevi degli altri ingredienti: affettate la cipolla; spezzettate le foglie di basilico; lavate e tagliate i pomodori a filetti. Raccogliete tutto in una padella antiaderente e fate saltare per qualche minuto a fuoco vivace con un paio di cucchiaiate d'acqua.

SICILIA

Poi, abbassate la fiamma, unite 1 cucchiaio d'olio, l'aceto, lo zucchero, i capperi ben risciacquati, i pinoli, l'uvetta, i mirtilli, le olive, il sedano, le melanzane e lasciate insaporire per 10 minuti circa.
Infine, regolate di sale e di pepe, mescolate bene e proseguite la cottura per qualche altro minuto, poi spegnete la fiamma e attendete che la capunatina si raffreddi prima di servirla.

La versione originale

La parola chiave della ricetta tradizionale è "frittura": prima le melanzane e il sedano vengono fritti in abbondante olio bollente, poi lo stesso olio viene riutilizzato in parte per soffriggere la cipolla. Potevo forse rimanere inerte di fronte a cotanto unto, per quanto delizioso al palato? Certo che no, ed ecco perché la prima frittura è diventata cottura in forno e la cipolla soffrigge "alla Marco Bianchi", in acqua, per fare la conoscenza di un filo d'olio solo dopo. E così anche la capunatina è amica della salute!

SICILIA

Biancomangiare

- 200 g di mandorle
- 1 lt di acqua
- 120 g di amido di riso
- 200 g di zucchero integrale di canna
- 250 g di latte di mandorla
- la scorza di 1 limone
- 1 stecca di cannella
- foglie di menta (facoltativo)
- sciroppo d'acero (facoltativo)

Per realizzare questa ricetta - oltre agli ingredienti - vi serviranno un fazzoletto di lino e del filo di cotone. Giuro, non dovrete cucire nulla! ☺
Cominciate pestando le mandorle in un mortaio (se non l'avete, potete usare un tritatutto) fino a ridurle in polvere: raccoglietele nel fazzoletto, richiudetelo come se fosse un sacchetto e fissatelo con il filo di cotone. Immergete ora il fazzoletto in una ciotola con 1 litro d'acqua fredda: armatevi di pazienza e lasciatelo lì per alcune ore (muovendolo di tanto in tanto), finché l'acqua sarà diventata densa e bianca.

Trascorso questo tempo, travasate il liquido in una casseruola, unite l'amido di riso, lo zucchero, il latte di mandorla, la scorza del limone ben lavata, la stecca di cannella e cominciate a scaldare. Dovrete mescolare continuamente, per evitare la formazione di grumi, fino a che il composto si sarà addensato. A questo punto spegnete la fiamma, eliminate la scorza e la cannella, e suddividete il biancomangiare in tante coppette o stampini, che porrete a raffreddare prima a temperatura ambiente, poi in frigorifero.

Il trucco

Io servo il biancomangiare così: lo estraggo dalla coppetta e lo guarnisco con qualche fogliolina di menta tritata e 1 cucchiaino di sciroppo d'acero. È una ricetta super tradizionale che, però, si è un po' persa negli anni. Se non la conosce quasi nessuno, perché non approfittarne per stupire i vostri amici? Vedrete, è strepitosa!

SICILIA

Riso nero

- 1 lt di latte di mandorla
- 150 g di riso integrale
- 100 g di cioccolato fondente al 72%
- 1 stecca di cannella
- 4 cucchiai di zucchero integrale di canna

Come prima cosa, versate il latte in una pentola e portate a bollore. A questo punto, unite il riso e cuocetelo a fuoco basso per circa 1 ora. Nel frattempo, grattugiate il cioccolato e spezzettate la cannella, riducendola a piccole scaglie.

Quando il riso sarà cotto, scolatelo e trasferitelo in una ciotola. Aggiungete il cioccolato e mescolate bene per farlo sciogliere: il riso dovrà acquisire una colorazione uniforme.

Suddividete questo composto in tante coppette, cospargetelo con lo zucchero e le scaglie di cannella e lasciatelo raffreddare (prima a temperatura ambiente, poi in frigo).

Mi fa bene perché...

Perché ho sostituito il latte vaccino con quello di mandorla? Per una questione di digeribilità (e dolcezza)! Come tutti i latti vegetali, non contiene caseina, una proteina presente anche nel latte umano nella misura del 35%. Il latte vaccino contiene l'80% di caseina: una quantità che il nostro organismo decisamente fatica a digerire. Con il 96% di acqua e tanta, tanta dolcezza naturale, il latte di mandorla è perfetto per questa ricetta - ma anche per apportare proteine preziose nel rispetto delle esigenze del nostro sistema digerente.

Pesce, formaggi e pasta di semola: la Sardegna

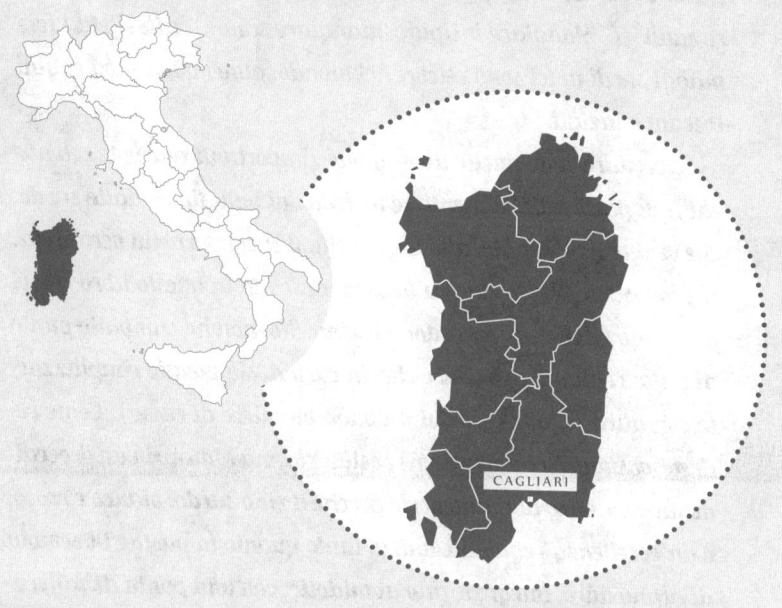

Nell'immaginario di tanti di noi la Sardegna è il suo mare, è la macchia mediterranea delle zone costiere, è il suo territorio aspro e quasi montano: nel mio è una fonte inesauribile di ricette che più mediterranee non si può.

I piatti sardi sono figli di un'economia tradizionalmente povera, dedita sopra ogni cosa alla pastorizia: sono freschi perché adatti a una terra con un clima caldo, e semplici. Richiedono pochi ingredienti. Nessuna ripetitività, però: le materie prime sono limitate, ma genuine e buonissime; e i sardi hanno saputo combinarle in infiniti modi, regalandoci piatti fantasiosi nella composizione e nel sapore. Un esempio? I formaggi! Il latte è solo uno, quello di pecora, ma ne esistono di ogni tipo, stagionatura, forma: come sempre, vi suggerisco i più freschi, e dunque più poveri di sale. Lo dice anche la tradizione, da queste parti: "Mandigare bambu: mandigare sanu" ("Mangiare insipido, mangiare sano"), e in effetti i formaggi sardi dolci sono celebri nel mondo, almeno quanto i cugini toscani o laziali.

Le verdure sono quelle di stagione (importanti anche le selvatiche); di pesce naturalmente se ne trova di ogni tipo - dalle sarde, che vengono impanate, alle triglie, che si cuociono nella vernaccia. A proposito... Penso che sia la seconda volta in questo libro che vi propongo ricette che prevedono il vino. No, non ho cambiato punto di vista, continuo a pensare che, in cucina, sia meglio rimpiazzarlo con altro (e, invece, bersi un buon bicchiere di rosso). Come vedrete, vi suggerirò anche come sostituirlo, ma almeno in un procedimento ho deciso di mantenerlo perché il vino sardo, bianco e rosso, è un'eccellenza regionale unica, tanto quanto la pasta. Di semola di grano duro, integrale fino al midollo, con una punta di zafferano a renderla gialla come quella all'uovo, la pasta sarda è stratosferica sotto il profilo nutrizionale: fibre, vitamine, sali minerali, e tutte le proprietà dello zafferano... altro che pasta povera! È la regina della tavola e, come una regina, si fa attendere: una volta fatta va lasciata seccare per diverse ore, quindi armatevi di pazienza ma preparatela, almeno una volta... Ne vale proprio la pena.

SARDEGNA

Insalata di taccole alle noci

- 500 g di taccole
- 1 spicchio di aglio
- 1 cipolla
- 50 g di gherigli di noce
- noce moscata
- 2 cucchiai di miele di acacia
- 80 g di pecorino sardo dolce
- olio evo
- sale e pepe

Spuntate le taccole, eliminate il filo laterale e sciacquatele bene sotto l'acqua corrente.
Sbucciate l'aglio, pelate la cipolla e poneteli insieme alle taccole in una casseruola con un bicchiere d'acqua. Accendete il fuoco e cuocete per 10 minuti.
Intanto tritate le noci.
Trascorso il tempo di cottura, condite le taccole con un filo d'olio e una grattugiata di noce moscata. Fate insaporire ancora per 5 minuti, quindi spegnete la fiamma, cospargete con il miele e le noci e mescolate.
La vostra insalata è quasi pronta: prima di servirla, non resta che trasferirla in un piatto da portata, aggiungere il pecorino in scaglie e una bella macinata di pepe!

Mi fa bene perché...

Ecco le taccole, le sorelle dei piselli: sono soprannominate anche "piselli cinesi", "piattoni" o "mangiatutto" perché di questo legume si consuma anche l'intero baccello. Sono dei potenti spazzini dell'intestino e ci regalano fibre (3 g per 100 di prodotto), caroteni, vitamina C, potassio, fosforo, calcio e ferro.

SARDEGNA

Fregula stufada

- 1 bustina di zafferano in polvere
- 300 g di semola di grano duro a grana grossa
- 1 pizzico di sale
- 150 g di pecorino sardo dolce
- 150 g di tofu al naturale
- 1,5 lt di brodo vegetale (o acqua)
- olio evo
- pepe

Sciogliete lo zafferano in un bicchiere d'acqua, quindi unitelo alla semola e al sale e impastate con la punta delle dita. Dovrete ottenere dei grumi di pasta di un diametro tra i 2 e i 6 millimetri: il modo migliore per farlo è sgranare la fregula strofinandola tra i palmi delle mani e lasciandola cadere in briciole su un canovaccio pulito. Per venire cucinata deve essere ben asciutta, quindi armatevi di pazienza: ci vorrà qualche ora. Dedicatevi adesso al condimento. Passate al tritatutto il pecorino e il tofu: con metà del composto ottenuto, coprite il fondo di una pirofila leggermente oliata.

Mettete quindi sul fuoco il brodo vegetale (o l'acqua) e, quando bolle, cuocetevi la fregula per circa 8-12 minuti. Una volta pronta, scolatela bene e rovesciatela nella pirofila, cospargetela con il resto del composto, un giro d'olio e mettetela a gratinare in forno a 180 gradi per 10 minuti. Quando in superficie si sarà formata una bella crosticina croccante, sfornate, pepate e servite!

La curiosità

La differenza tra semola e farina? È presto detta! Di frumento ne esistono diverse specie, che possiamo raggruppare nelle due macro-categorie "grano tenero" (più indicato per la panificazione) e "grano duro" (impiegato per la produzione della pasta). Dal grano tenero si ottiene la farina, dal grano duro la semola. La semola, anche se non integrale, contiene più fibre della farina di grano tenero (circa 4 g rispetto ai 2,5 della farina): è proprio il tipo di lavorazione a permetterci di portare in tavola una maggiore quantità di crusca, fibre, proteine, vitamine e sali minerali.

Malloreddus alla campidanese

SARDEGNA

PER I MALLOREDDUS
- 1 bustina di zafferano
- 600 g di semola di grano duro
- 1 pizzico di sale
- farina di tipo 1

PER IL SUGO
- 1 cipolla
- 1 spicchio di aglio
- 1 kg di pomodori
- 150 g di seitan affumicato
- 3 foglie di basilico
- 100 g di ricotta
- olio evo
- sale
- pepe

Prima di cominciare, tenete presente che la pasta fresca di semola deve asciugare prima di essere cucinata, quindi vi toccherà attendere per diverse ore per poter portare in tavola i vostri malloreddus. Uomo avvisato, cena salvata!

Cominciate sciogliendo lo zafferano in mezzo bicchiere d'acqua tiepida. Disponete la semola a fontana sulla spianatoia, ponete al centro un pizzico di sale e l'acqua con lo zafferano, e cominciare a impastare.

Dovrete aggiungere acqua quanto basta per ottenere una massa omogenea e soda. Prelevatene una parte e datele la forma di un filoncino del diametro di circa mezzo centimetro.

Infarinatelo leggermente per poterlo maneggiare e dividetelo in pezzetti della grandezza di un fagiolo, che farete rotolare su un rigagnocchi, affinché si arrotoli su se stesso.

Mano a mano che i malloreddus sono pronti, metteteli ad asciugare su un canovaccio pulito: perché si secchino perfettamente ci vorrà qualche ora.

Quando saranno finalmente asciutti, preparate il sugo: tritate la cipolla, schiacciate l'aglio, lavate e riducete a cubetti i pomodori e passate il seitan al mixer.

Mettete ora la cipolla ad appassire con un paio di cucchiai d'acqua e l'aglio in un tegame. Unite il basilico, un filo d'olio e il seitan: lasciate insaporire per alcuni minuti, mescolando di tanto in tanto, quindi aggiungete i pomodori, salate e proseguite la cottura per circa 30 minuti.

Infine, lessate i malloreddus in abbondante acqua leggermente salata, quindi scolateli e conditeli con il sugo. Cosa manca?

Qualche fiocchetto di ricotta, una bella macinata di pepe e siete pronti per servire!

La versione originale

Il sugo "campidanese" prevederebbe la salsiccia, che ho sostituito - come potete vedere - con il seitan. Il trucco per ottenere una grana più simile a quella originale? Acquistare würstel di seitan affumicati e passarli nel tritatutto: niente grassi saturi, ma tanto sapore e una consistenza praticamente identica a quella tradizionale!

SARDEGNA

Frittata con le fave "scomposta"

PER LE FAVE
- 250 g di patate
- 350 g di fave fresche sgranate
- 1 cipolla
- alcune foglioline di menta
- olio evo
- sale e pepe

PER LA FRITTATA
- 150 g di farina di ceci
- 300 ml di acqua
- 3 cucchiai di olio evo
- 1 pizzico di sale

Lavate bene le patate per eliminare i residui di terra e lessatele (con la buccia) in abbondante acqua leggermente salata. Dopo circa 30 minuti (quando saranno morbide), scolatele, lasciatele raffreddare e spelatele. Sbollentate le fave, quindi eliminate la pellicina che le ricopre; tritate finemente la cipolla; tagliuzzate le foglie di menta. Una volta pronte, tagliate le patate a dadini. Prendete ora una padella antiaderente e fatevi appassire la cipolla con un paio di cucchiai d'acqua e altrettanti d'olio. Unite le patate, le foglie di menta e lasciate insaporire per 5 minuti. Trascorso questo tempo, trasferite le patate in una ciotola, aggiungete le fave, regolate di sale e di pepe, mescolate e tenete da parte.

In una ciotola, impastate con una frusta la farina di ceci con l'acqua, l'olio e il sale. Aggiungete l'acqua poca per volta: dovrete ottenere una pastella semiliquida. Travasatela in una pirofila leggermente oliata e infornatela a 180 gradi per circa 30 minuti. Quando sarà pronta, tagliatela a listarelle e servitela con il composto di patate e fave.

La versione originale

Questa frittata, secondo la tradizione, è imperiale, gigantesca, pantagruelica: diventa alta diversi centimetri e una fetta probabilmente spaventerebbe i bambini. ☺ La versione "alla Marco Bianchi" prevede due modifiche: la sostituzione delle uova con la farina di ceci (per migliorare il profilo nutrizionale) e la separazione della frittata e del maestoso mix patate&fave. L'ho "scomposta", ebbene sì, ma solo per mangiarla meglio!

SARDEGNA

Sarde impanate al forno

- 1 kg di sarde fresche
- 1 limone
- olio evo
- sale
- pepe

PER LA PANATURA
- 1 rametto di rosmarino
- 200 g di farina di mais fioretto
- 200 g di pangrattato integrale

Pulite le sarde e lavatele sotto l'acqua corrente, quindi lasciatele sgocciolare. Quando avranno perso la maggior parte dell'acqua, asciugatele, salatele leggermente all'interno e richiudetele.
Preparate ora la panatura: tritate il rosmarino finemente e mescolatelo alla farina e al pangrattato.
Rotolatevi le sarde e disponetele mano a mano su una teglia foderata di carta forno.
Spruzzate con un po' d'olio e infornate a 200 gradi per circa 20 minuti. Tenete d'occhio il forno: le sarde dovranno essere croccanti quando le servite con una abbondante macinata di pepe e accompagnate dal limone a spicchi.

Mi fa bene perché...

Senza, la cucina mediterranea sarebbe tutta un'altra cosa: sto parlando del rosmarino, un'erba dal profumo inconfondibile almeno quanto le sue proprietà antiossidanti, dovute all'acido rosmarinico. Gli oli essenziali che contiene, inoltre, sono noti per il loro potere disinfettante e per l'azione depurativa in caso di patologie epatiche e cistiti.

SARDEGNA

Spezzatino al vino

- 700 g di seitan
- 1 ciuffo di prezzemolo
- 1 spicchio di aglio
- 1 cipolla
- 1 bicchiere di vino rosso robusto
- 2 foglie di alloro
- 2 cucchiai di farina di tipo 2
- olio evo
- sale e pepe

Nella ricetta originale era vitello, nella mia è diventato seitan. ☺
Tagliate dunque il seitan a cubotti; sminuzzate il prezzemolo; schiacciate l'aglio.
Tritate finemente la cipolla e fatela appassire in una padella antiaderente con 2-3 cucchiai d'acqua.
Quando si sarà ammorbidita, unite 1 cucchiaio d'olio e il seitan: fate saltare per qualche minuto, quindi bagnate con il vino, fate sfumare e cospargete con il prezzemolo, l'aglio, l'alloro, 1 pizzico di sale e 1 macinata di pepe. Abbassate la fiamma al minimo e lasciate insaporire per circa 20 minuti.
Prima di spegnere il fuoco, fate addensare il sugo con un paio di cucchiaiate di farina.
Lo spezzatino è delizioso, ma sentirete la salsa!

Il trucco

Io non amo il vino in cucina, ma ogni tanto lo utilizzo. Se preferite farne a meno, potete sostituirlo con un po' di salsa di soia diluita: per questa ricetta, per esempio, vi basterà mezzo bicchiere di salsa di soia allungata con mezzo bicchiere d'acqua, nel quale avrete stemperato 1 cucchiaio di concentrato di pomodoro.

SARDEGNA

Triglie alla vernaccia
(senza vernaccia)

- 500 g di pomodori maturi
- 2 spicchi di aglio
- 1 mazzetto di prezzemolo
- 1 bicchiere di salsa di pomodoro
- 800 g di triglie
- 1 limone
- 8 cucchiai di aceto di mele
- 4 cucchiai di olio evo
- sale e pepe

Lavate i pomodori e tagliateli a dadini.
Tritate finemente aglio e prezzemolo, e fateli stufare in una padella antiaderente con un paio di cucchiai d'acqua. Aggiungete altrettanti cucchiai d'olio e fate insaporire per qualche minuto, poi unite i pomodori, la salsa, regolate la fiamma (media) e cuocete per circa 20 minuti.
Nel frattempo, occupatevi delle triglie: pulitele, lavatele, poi mettetele in un tegame con il limone fatto a fette. Regolate di sale e di pepe, e bagnate con l'aceto di mele. Cuocete le triglie per circa 30 minuti, rigirandole con delicatezza a metà cottura. Quando saranno pronte, servitele con il sugo di pomodoro e un giro d'olio a crudo.

Mi fa bene perché...

Le triglie sono un pesce super mediterraneo, ricco di fosforo, pieno di zinco, rame e selenio e poverissimo di grassi. Grazie a una carne dal sapore piuttosto delicato che non necessita di lunghe cotture è molto versatile e infatti si presta a zuppe, brodetti, fritture (in forno!) o spadellate al pomodoro, come in questo caso.

SARDEGNA

Zucchine a cassola

- 800 g di zucchine
- 1 cipolla
- 1 mazzetto di prezzemolo
- 10 foglie di basilico
- 150 g di yogurt greco 0% di grassi
- sale

Mondate e lavate le zucchine, quindi tagliatele a pezzetti. Affettate finemente la cipolla, tritate il prezzemolo e spezzettate le foglie di basilico. Raccogliete tutto in una casseruola, unite poca acqua, un pizzico di sale, mescolate e coprite con un coperchio. Cuocete a fuoco medio per circa 20 minuti, bagnando all'occorrenza con altra acqua.
Infine, mescolate le zucchine con lo yogurt greco e servite.

Mi fa bene perché...

Con un contenuto d'acqua pari al 93,6%, le zucchine sono una verdura perfetta per la stagione estiva, quando il corpo ha bisogno di reidratarsi e di rinfrescarsi. Sono poi ricchissime di sali minerali e clorofilla, che stimola il cervello e il sistema immunitario, oltre che validi alleati nella "pulizia" delle scorie accumulate durante il periodo invernale.

SARDEGNA

Gueffus

- 400 g di mandorle
- 250 g di zucchero di canna integrale
- acqua di fiori d'arancio
- la scorza di 1 limone

Come prima cosa, dovrete tritare finemente le mandorle: potete farlo con un mortaio o, in alternativa, con un tritatutto.
Suddividete ora la dose di zucchero in due parti: ponetene 200 grammi in una casseruola e tenete da parte i restanti 50. In pentola aggiungete mezzo bicchiere d'acqua e mezzo di acqua di fiori d'arancio. Mettete sul fuoco e cuocete mescolando finché lo zucchero non si sarà trasformato in uno sciroppo denso. Ci vorranno circa 10-12 minuti. A questo punto, unite la polvere di mandorle e la scorza grattugiata del limone.
Proseguite la cottura, mescolando spesso, per altri 5 minuti: alla fine, il composto dovrà risultare asciutto. Rovesciatelo su un piano di lavoro freddo (di marmo sarebbe l'ideale) e suddividetelo in tante palline del diametro di 2-3 centimetri. Rotolatele nello zucchero tenuto da parte prima di servirle!

Mi fa bene perché...

La scorza del limone è quasi magica: intanto contiene il limonene (il responsabile del profumo del limone), che ha proprietà anticancro, ma non solo. Grattugiata su un qualsiasi piatto (o anche nel tè, magari verde) contribuisce all'assorbimento dei polifenoli e del ferro. Inoltre, contiene più vitamina C del succo del limone stesso (129 mg contro 25), quindi è davvero un'ottima cosa scegliere limoni non trattati, in modo da poterne consumare anche la scorza.

SARDEGNA

Pabassìnas di Cagliari

- 200 g di uvetta
- 200 g di mandorle
- 200 g di gherigli di noci
- la scorza di 1 arancia
- 1 manciata di semi di anice
- 1 pizzico di noce moscata
- 50 g di farina di tipo 1
- alcune cucchiaiate di sciroppo d'acero

Mettete l'uvetta in ammollo per 20 minuti in poca acqua tiepida, quindi scolatela e strizzatela.
Tritate finemente le mandorle e le noci; lavate l'arancia, prelevate la scorza e tagliatela a cubetti; tostate i semi di anice e pestateli (o passateli al mixer); grattugiate la noce moscata.
Raccogliete tutto in una ciotola, unite la farina, lo sciroppo d'acero e mescolate bene per amalgamare.
Otterrete un composto ruvido, con il quale formerete diversi mucchietti su una teglia foderata di carta forno. Infornate a 170 gradi per 15 minuti, ed ecco i vostri pabassìnas!

Mi fa bene perché...

L'anice non ha certo solo un buon profumo! Contiene fitoestrogeni, molecole che si legano al recettore degli estrogeni imitandone o modulandone l'azione. Sono importanti perché ci aiutano a regolare lo scambio di calcio attraverso le membrane cellulari, ma nel frattempo svolgono un'azione preventiva nei confronti dei tumori femminili, contribuiscono a ridurre i sintomi della menopausa, prevengono il rischio cardiovascolare e quello osteoporotico. Inoltre, la scienza ci dice che svolgono un ruolo importante nel controllo del livello dei lipidi nel sangue.

Bibliografia

Link

Il mio blog Bello&Buono - www.marcoincucina.it
Il sito della Fondazione Umberto Veronesi - www.fondazioneveronesi.it
Il sito della Nutrition Foundation of Italy - www.nutrition-foundation.it
Il sito dell'INRAN, Istituto nazionale di ricerca per gli alimenti e la nutrizione - www.inran.it
Il sito della Fundación Dieta Mediterránea - www.dietamediterranea.com
Il sito del progetto Moli-sani - www.moli-sani.org

Libri

I detti del mangiare. 1738 proverbi segnalati da 1853 medici..., Milano, Editiemme, 1988.
Stefania Barzini, *Così mangiavamo*, Roma, Gambero Rosso, 2006.
Marco Bianchi, *Io mi voglio bene in cucina*, Milano, Mondadori, 2015.
Alberto Capatti, Massimo Montanari, *La cucina italiana*, Roma-Bari, Editori Laterza, 2005.
Marvin Harris, *Buono da mangiare. Enigmi del gusto e consuetudini alimentari*, Torino, Einaudi, 1990.
Alessandro Marzo Magno, *Il genio del gusto. Come il mangiare italiano ha conquistato il mondo*, Milano, Garzanti, 2015.
Plutarco, *Consigli per mantenersi in buona salute*, Genova, il melangolo, 2015.

Altre fonti

Alimentazione, Prevenzione & Benessere, periodico a cura della Nutrition Foundation of Italy.
«Quaderni della Fondazione Veronesi», monografie a cura di Fondazione Veronesi.

Riviste scientifiche

G. Grosso, A. Pajak, A. Mistretta, S. Marventano, T. Raciti, S. Buscemi, F. Drago, L. Scalfi, F. Galvano, *Un'elevata aderenza alla dieta mediterranea riduce il livello di numerosi fattori di rischio cardiovascolare*, in «Nutrition, Metabolism and Cardiovascular Diseases», 26 dicembre 2013 (www.nutrition-foundation.it).

M.A. Muñoz, M. Fíto, J. Marrugat, M.I. Covas, H. Schröder, *Dieta mediterranea e benessere*, in «British Journal of Nutrition», giugno 2009 (www.nutrition-fundation.it).

A. Tresserra-Rimbau, E.B. Rimm, A. Medina-Remón, M.A. Martínez-González, R. de la Torre, D. Corella, J. Salas-Salvadó, E. Gómez-Gracia e altri, *Anche in una popolazione a dieta mediterranea, livelli più alti di polifenoli comportano la riduzione significativa del rischio di eventi cardiovascolari e di mortalità*, in «Nutrition, Metabolism and Cardiovascular Diseases», 18 febbraio 2014 (www.nutrition-foundation.it).

H. Wengreen, R.G. Munger, A. Cutler, A. Quach, A. Bowles, C. Corcoran, J.T. Tschanz, M.C. Norton, K.A. Welsh-Bohmer, *L'adesione a corretti schemi nutrizionali protegge nel lungo periodo dal declino cognitivo correlato all'età*, in «The American Journal of Clinical Nutrition», 18 settembre 2013 (www.nutrition-foundation.it).

Ringraziamenti

Che un giorno avrei dato alle stampe un libro sulla «mia cucina italiana» proprio non lo potevo immaginare! È stata una gioia poter raccontare la gastronomia della mia bellissima Italia, da Nord a Sud, scoprendo mille e mille modi diversi per portare in tavola ingredienti sani e buoni: dalle acciughe ai pomodori, dalle trote alle melanzane, dagli aromi alla frutta secca, dai carciofi all'olio d'oliva, dai cereali integrali alle infinite varietà di virtuosi legumi che la nostra terra, generosamente, ci dona.

Lavorare a questo libro è stato un privilegio: innanzitutto, ho dovuto assaggiare con cura certosina i piatti tipici di tutte le regioni che ho avuto la fortuna di visitare. Non potete immaginare che delizie! A questo proposito, voglio dire grazie ai miei angeli custodi, Francesca e Andrea, con i quali ho viaggiato spesso in pochi mesi, riscoprendo alcuni dei meravigliosi protagonisti della nostra amata tradizione.

Assaporare ogni ricetta, però, sarebbe stato impossibile: a volte di uno stesso piatto esistono decine di versioni! Per sapere proprio tutto, in parole povere, non basterebbe una vita, così mi sono rimesso sui libri, cercando di essere il più rispettoso possibile. Per selezionare i piatti e, quando era necessario, renderli più salutari, ho studiato e consultato decine di ricettari, alcuni molto antichi. È da lì che arrivano ingredienti che consideravo perduti e che, invece, meritano di venire riportati in tavola.

Insomma, queste righe sono per dirvi grazie ancora una volta: ho cominciato chiedendovi di imparare a mangiare un po' meno qualche volta al mese (come asseriscono diversi studi scientifici) con *Le ricette della dieta del digiuno* e vi ho suggerito di muovervi con *50 minuti 2 volte alla settimana* e *Io mi muovo*, perché l'attività fisica è alla base della nostra piramide alimentare, piramide che ho provato a raccontare con *Io mi voglio bene*. È grazie all'entusiasmo e alla costanza con i quali mi avete seguito (e alla fiducia che mi accorda Mondadori) se ora posso invitarvi ad amare e apprezzare i frutti del nostro territorio e la nostra cultura culinaria tradizionale, rinnovandola per guadagnare salute senza perdere gusto.

Indice delle ricette

Antipasti

Bagna cauda (Piemonte), 33
Bagnèt verd (Piemonte), 34
Bruschette al tartufo (Molise), 197
Calzone di verdura (Basilicata), 235
Calzuncieddi (Puglia), 221-22
Composta molisana (Molise), 198
Condigiun (Liguria), 47
Crostini con formaggio e acciughe (Abruzzo), 183
Crostini rossi alla chiantigiana (Toscana), 129
Formaggio grigio e cipolle (Trentino Alto Adige), 73
Frittelle di melanzane (Sicilia), 259
Insalata di taccole alle noci (Sardegna), 273
Molignane a scapece (Campania), 209
Olive condite (Sicilia), 260
Olive marinate (Marche), 155
Piconi (Marche), 156
Salsa di tartufi (Umbria), 143
Schiacciata con cipolla (Umbria), 144
Schiuma di mare (Puglia), 223
Taralli col pepe (Campania), 210
Torta di acciughe (Liguria), 48-49
Zinurra (Calabria), 247

Primi

Acquacotta di verdura (Marche), 157
Bagnun di acciughe (Liguria), 50
Bigoli con le sarde (Lombardia), 61
Bigoli in salsa (Veneto), 103
Brodeto (Friuli Venezia Giulia), 89
Canederli neri (Trentino Alto Adige), 74
Capunti con peperoni secchi (Basilicata), 236
Casiunziéi ampezzani (Veneto), 104
Crespelle in brodo (Abruzzo), 184
Farinata toscana (Toscana), 130
Fregula stufada (Sardegna), 274
Gnocchetti con le fave (Abruzzo), 185
Gnocchi di barbabietola (Valle d'Aosta), 21
Lagane e fagioli (Basilicata), 237
Laganelle e ceci (Campania), 211
Lasagne con ragù di seitan (Emilia Romagna), 115-16
Licurdia (Calabria), 248
Malfatti (Lombardia), 62
Malloreddus alla campidanese (Sardegna), 275-76
Malmaritati (Emilia Romagna), 117
Millecosedde (Calabria), 249
Minestra di fagioli (Friuli Venezia Giulia), 90
Minestra di pasta e ceci (Lazio), 169
Minestra di patate e fave (Valle d'Aosta), 22
Minestra di riso alla valdostana (Valle d'Aosta), 23
Minestra di riso e lenticchie (Umbria), 145
Minestrone alla milanese (Lombardia), 63
Nociata (Lazio), 170
Orzetto (Trentino Alto Adige), 75
Pansooti au preboggion (Liguria), 51
Pappa al pomodoro (Toscana), 131
Pasta con la trota (Valle d'Aosta), 24
Pasta e broccoli (Puglia), 224
Pasta e fasoi (Veneto), 105
Pasta rimestata col cavolfiore (Sicilia), 261
Patellette (Abruzzo), 186

Penne alla napoletana (Campania), 212
Pici all'etrusca (Toscana), 132
Pizzoccheri della Valtellina (Lombardia), 64
Polenta della Val Pusteria (Trentino Alto Adige), 76
Risi e bisi (Veneto), 106
Riso alla siciliana (Sicilia), 262
Risòtt coi borlòtt (Lombardia), 65
Risotto al radicchio di Treviso (Veneto), 107
Risotto alla milanese (Lombardia), 66
Risotto alla valdostana (Valle d'Aosta), 25
Risotto alle castagne (Valle d'Aosta), 26
Sagne chietine (Abruzzo), 187
Spaghetti alla norcina (Umbria), 146
Strangolapreti (Trentino Alto Adige), 77
Tagliatelle con farina di castagne (Emilia Romagna), 118
Tajarin in bianco col tartufo (Piemonte), 35
Tortelli ripieni con le biete (Emilia Romagna), 119
Trofie al pesto e verdure (Liguria), 52
Türteln di patate e ricotta (Trentino Alto Adige), 78-79
Virtù (Abruzzo), 188-89
Zuppa di cascigno e fagioli tondini (Abruzzo), 190
Zuppa di legumi (Marche), 158
Zuppa di ortiche (Molise), 199
Zuppa di pesce alla siracusana (Sicilia), 263
Zuppa di rape e orzo (Piemonte), 36
Zuppa di riso e verza (Molise), 200
Zuppa di Valpelline (Valle d'Aosta), 27

Secondi

Alici al gratin (Campania), 213
Baccalà alla fiorentina (Toscana), 133
Baccalà alla potentina (Basilicata), 238
Baccalà alla verbicarese (Calabria), 250
Baccalà in teglia (Molise), 201
Baccalà mantecato (Veneto), 108
Brasato al Barolo (Piemonte), 37

Buridda (Liguria), 53
Cardi alla perugina (Umbria), 147
Crescia marchigiana alle erbe (Marche), 159-60
Fagioli nel fiasco (Toscana), 134
Filetti di merluzzo all'istriana (Friuli Venezia Giulia), 91
Frico con patate (Friuli Venezia Giulia), 92
Frittata al basilico (Molise), 202
Frittata alle erbe (Friuli Venezia Giulia), 93
Frittata con i carciofi (Lazio), 171
Frittata con i lampascioni (Puglia), 225
Frittata con le fave "scomposta" (Sardegna), 277
Frittedda (Sicilia), 264
Frittelle di baccalà (Umbria), 148
Garmugia (Toscana), 135
Goulash (Friuli Venezia Giulia), 94
Melanzane ripiene (Lazio), 172
Naselli alla marchigiana (Marche), 161
Palombo con i piselli (Lazio), 173
Parmigiana leggera (Calabria), 251
Pesce in forno alla bolognese (Emilia Romagna), 120
Piadina romagnola (Emilia Romagna), 121
Rape e fagioli (Abruzzo), 191
San Pietro al vino (Veneto), 109
Sarde impanate al forno (Sardegna), 278
Scaloppine con l'erborinn (Lombardia), 67
Seitan al salmoriglio (Calabria), 252
Seppie in zimino (Liguria), 54
Seppie ripiene al forno (Puglia), 226
Sgombri con i piselli (Liguria), 55
Spezzatino al vino (Sardegna), 279
Spezzatino di trota (Piemonte), 38
Stoccafisso alla genovese (Liguria), 56
Stocco a fungitello (Campania), 214
Stufato con i peperoni (Basilicata), 239
Timballo di cicoria al forno (Molise), 203
Tinche all'emiliana (Emilia Romagna), 122
Tonno ai ferri (Friuli Venezia Giulia), 95
Tonno alla siciliana (Sicilia), 265

Torta al testo (Umbria), 149
Tortino di fiori di zucca ripieni (Toscana), 136
Tortino di patate (Valle d'Aosta), 28
Triglie al cartoccio (Puglia), 227
Triglie alla vernaccia (senza vernaccia) (Sardegna), 280
Trota della Nera (Umbria), 150
Trota in blu (Trentino Alto Adige), 80
Trote in carpione (Valle d'Aosta), 29
Zucchine ripiene alla marchigiana (Marche), 162

Contorni

Biete al pomodoro (Lazio), 174
Brovade (Friuli Venezia Giulia), 96
Cappelle di funghi al forno (Basilicata), 240
Capunatina di melanzane (Sicilia), 266-67
Carciofi alle acciughe (Friuli Venezia Giulia), 97
Cardi alla bagna cauda (Piemonte), 39
Carnucieddi (Puglia), 228
Cavolfiore alla Cavour (Piemonte), 40
Ciammotta (Basilicata), 241
Cianfotta (Campania), 215
Fave in bianco (Puglia), 229
Fave in stufato alla bolognese (Emilia Romagna), 123
Fondi di carciofo alla veneta (Veneto), 110
Melanzane al forno (Basilicata), 242
Nduja senza carne (Calabria), 253
Peperoni ammolliccati (Calabria), 254
Piselli alla romana (Lazio), 175
Puntarelle alla romana (Lazio), 176
Rape alla trentina (Trentino Alto Adige), 81
Ròscani all'anconetana (Marche), 163
Sedano alla molisana (Molise), 204
Spinaci di magro (Emilia Romagna), 124
Verze in tegame (Lombardia), 68
Zucchine a cassola (Sardegna), 281
Zucchine alla bella Napoli (Campania), 216

Dolci

Beccùte (Marche), 164
Biancomangiare (Sicilia), 268
Busecchina (Lombardia), 69
Canestrelli alle mandorle (Liguria), 57
Cassata di ricotta (Puglia), 230-31
Castagnaccio (Toscana), 137
Crostata con confettura d'uva (Abruzzo), 192
Crostata di ricotta garfagnina (Toscana), 138-39
Dolcini antichi di Cortemilia (Piemonte), 41
Fiadoni dolci (Molise), 205
Fichi ripieni alla sibarita (Calabria), 255
Flantze (Valle d'Aosta), 30
Frittatine di farina con miele di fico (Calabria), 256
Frustenga (Marche), 165
Grano dolce (Basilicata), 243
Gubana (Friuli Venezia Giulia), 98-99
Gueffus (Sardegna), 282
Mandorlata (Basilicata), 244
Mustacciuoli (Campania), 217
Pabassìnas di Cagliari (Sardegna), 283
Pan giallo (Lazio), 177-78
Pan pepato (Umbria), 151
Panvinesco (Puglia), 232
Pasta reale (Campania), 218
Pepatelli (Molise), 206
Pinza veneta (Veneto), 111
Pizza di polenta (Lazio), 179
Ravioli dolci (Abruzzo), 193
Riso nero (Sicilia), 269
Sbrisulona (Lombardia), 70
Strudel di mele (Trentino Alto Adige), 84-85
Sugol (Emilia Romagna), 125
Torcolo di San Costanzo (Umbria), 152
Torta di carote (Veneto), 112
Torta di zucca e mele (Piemonte), 42-43
Zelten (Trentino Alto Adige), 82-83

Indice alfabetico delle ricette

Acquacotta di verdura (Marche), 157
Alici al gratin (Campania), 213

Baccalà alla fiorentina (Toscana), 133
Baccalà alla potentina (Basilicata), 238
Baccalà alla verbicarese (Calabria), 250
Baccalà in teglia (Molise), 201
Baccalà mantecato (Veneto), 108
Bagna cauda (Piemonte), 33
Bagnun di acciughe (Liguria), 50
Bagnèt verd (Piemonte), 34
Beccùte (Marche), 164
Biancomangiare (Sicilia), 268
Biete al pomodoro (Lazio), 174
Bigoli con le sarde (Lombardia), 61
Bigoli in salsa (Veneto), 103
Brasato al Barolo (Piemonte), 37
Brodeto (Friuli Venezia Giulia), 89
Brovade (Friuli Venezia Giulia), 96
Bruschette al tartufo (Molise), 197
Buridda (Liguria), 53
Busecchina (Lombardia), 69

Calzone di verdura (Basilicata), 235
Calzuncieddi (Puglia), 221-22
Canederli neri (Trentino Alto Adige), 74

Canestrelli alle mandorle (Liguria), 57
Cappelle di funghi al forno (Basilicata), 240
Capunatina di melanzane (Sicilia), 266-67
Capunti con peperoni secchi (Basilicata), 236
Carciofi alle acciughe (Friuli Venezia Giulia), 97
Cardi alla bagna cauda (Piemonte), 39
Cardi alla perugina (Umbria), 147
Carnucieddi (Puglia), 228
Casiunziéi ampezzani (Veneto), 104
Cassata di ricotta (Puglia), 230-31
Castagnaccio (Toscana), 137
Cavolfiore alla Cavour (Piemonte), 40
Ciammotta (Basilicata), 241
Cianfotta (Campania), 215
Composta molisana (Molise), 198
Condigiun (Liguria), 47
Crescia marchigiana alle erbe (Marche), 159-60
Crespelle in brodo (Abruzzo), 184
Crostata con confettura d'uva (Abruzzo), 192
Crostata di ricotta garfagnina (Toscana), 138-39
Crostini con formaggio e acciughe (Abruzzo), 183
Crostini rossi alla chiantigiana (Toscana), 129

Dolcini antichi di Cortemilia (Piemonte), 41

Fagioli nel fiasco (Toscana), 134
Farinata toscana (Toscana), 130
Fave in bianco (Puglia), 229
Fave in stufato alla bolognese (Emilia Romagna), 123
Fiadoni dolci (Molise), 205
Fichi ripieni alla sibarita (Calabria), 255
Filetti di merluzzo all'istriana (Friuli Venezia Giulia), 91
Flantze (Valle d'Aosta), 30
Fondi di carciofo alla veneta (Veneto), 110
Formaggio grigio e cipolle (Trentino Alto Adige), 73
Fregula stufada (Sardegna), 274
Frico con patate (Friuli Venezia Giulia), 92
Frittata al basilico (Molise), 202

Frittata alle erbe (Friuli Venezia Giulia), 93
Frittata con i carciofi (Lazio), 171
Frittata con i lampascioni (Puglia), 225
Frittata con le fave "scomposta" (Sardegna), 277
Frittatine di farina con miele di fico (Calabria), 256
Frittedda (Sicilia), 264
Frittelle di baccalà (Umbria), 148
Frittelle di melanzane (Sicilia), 259
Frustenga (Marche), 165

Garmugia (Toscana), 135
Gnocchetti con le fave (Abruzzo), 185
Gnocchi di barbabietola (Valle d'Aosta), 21
Goulash (Friuli Venezia Giulia), 94
Grano dolce (Basilicata), 243
Gubana (Friuli Venezia Giulia), 98-99
Gueffus (Sardegna), 282

Insalata di taccole alle noci (Sardegna), 273

Lagane e fagioli (Basilicata), 237
Laganelle e ceci (Campania), 211
Lasagne con ragù di seitan (Emilia Romagna), 115-16
Licurdia (Calabria), 248

Malfatti (Lombardia), 62
Malloreddus alla campidanese (Sardegna), 275-76
Malmaritati (Emilia Romagna), 117
Mandorlata (Basilicata), 244
Melanzane al forno (Basilicata), 242
Melanzane ripiene (Lazio), 172
Millecosedde (Calabria), 249
Minestra di fagioli (Friuli Venezia Giulia), 90
Minestra di pasta e ceci (Lazio), 169
Minestra di patate e fave (Valle d'Aosta), 22
Minestra di riso alla valdostana (Valle d'Aosta), 23
Minestra di riso e lenticchie (Umbria), 145
Minestrone alla milanese (Lombardia), 63

Molignane a scapece (Campania), 209
Mustacciuoli (Campania), 217

Naselli alla marchigiana (Marche), 161
Nduja senza carne (Calabria), 253
Nociata (Lazio), 170

Olive condite (Sicilia), 260
Olive marinate (Marche), 155
Orzetto (Trentino Alto Adige), 75

Pabassinas di Cagliari (Sardegna), 283
Palombo con i piselli (Lazio), 173
Pan giallo (Lazio), 177-78
Pan pepato (Umbria), 151
Pansooti au preboggion (Liguria), 51
Panvinesco (Puglia), 232
Pappa al pomodoro (Toscana), 131
Parmigiana leggera (Calabria), 251
Pasta con la trota (Valle d'Aosta), 24
Pasta e broccoli (Puglia), 224
Pasta e fasoi (Veneto), 105
Pasta reale (Campania), 218
Pasta rimestata col cavolfiore (Sicilia), 261
Patellette (Abruzzo), 186
Penne alla napoletana (Campania), 212
Pepatelli (Molise), 206
Peperoni ammolliccati (Calabria), 254
Pesce in forno alla bolognese (Emilia Romagna), 120
Piadina romagnola (Emilia Romagna), 121
Pici all'etrusca (Toscana), 132
Piconi (Marche), 156
Pinza veneta (Veneto), 111
Piselli alla romana (Lazio), 175
Pizza di polenta (Lazio), 179
Pizzoccheri della Valtellina (Lombardia), 64
Polenta della Val Pusteria (Trentino Alto Adige), 76
Puntarelle alla romana (Lazio), 176
Rape alla trentina (Trentino Alto Adige), 81

Rape e fagioli (Abruzzo), 191
Ravioli dolci (Abruzzo), 193
Risi e bisi (Veneto), 106
Riso alla siciliana (Sicilia), 262
Riso nero (Sicilia), 269
Risotto alla milanese (Lombardia), 66
Risotto alla valdostana (Valle d'Aosta), 25
Risotto alle castagne (Valle d'Aosta), 26
Risotto al radicchio di Treviso (Veneto), 107
Risòtt coi borlòtt (Lombardia), 65
Ròscani all'anconetana (Marche), 163

Sagne chietine (Abruzzo), 187
Salsa di tartufi (Umbria), 143
San Pietro al vino (Veneto), 109
Sarde impanate al forno (Sardegna), 278
Sbrisulona (Lombardia), 70
Scaloppine cont l'erborinn (Lombardia), 67
Schiacciata con cipolla (Umbria), 144
Schiuma di mare (Puglia), 223
Sedano alla molisana (Molise), 204
Seitan al salmoriglio (Calabria), 252
Seppie in zimino (Liguria), 54
Seppie ripiene al forno (Puglia), 226
Sgombri con i piselli (Liguria), 55
Spaghetti alla norcina (Umbria), 146
Spezzatino al vino (Sardegna), 279
Spezzatino di trota (Piemonte), 38
Spinaci di magro (Emilia Romagna), 124
Stoccafisso alla genovese (Liguria), 56
Stocco a fungitello (Campania), 214
Strangolapreti (Trentino Alto Adige), 77
Strudel di mele (Trentino Alto Adige), 84-85
Stufato con i peperoni (Basilicata), 239
Sugol (Emilia Romagna), 125

Tagliatelle con farina di castagne (Emilia Romagna), 118
Tajarin in bianco col tartufo (Piemonte), 35

Taralli col pepe (Campania), 210
Timballo di cicoria al forno (Molise), 203
Tinche all'emiliana (Emilia Romagna), 122
Tonno ai ferri (Friuli Venezia Giulia), 95
Tonno alla siciliana (Sicilia), 265
Torcolo di San Costanzo (Umbria), 152
Torta al testo (Umbria), 149
Torta di acciughe (Liguria), 48-49
Torta di carote (Veneto), 112
Torta di zucca e mele (Piemonte), 42-43
Tortelli ripieni con le biete (Emilia Romagna), 119
Tortino di fiori di zucca ripieni (Toscana), 136
Tortino di patate (Valle d'Aosta), 28
Triglie al cartoccio (Puglia), 227
Triglie alla vernaccia (senza vernaccia) (Sardegna), 280
Trofie al pesto e verdure (Liguria), 52
Trota della Nera (Umbria), 150
Trota in blu (Trentino Alto Adige), 80
Trote in carpione (Valle d'Aosta), 29
Türteln di patate e ricotta (Trentino Alto Adige), 78-79

Verze in tegame (Lombardia), 68
Virtù (Abruzzo), 188-89

Zelten (Trentino Alto Adige), 82-83
Zinurra (Calabria), 247
Zucchine a cassola (Sardegna), 281
Zucchine ripiene alla marchigiana (Marche), 162
Zucchine alla bella Napoli (Campania), 216
Zuppa di cascigno e fagioli tondini (Abruzzo), 190
Zuppa di legumi (Marche), 158
Zuppa di ortiche (Molise), 199
Zuppa di pesce alla siracusana (Sicilia), 263
Zuppa di rape e orzo (Piemonte), 36
Zuppa di riso e verza (Molise), 200
Zuppa di Valpelline (Valle d'Aosta), 27

«La mia cucina italiana»
di Marco Bianchi
Oscar Bestsellers
Mondadori Libri

Questo volume è stato stampato
presso ELCOGRAF S.p.A.
Stabilimento - Cles (TN)
Stampato in Italia. Printed in Italy